上财文库

刘元春　主编

# 全球现代性视域下的
# 人类命运共同体

A Community with a Shared Future for
Mankind from the Perspective of Global Modernity

刘洋　著

上海财经大学出版社
SHANGHAI UNIVERSITY OF FINANCE & ECONOMICS PRESS

上海学术·经济学出版中心

**图书在版编目(CIP)数据**

全球现代性视域下的人类命运共同体 / 刘洋著.
上海：上海财经大学出版社, 2025.6. -- (上财文库).
ISBN 978-7-5642-4668-6

Ⅰ. D81

中国国家版本馆 CIP 数据核字第 2025LY2495 号

上海财经大学中央高校双一流引导专项资金、中央高校基本科研业务费资助

□ 责任编辑　吴晓群
□ 封面设计　贺加贝

# 全球现代性视域下的人类命运共同体

刘　洋　著

上海财经大学出版社出版发行
（上海市中山北一路 369 号　邮编 200083）
网　　址:http://www.sufep.com
电子邮箱:webmaster@sufep.com
全国新华书店经销
上海华业装潢印刷厂有限公司印刷装订
2025 年 6 月第 1 版　2025 年 6 月第 1 次印刷

787mm×1092mm　1/16　16.5 印张(插页:2)　295 千字
定价:89.00 元

# 总　序

## 更加自觉推进原创性自主知识体系的建构

中国共产党二十届三中全会是新时代新征程上又一次具有划时代意义的大会。随着三中全会的大幕拉开,中国再次站在了新一轮改革与发展的起点上。大会强调要创新马克思主义理论研究和建设工程,实施哲学社会科学创新工程,构建中国哲学社会科学自主知识体系。深入学习贯彻二十届三中全会精神,就要以更加坚定的信念和更加担当的姿态,锐意进取、勇于创新,不断增强原创性哲学社会科学体系构建服务于中国式现代化建设宏伟目标的自觉性和主动性。

**把握中国原创性自主知识体系的建构来源,应该努力处理好四个关系。**习近平总书记指出:"加快构建中国特色哲学社会科学,归根结底是建构中国自主的知识体系。要以中国为观照、以时代为观照,立足中国实际,解决中国问题,不断推动中华优秀传统文化创造性转化、创新性发展,不断推进知识创新、理论创新、方法创新,使中国特色哲学社会科学真正屹立于世界学术之林。"习近平总书记的重要论述,为建构中国自主知识体系指明了方向。当前,应当厘清四个关系:(1)世界哲学社会科学与中国原创性自主知识体系的关系。我们现有的学科体系就是借鉴西方文明成果而生成的。虽然成功借鉴他者经验也是形成中国特色的源泉,但更应该在主创意识和质疑精神的基础上产生原创性智慧,而质疑的对象就包括借鉴"他者"而形成的思维定式。只有打破定式,才能实现原创。(2)中国式现代化建设过程中遇到的问题与原创性自主知识体系的关系。建构中国原创性自主知识体系,其根本价值在于观察时代、解读时代、引领时代,在研究真正的时代问题中回答"时代之问",这也是推动建构自主知识体系最为重要的动因。只有准确把握中国特色社会主义的历史新方位、时代新变化、实践新要求,才能确保以中国之理指引中国之路、回答人民之问。(3)党的创新理论与自主知识体系的关系。马克思主义是建构中国自主知识体系的"魂脉",坚持以马克思主义为指导,是当代中国哲学社会科学区别于其他哲学社会科学的根本标志,必须旗帜鲜明加以坚持。党的创新理论是中国特色哲学社会科学的主体内容,也是中国特色哲学社会科学发展的最大增量。(4)中华传统文化与原创性自主知识体系的关系。中华优秀传统文化是原创性自主知识体系的"根脉",要加强对优秀传统文化的挖掘和阐发,更有效地推动优秀传统文化创造性转化、创新性发展,创造具有鲜明"自主性"的新的知识生命体。

**探索中国原创性自主知识体系的建构路径,应该自觉遵循学术体系的一般发展规律。**建构中国原创性自主知识体系,要将实践总结和应对式的策论上升到理论、理论上升到新的学术范式、新的学术范式上升到新的学科体系,必须遵循学术体系的一般发展规律,在新事实、新现象、新规律之中提炼出新概念、新理论和新范式,从而防止哲学社会科学在知识化创新中陷入分解谬误和碎片化困境。当前应当做好以下工作:(1)掌握本原。系统深入研究实践中的典型事实,真正掌握清楚中国模式、中国道路、中国制度和中国文化在实践中的本原。(2)总结规律。在典型事实的提炼基础上,进行特征事实、典型规律和超常规规律的总结。(3)凝练问题。将典型事实、典型规律、新规律与传统理论和传统模式进行对比,提出传统理论和思想难以解释的新现象、新规律,并凝练出新的理论问题。(4)合理解释。以问题为导向,进行相关问题和猜想的解答,从而从逻辑和学理角度对新问题、新现象和新规律给出合理性解释。(5)提炼范畴。在各种合理性解释中寻找到创新思想和创新理论,提炼出新的理论元素、理论概念和理论范畴。(6)形成范式。体系化和学理化各种理论概念、范畴和基本元素,以形成理论体系和新的范式。(7)创建体系。利用新的范式和理论体系在实践中进行检验,在解决新问题中进行丰富,最后形成有既定运用场景、既定分析框架、基本理论内核等要件的学科体系。

**推进中国原创性自主知识体系的建构实践,应该务实抓好三个方面。**首先,做好总体规划。自主知识体系的学理化和体系化建构是个系统工程,必须下定决心攻坚克难,在各个学科知识图谱编制指南中,推进框定自主知识体系的明确要求。

各类国家级教材建设和评定中,要有自主知识体系相应内容审核;推进设立中国式现代化发展实践典型案例库,作为建构自主知识体系的重要源泉。其次,推动评价引领。科学的评价是促进原创性自主知识体系走深走实的关键。学术评价应该更加强调学术研究的中国问题意识、原创价值贡献、多元成果并重,有力促进哲学社会科学学者用中国理论和学术做大学问、做真学问。高校应该坚决贯彻"破五唯"要求,以学术成果的原创影响力和贡献度作为认定依据,引导教师产出高水平学术成果。要构建分类评价标准,最大限度激发教师创新潜能和创新活力,鼓励教师在不同领域做出特色、追求卓越,推动哲学社会科学界真正产生出一批引领时代发展的社科大家。最后,抓好教研转化。自主知识体系应该转化为有效的教研体系,才能发挥好自主知识体系的育人功能,整体提升学校立德树人的能力和水平。

上海财经大学积极依托学校各类学科优势,以上财文库建设为抓手,以整体学术评价改革为动力,初步探索了一条富有经管学科特色的中国特色哲学社会科学建构道路。学校科研处联合校内有关部门,组织发起上财文库专项工程,该工程旨在遵循学术发展一般规律,更加自觉建构中国原创性自主知识体系,推动产生一批有品牌影响力的学术著作,服务中国式现代化宏伟实践。我相信自主知识体系"上财学派"未来可期。

上海财经大学 校长

2024 年 12 月

# 前　言

目前,和平与发展构成时代的主题,但也不乏与之背道而驰的现象:从美国次贷危机、希腊主权债务危机到欧债危机,全球性经济危机频发;从基地组织、"伊斯兰国"到欧洲恐袭事件,国际恐怖主义、宗教极端主义在全球蔓延;全球气候变暖、生物多样性减少、能源危机,生态资源瓶颈日益突显。这些看似没有联系的片段,其实并不孤立,它们都直指资本主义现代性全球化造成的全球困境。于是,变革与创新全球现代性发展模式便成为不可回避的重要时代课题,而中国作为负责任的大国有着义不容辞的义务。习近平总书记指出:"中国共产党和中国人民完全有信心为人类对更好社会制度的探索提供中国方案。"①这便是"人类命运共同体",它是为解决全球现代性问题而设计的中国方案,是要为世界提供一种不同于资本主义现代性全球扩张的现代性新模式。只有将"人类命运共同体"放置在全球现代性问题的现实境遇中加以理解、阐释与建构,才能明晰其时代价值、世界意义与长远影响。

## 一、要在全球现代性问题的考察中理解人类命运共同体的时代缘起

人类命运共同体作为中国智慧和方案出场绝非偶然,而是在新旧全球化转换时代,中国特色现代性构建对于全球现代性问题的探索与解答的必然结果。这样,对人类命运共同体的探究,必然先涉及对既有全球现代性形式的全面考察,因为其构成人类命运共同体的出场语境。

---

① 习近平:《在庆祝中国共产党成立 95 周年大会上的讲话》,《人民日报》2016 年 7 月 2 日。

（一）资本主义现代性的历史生成与全球扩张

资本主义现代性的产生主要源于资本主义生产方式的出现,包括机器大工业所带来的物质生产力和以雇佣劳动为基础的资本主义生产关系。机器大工业的发展,不仅改变了人与自然的关系,创造出巨大的物质财富和商品堆积,而且促进了交往的普遍化,推动了竞争的常态化与贸易的自由化;不仅改变了劳动者的职业和分工,而且"推动了整个市民社会的变革",甚至改变了世界,具有"世界历史意义"。[1]　当然,以资本关系为核心的现代生产关系对资本主义现代性的产生起到了更为重要的作用。生产资料与劳动者在资本主义社会分离开来,"一方面是货币、生产资料和生活资料的所有者,他们要购买他人的劳动力来增殖自己所占有的价值总额;另一方面是自由劳动者、自己劳动力的出卖者,也就是劳动的出卖者"[2]。二者各取所需,自然地构成了雇佣劳动关系,或者说是资本关系。这种关系被植入到资本主义生产过程中的一切,不论是土地、山川、河流等自然物,还是劳动者本身,都要按照资本的逻辑来组织。所以,现代性说到底就是现代生产基础上资本运动的产物,"现代社会就是存在于一切文明国度中的资本主义社会"[3]。

资本主义现代性一经产生就注定不会局限于民族国家内部,因为其受资本逻辑支配,必然要求突破一切资本增殖的限制,逾越民族国家的界限而扩展到全球范围。随着资本的全球化,资本主义现代性也在全球范围内扩展开来,成为"全球化的现代性"。而究其实质不过是资本主义生产方式的全球扩张,"资本的必然趋势是在一切地点使生产方式从属于自己"[4]。随着生产方式的全球扩张,资本主义的社会形式也在世界范围内生长起来,"资产阶级……迫使一切民族……采用资产阶级的生产方式;它迫使它们在自己那里推行所谓的文明,即变成资产者。一句话,它按照自己的面貌为自己创造出一个世界"[5]。

（二）资本主义现代性的矛盾困境与全球性问题

资本主义现代性的全球扩张,虽然客观上将有利于生产力发展的要素带到落后地区,但由于其掠夺本性,它更多的是将资本主义现代性的矛盾困境转移到世界范围。在全球化过程中,"资本主义生产方式的基本矛盾……从中心地区转移到外

①　《马克思恩格斯文集》第 1 卷,人民出版社 2009 年版,第 388 页。
②　《马克思恩格斯文集》第 5 卷,人民出版社 2009 年版,第 821 页。
③　《马克思恩格斯文集》第 3 卷,人民出版社 2009 年版,第 444 页。
④　《马克思恩格斯全集》第 31 卷,人民出版社 1998 年版,第 128 页。
⑤　《马克思恩格斯文集》第 2 卷,人民出版社 2009 年版,第 35—36 页。

围地区,并从中心地区的国家形态转换成世界资本主义体系的范围"①。这种内在矛盾的全球扩展造成"全球混沌"的无序状态,直接表现为全球经济动荡、地缘政治冲突、资源环境危机等突出问题。

首先,全球经济动荡,两极分化不断加剧。联合国开发计划署发布的 2016 年的《人类发展报告》指出世界 1% 的富有地区占有了 46% 的世界财富。可见,所谓全球化的"双赢",不过是一厢情愿的幻想,是发达国家对不发达地区的掠夺,最终只会造成全球的经济动荡与两极分化。

其次,地缘政治冲突不断,全球安全遭遇严重危机。在资本主义现代性全球化的过程中,资本在世界范围内积累过程的不平衡,导致了国家和地区在地理空间上的发展不平衡,进而引起发达国家对不发达国家的权力支配,即"使未开化和半开化的国家从属于文明的国家,使农民的民族从属于资产阶级的民族,使东方从属于西方"②。资本主义现代性的全球化将民族国家内部的差异发展结构复制到民族国家之间,并将其放大为整个世界的断裂性格局,最终差距演变为征服与被征服的支配关系。这就必然导致世界的冲突和战争,造成了严重的人道主义灾难和难民潮,威胁人类安全。

最后,全球遭遇资源环境危机,其可持续发展受到威胁。资本主义现代性全球化在客观进程中,将资本主义的生产与消费方式推向全球,这对全球可持续发展造成威胁。马克思指出:"资本主义生产使它汇集在各大中心的城市人口越来越占优势,这样一来,……破坏着人和土地之间的物质变换……破坏土地持久肥力的永恒的自然条件。"③同样,资本主义的商业危机和消费方式也不利于资源和环境的可持续。资本主义的商业危机使生产力和自然资源遭受了巨大破坏,资本主义流行的消费主义也在刺激消费的同时加剧了资源的巨大浪费。

(三)全球现代性体系亟须变革和创新

全球现代化进程中,日益严重的全球性问题使得寻求更好的全球现代性方案成为我们时代的重要议题。发展中国家和发达国家都对这个问题进行了自己的探索,并给出了理论方案:依附论与世界体系论。依附论主要是发展中国家"通过对

---

① [埃及]阿明:《不平等的发展:论外国资本主义的社会形态》,高铦译,商务印书馆 1990 年版,第 157 页。

② 《马克思恩格斯文集》第 2 卷,人民出版社 2009 年版,第 36 页。

③ 《马克思恩格斯文集》第 5 卷,人民出版社 2009 年版,第 579 页。

世界资本积累进程中依附性生产关系与交换关系的分析,来说明不发达的问题"[①]。依附论者发现造成世界成为不平等的两极的重要原因在于资本积累的"中心-外围"机制,"外围"的剩余不断被剥夺而流向"中心","外围"永远是按照"中心"的需求而被整合进世界资本主义体系之中。这种理论框架具有一定的解释力,但由于理论分析的简单化,其实践操作的两条策略,即自主发展(进口替代工业化战略)与依附性发展(初级产品出口战略)并未取得成功。"世界体系论"进一步将世界分为"中心-半边缘-边缘",它超越了依附论的"一国"分析,而从世界体系加以分析,认为自 16 世纪以来,每一国家已不可能成为一个自足的经济主体,而是世界体系中的一个有机组成部分,其发展受世界体系规律的制约,无论是西方国家的发达还是非西方国家的不发达,都是世界体系规律作用的结果。世界体系论确实有它的长处,但也未能在世界发展理论中确立起主导地位,原因有二:一是其过于追求一种理论风格,缺少应用性和可操作性;二是这一理论被认为有明显的"左翼"色彩。

在现代思想史上,马克思较早地看到了资本主义现代性全球化造成的全球性问题,并指出其根源在于全球化进程中资本积累的不平衡。马克思提出以"自由人联合体"超越民族国家内部的阶级对立,由此解决民族国家间的矛盾。不过,"自由人联合体"的实现需要很高的前提条件,如生产力的高度发达、生产资料的共同占有等。而当前全球的生产力发展尚不够发达、贫富差距仍在不断拉大、分工与私有制仍然存在,故"自由人联合体"的建立尚不具备条件。那么,当今该如何解决资本主义全球化带来的全球困境,或者说"必然的现实世界"与"自由的未来世界"之间的通道何在? 显然,"人类命运共同体"为我们提供了一种新的当代选择,它正是在全球现代性的问题域中应运而生的。

## 二、要将人类命运共同体定位为解决全球现代性问题的中国智慧

要从根本上解决全球性问题,就必须有一种全球现代性发展的新思维、新战略,可以克服资本主义现代性的固有弊端,使得世界发展由"全球混沌"走向"全球共融"。"人类命运共同体"正是这样一种尝试,它以作为社会主义现代性代表的中国道路为基础,是中国特色社会主义现代性的全球化方案,旨在以中国智慧解决世界难题。

---

① ［德］弗兰克:《依附性积累与不发达》,高戈译,译林出版社 1999 年版,"序言"第 1 页。

（一）人类命运共同体的理论基础：中国特色现代性的思想底蕴与实践经验

人类命运共同体作为中国特色现代性的全球化方案，在理论基础上首先借鉴吸收了中国特色现代性发展的思想文化资源：既以马克思主义为指导，又积极参照中华优秀传统文化资源。马克思主义将未来社会描述为"自由人联合体"，指出："代替那存在着阶级和阶级对立的资产阶级旧社会的，将是这样一个联合体，在那里，每个人的自由发展是一切人的自由发展的条件。"①中华优秀传统文化也对未来社会作出描述，儒家的"大同思想"正是中国古代对"理想社会"的一种憧憬。《礼记·礼运》中载："大道之行也，天下为公。选贤与能，讲信修睦，故人不独亲其亲，不独子其子，使老有所终，壮有所用，少有所长，鳏寡孤独废疾者，皆有所养。""自由人联合体"与"大同思想"共有的"公平正义""和而不同"等理念，为人类命运共同体的理想价值、治理理念与文化观念提供了思想准备。

人类命运共同体的另一个思想基础来源于中国道路的实践经验。在中国道路的引领下，中国特色社会主义现代化建设取得了巨大的实践成功。中国的现代化显然是发展中国家现代化的一部分，中国在社会制度、国家治理、领导力量等方面独具特色的探索，尤其是坚持在现代化建设上遵循社会主义方向，都是资本主义现代化道路与传统社会主义道路所不能比拟的。中国道路实际为全球现代性进路开辟了一种新的选择，它是具有世界推广意义的，特别是以中国道路为基础的社会主义现代性更是能为全球现代性问题提供中国智慧。人类命运共同体正是因此应运而生，它就是要探索一种新的全球现代性模式，而这是以中国道路开辟出的社会主义现代性为实践基础的。以中国道路为核心的社会主义现代性形式取得的成功，为人类命运共同体的构建提供了实践经验与智慧。

（二）人类命运共同体的理论主张：全球现代性的新思维与新战略

人类命运共同体的主旨是要建立一个"包容普惠"的新的现代全球体系，这也成为推动全球现代性发展的新思维与新战略的核心所在。围绕此核心，人类命运共同体的具体理论主张体现在：在全球现代性的发展方式上坚持"以人类为本"，在全球现代性的发展格局上坚持"和而不同"，在全球现代性的发展目标上坚持"共享共赢"。

第一，在全球现代性的发展方式上坚持"以人类为本"。资本主义现代性全球化方案之所以失败，很大的原因在于资本主义的现代性道路在发展观念上坚持的

---

① 《马克思恩格斯文集》第 2 卷，人民出版社 2009 年版，第 53 页。

是以"物"为本。人类命运共同体在现代性的发展方式与路径选择上坚持"以人类为本"的原则,这既是对资本主义现代性以"物"为本原则的超越,也是对中国道路"以人为本"理念的升华与全球重塑。"以人类为本"来选择现代性的发展路径,就是要求将整个人类作为全球现代性发展的根本目的和评价指标。一方面,强调发展是为了人,而不是资本或其他物,离开人的发展,现代性就会失去方向和意义;另一方面,全球现代性发展的目标指向是整个人类,而不是某些国家和地区的利益,"既要让自己过得好,也要让别人过得好"①。

第二,在全球现代性的发展格局上坚持"和而不同"。人类命运共同体所提倡的全球现代性发展不是钢板一块的同质体,不是要求每一个民族国家都遵循同样的模式,而是以一种包容互鉴的态度来实现全球的现代性发展,体现"和而不同"的智慧。从哲学思维方式上来说,它追求的是多样性的统一,而不是实体性的统一;从国际战略上来说,它提倡"全球主义"与"多边主义"的政治商谈,而不是"霸权主义"与"排外主义"的单一政治取向。人类命运共同体主张的"和而不同"的全球现代性发展格局要求尊重每个民族国家在现代性发展道路上的特殊性,在共性与个性的结合中实现本国现代性发展。同时,"和而不同"的全球现代性格局要求民族国家间在现代性发展道路上加强沟通、互相理解、彼此尊重。

第三,在全球现代性的发展目标上坚持"共享共赢"。在全球化全面推进的时代,每个国家都要促进本国的现代化发展,都必须与他国加强联系与沟通。就拿最基本的安全问题来说,"当今世界,没有一个国家能实现脱离世界安全的自身安全,也没有建立在其他国家不安全基础上的安全"②。当然,安全问题容易使全球各国拧成一股共同治理的力量,但面对利益问题时又往往会陷入纷争。人类命运共同体的"共享共赢"要求各个国家在现代化的道路上坚持共同发展。所有国家,不论强弱大小,其现代化都是以发展经济和改善民生为核心任务,而在经济全球化的今天,共同发展是唯一出路。这就要求所有国家跳出民族主义的狭隘视野,寻求全球发展的最大公约数,以全局和长远眼光来实现国家间的互惠互利,将本国发展机遇与世界发展机遇紧密联系起来,最终实现"共享共赢"。

(三)人类命运共同体的理论超越:全球现代性的新智慧与全球共融

首先,人类命运共同体超越了资本主义现代性及其全球化的发展道路,实现了

---

① 《习近平谈治国理政》,外文出版社 2014 年版,第 315 页。
② 习近平:《迈向命运共同体 开创亚洲新未来》,《人民日报》2015 年 3 月 29 日。

全球现代性发展的道路创新。资本主义道路是以资本扩张为中心、以西方中心主义为特征的。这样的现代化道路扩张到世界，必然造成了不平等的国际秩序和世界霸权结构。要实现全球治理，就要从根本上扬弃资本主义现代性的发展道路，探索一种符合全球共同利益的现代性发展新道路。人类命运共同体正克服了西方现代性实现形式的单一中心主义道路，它旨在实现世界各国的共同发展，是对现代性的西方道路的超越与扬弃。人类命运共同体所开辟的全球现代性发展道路，强调的是在全球化利益相互交融中，各民族国家能够协调发展、均衡发展、普惠发展，以此来推动世界的现代化进程。

其次，人类命运共同体超越了资本主义现代性及其全球化的发展理论，实现了全球现代性发展的理论创新。资本主义现代性在其实践道路的基础上，形成了现代性的西方理论，即"西化论"。"西化论"将单一的"西方现代模式"预设为一种别无选择、必然如此和完美无缺的发展模式，并从此前提出发，要求后发现代化国家和地区遵循此模式来实现自身的发展。西方现代性理论是以西方国家的个体利益为中心谈论现代性与现代化的。而人类命运共同体扬弃了西方现代性理论的个体出发点，但也绝非忽略了个体的整体主义，它是以民族国家个体与世界整体的和谐统一为理论出发点的。人类命运共同体作为一种全球现代性发展的理论创新，其目的在于实现单一民族国家的现代化与全球现代文明发展的统一，而不是某一部分国家和地区的现代化。

最后，人类命运共同体超越了资本主义现代性及其全球化的发展制度，实现了全球现代性发展的制度创新。在现代社会的发展过程中，西方资本主义的经济制度、政治制度、文化制度也逐步完善，而全球性问题的出现在很大程度上根源于制度。西方的选举制度往往是资本导向，使得个人利益、政党利益往往高于国家利益。这样，经济制度中私有化和市场化的模式会愈发严重，并导致文化制度中个人主义和自由主义倾向愈发明显。相比之下，人类命运共同体强调以整体意识、全球观念来对现有制度进行改革创新，推动全球治理体制朝着更加公正合理的方向发展。人类命运共同体的构建强调充分利用联合国、世界银行、国际货币基金组织、世界贸易组织、二十国集团峰会等国际组织，从单边主义制度发展到多边主义制度，实现国家间的求同存异、共同发展。

### 三、要在人类命运共同体的实践建构中推动全球现代性发展

习近平指出："构建人类命运共同体，关键在行动。"①为了将这一旨在实现共同发展的价值理念转化为现实，中国一方面充分发挥自身的快速发展优势，着力推进"一带一路""亚洲基础设施投资银行"（简称"亚投行"）等项目建设，让世界各国搭乘中国发展的便车；另一方面，积极参与各项国际规则的讨论和制定，坚决反对发达资本主义国家利用自身在全球现代性事业中的主导地位制定霸权规则，推动构建更加公平正义、体现发展中国家利益的国际新秩序。

（一）各民族国家加快自身现代性发展

目前资本主义主导的全球现代性发展具有严重的不平衡性，使得不同民族国家在发展上出现了分化。广大发展中国家由于起步晚、底子薄、速度慢而在全球现代化进程中处于边缘地位，成为全球现代性发展的"洼地"。发达资本主义国家因主导着现行的世界发展体系，从而成为现代性发展的最大受益者，占据着全球现代性事业的"高台"。面对这种现代性建构的不平衡，只有推动世界各国，尤其是后发国家加快现代化发展，使弱者变强，填平现代文明发展的"洼地"，才能让全人类共享现代社会的发展成果，从而建成人类命运共同体。所以，"发展是第一要务，适用于各国"②，在构建人类命运共同体的实践中，坚持走共同发展之路，尤其是帮助后发国家加快现代化进程便成了中国方案的首要内容。

首先，通过政治、经济、文化等多元渠道展开同世界各国的交流互鉴，将中国现代化事业快速发展的成功举措和宝贵经验分享给世界。一方面，以中国经验指引发达资本主义国家走出现代性发展困局，促使其改变旧的发展理念，进而对人类命运共同体产生强烈认同，主动发挥自身优势推动人类现代文明的发展。另一方面，以中国经验鼓励后发国家主动融入全球现代性发展大潮，认清历史大势，把握历史机遇，将全球发展同自身实际结合起来，自主选择发展模式，探索符合本国国情的现代化之路。通过叙说中国故事、传播中国经验，不仅帮助发达资本主义国家重塑了现代性发展方向，更把发展中国家构建现代性的热情和潜力激发了出来。当各

---

① 习近平：《共同构建人类命运共同体——在联合国日内瓦总部的演讲》，《人民日报》2017 年 1 月 20 日。

② 习近平：《共同构建人类命运共同体——在联合国日内瓦总部的演讲》，《人民日报》2017 年 1 月 20 日。

民族国家的现代性事业均得到长足发展时,构建人类命运共同体便获得了坚实的基础和现实的可能。

其次,欢迎世界各国搭乘中国发展的"顺风车",与大家分享发展机遇,促进共同发展。在现代化进程中,中国始终坚持与各民族国家共享全球市场、共同推动科技创新、共同带动产业升级。新时期,中国更是提出了"一带一路"倡议,以政策沟通、设施联通、贸易畅通、资金融通和民心相通为着力点,与沿线新兴经济体和发展中国家展开互利合作,以实现协同发展和联动增长。

最后,针对各发展中国家现代化水平低,经济社会发展基础薄弱的状况,中国先后发起设立了"中国-联合国和平与发展基金""南南合作援助基金""丝路基金"等项目,成立了"亚投行""新开发银行"等机构,为其提供更多的公共产品,从而克服发展上的难题。

(二)建设有利于全球现代性发展的国际新秩序

当前,发达资本主义国家主导着全球的现代性事业,发展中国家只是发达资本主义国家的附庸,是其掠夺原材料和劳动力、输出商品和资本,进而榨取超额利润的工具。正是因为这种不合理的国际秩序,才导致不同国家之间政治经济发展的不平衡,从而引发地缘政治冲突、全球金融危机、国际恐怖主义、资源环境瓶颈等问题。因此,构建人类命运共同体的另一关键任务是要打破由发达资本主义国家绝对主导的现行世界体系,并在"双赢、多赢、共赢"的理念下构建一个更加公平正义的国际新秩序。为了实现这一点,中国一方面与各发展中国家展开广泛合作,在发展自身的同时努力为广大发展中国家谋取利益;另一方面,积极搭建平台,促进发展中国家和发达国家间的协商对话,了解彼此利益关切,并就相关全球性议题共商规则、共建机制、共迎挑战。

首先,团结各新兴经济体和发展中国家,建立互帮互助的区域合作体制,通过互惠发展增强彼此经济实力。具体包括:积极推动亚太经合组织、上海合作组织等机构建设,在经济、文化、科技、教育、能源、交通等领域展开广泛合作,促进各国经济、社会、文化的全面均衡发展。只有各发展中国家同舟共济,才能为彼此开辟出更大的发展空间,才能使自身变得强大起来,从而在国际社会获得更高地位和更多话语权,打破发达资本主义国家对全球现代性事业的绝对领导。

其次,推动发展中国家和发达资本主义国家开展对话,寻求利益共识,要求发达资本主义国家主动承担对发展中国家的责任和义务。现代性作为全人类的共同事业,极大地推进了世界的一体化进程,"当今世界,人类生活在不同文化、种族、肤色、宗教和不同社会制度所组成的世界里,各国人民形成了你中有我、我中有你的命运共同体"①。事实证明,如果发达资本主义国家只把资本增殖作为现代性事业的唯一目的,而无视甚至是损害他国的利益,那么,由此所引发的地区动荡、难民问题、环境危机最终将跨越国家的边界,成为全人类的共同威胁,使发达资本主义国家的现代性事业遭受挫折。因此,发达资本主义国家必须抛弃"零和博弈"的旧思维,主动承担起对发展中国家的责任,构建更加公平正义、符合全人类共同利益的国际规则。作为发展中国家的利益代表,中国一直积极参与国际事务的讨论和国际规则的制定,从全球气候大会到《巴黎协议》的签订,从亚信峰会到二十国集团峰会,中国始终尽可能地为发展中国家争取利益,切实增进国际社会对人类命运共同体的认同与实践。

---

① 《习近平谈治国理政》,外文出版社 2014 年版,261 页。

# 目　录

# 导　论

　　"全球现代性"(global modernity)这一概念主要由当代西方左翼著名学者阿里夫·德里克提出,意指现代性在新的时代背景即全球化中的发展境况,因现代性的全球化是资本主义推动并主导的,故也特指资本主义现代性的全球化状况。对资本主义推动的全球现代性,我们要站在唯物史观的立场上加以辩证审视,要看到它的历史必然性与文明功绩性,但更要立足当前事实对其负面溢出效应加以批判和反思。目前,和平与发展构成时代的主题,但也不乏与之背道而驰的现象:从美国次贷危机、希腊主权债务危机到塞浦路斯告急引发的欧债危机,全球性经济危机频发;从基地组织、"伊斯兰国"到欧洲频发的恐袭事件,国际恐怖主义、民族分裂主义、宗教极端主义在全球蔓延;大气污染、水体污染、全球气候变暖、生物多样性减少、粮食危机、能源危机,生态资源瓶颈日益凸显;英国脱欧、特朗普当选,"逆全球化"势力迅猛抬头,孤立主义和保守主义开始在全球蔓延。这些事实看似没有联系,其实并不孤立,它们都直指全球现代化进程中的现代性问题[①]。由于当前全球现代性发展普遍采取的是资本主义的实现形式,也就是说,这些问题实质上是资本主义现代性全球化造成的全球困境。于是,变革与创新世界现代性发展战略便成为不可回避的重要时代课题,而中国作为负责任的大国则有着义不容辞的义务。习近平总书记指出:"中国共产党和中国人民完全有信心为人类对更好社会制度的

---

　　① 　现代性与现代化既有联系也有区别。两者从不同学术视角构成人类从传统走向现代的动态或静态表达,现代化主要涉及经济、社会、政治等具象层面,现代性则是现代化的结晶,指向哲学与精神层面。参见孟鑫:《马克思现代性视阈下中国道路的价值与意义》,《马克思主义研究》2016 年第 2 期。

探索提供中国方案。"①这便是"人类命运共同体",它是为解决世界现代性问题而设计的中国智慧与方案,是要为世界提供一种不同于资本主义现代性全球扩张的世界现代性新战略。只有将"人类命运共同体"放置在全球现代性问题的现实境遇中加以理解、阐释与建构,才能明晰其时代价值、世界意义与长远影响。

一

当今世界,"现代性正在内在地经历着全球化的过程"②,开始逾越民族国家界限,拓展为"全球现代性"。从本质上说,现代性与全球化有着内在联系,"要讨论全球化,就不可避免地要讨论现代性的话语,哪怕是对那些竭力要躲避现代性的理论符咒的人来说,也是在所难免"③。一方面,全球化以现代性为内在规定,全球化是现代性的世界拓展;另一方面,现代性是全球化最为重要的推动力量。可见,两者相互形塑、共同发展。由此,全球现代性成为目前最显著的时代标志,由于资本主义是现代性最早和最为普遍的制度实现形式,现代性的全球化也是由资本主义推动并主导的,因此全球现代性主要指涉资本主义现代性走向全球的现实图景,其实质上是资产阶级"按照自己的面貌为自己创造出一个世界"④。

"新世界"的创造即全球现代性的生成发端于15世纪,经历了欧洲殖民扩张、经济全球化与总体全球化三个阶段,体现出"现代性随着资本主义的全球化而被全球化"⑤。欧洲的殖民主义扩张是资本主义现代性全球化的启动形式:从美洲的发现到绕过非洲航行的开展,从东印度和中国市场的开辟到美洲的殖民化,新兴资产阶级不断开辟新天地,促进了工商业的空前高涨,"使正在崩溃的封建社会内部的革命因素迅速发展"⑥。政治和军事手段推动了最早的全球现代性进程,此时虽然也包含资本扩张,但不构成主要途径。真正的经济全球化是在民族解放运动后,殖民主义逐渐退出历史舞台,资本逻辑日益成为推动全球现代性的主要力量。资本

①　习近平:《在庆祝中国共产党成立95周年大会上的讲话》,《人民日报》2016年7月2日。
②　[英]吉登斯:《现代性的后果》,田禾译,译林出版社2011年版,第56页。
③　[英]约翰·汤姆林森:《全球化与文化》,郭英剑译,南京大学出版社2002年版,第46页。
④　《马克思恩格斯文集》第2卷,人民出版社2009年版,第36页。
⑤　[美]阿里夫·德里克:《对"全球现代性:全球资本主义时代的现代性"的进一步反思》,陈静、王斌译,《马克思主义美学研究》2010年第2期。
⑥　《马克思恩格斯文集》第2卷,人民出版社2009年版,第32页。

的增殖本性使它必然突破民族国家的界限,开辟世界市场。随之,"一切国家的生产和消费都成为世界性的了"①,全球性的交往关系和利益关系不断增强,推动全球现代性的进一步发展,逐渐形成一种总体性的全球化,整个世界日益被严密地编织到资本主义的全球体系中。

对于资本主义推动的全球现代性,我们必须站在历史辩证法的高度上加以审视,首先要看到其在生成与发展上的历史进步性。一是带来了社会生活的整体性变革。全球现代性虽然是由现代生产力的发展引起的,但绝不意味着它仅仅是一场"技术革命""工业革命",它是包含生产方式、生活方式和思维方式在内的社会生活整体变迁的"社会革命",是"整个市民社会的变革"②。在其影响下,不仅生产、消费具有现代性与全球性的特征,连精神和文化的发展也是如此,最终"地域性的个人为世界历史性的、经验上普遍的个人所代替"③。二是划出了一个新时代和一种新文明。资本主义现代性在其全球化过程中,彻底打破了民族国家的封闭性和封建宗法的约束性,它通过不断变革生产方式来使整个社会保持一种变动不居的状态,由此一来,过去那些固定的关系以及"素被尊崇的观念"统统被消除了,"一切神圣的东西都被亵渎了"④,取而代之的是资本主义的新文明。

可见,全球现代性有其产生的历史必然性和历史功绩性,它以资本主义的制度形式将一种属于现代的文明扩展到全球范围。然而依据历史辩证法,我们必须看到的是,资本主义现代性在全球化过程中蕴含着同化世界与分裂世界的内在性悖论:既具有整合世界的文明同化作用,又包含分化世界的分裂机制。当然,同化世界的文明作用只是资本主义现代性全球拓展的客观附带,就其主观意图而言,它必然带来的是"全球分裂"与"全球混沌"。因为资本主义现代性是以资本逻辑为主导的,其全球化的唯一目的就是让资本逾越民族国家的界限而到世界范围内活动,榨取全球剩余价值。资本就好比一个"害了相思病"的"有灵性的怪物"⑤,它通过无止境地吮吸劳动者的剩余劳动来实现自我增殖,"吮吸的活劳动越多",它的"生命就越旺盛"⑥。资本在全球范围内不断吮吸着剩余价值,造成了全球剩余价值从作为外围的欠发达国家和地区不断流向作为中心的资本主义国家。这势必造成"全

① 《马克思恩格斯文集》第2卷,人民出版社2009年版,第35页。
② 《马克思恩格斯文集》第1卷,人民出版社2009年版,第388页。
③ 《马克思恩格斯文集》第1卷,人民出版社2009年版,第538页。
④ 《马克思恩格斯文集》第2卷,人民出版社2009年版,第34—35页。
⑤ 《马克思恩格斯全集》第44卷,人民出版社2001年版,第227页。
⑥ 《马克思恩格斯全集》第44卷,人民出版社2001年版,第269页。

球分裂"与人类命运分化,以致当今全球现代性酿成的真实图景是:在全球贸易的增长下所掩盖的实则是消费租值、政治诉讼、分配失衡等危险;在金融崛起背后所隐藏的实则是剥削租值和风险社会的加剧;在财产私有和自由市场之中所暗含的实则是沟壑难填的物质欲望;在全球一体化背后所折射的实则是不平等的鸿沟。①全球现代性由先天不足和后天弊端所带来的负面溢出效应正日益明显,直接表现为全球经济危机、世界政治危机、生态资源瓶颈等问题愈发严峻,由此国家与国家、人与自然、人与自身发展之间不断发生着分化。

全球现代性使"资本积累"与"贫困积累"不断深化,全球经济两极分化、地缘政治冲突不断,国与国之间发生着命运的分化。在资本主义现代性全球化的过程中,资本积累的不平衡使得不同国家和地区之间出现了时空发展的不平衡,由此演变为发达国家对不发达国家的支配关系,使"资本积累"与"贫困积累"不断深化。这种发展不平衡带来的权力支配关系正是地缘政治冲突、全球经济分化的深刻根源:"世界历史……怎样和为什么分化为经常最具破坏性的地理政治上的冲突……具有政治-经济过程中的根源,这些过程把资本主义推进到了不平衡的地理发展的结构之中。"②一方面,在空间结构上,资本主义现代性的全球化将资产阶级国家内部的不平衡发展结构复制到民族国家之间并使其放大化,最终造成整个世界的断裂性格局。另一方面,在时间结构上,资本主义现代性的全球化虽在短期好像克服了传统社会的政治等级与经济差异,但在长期产生了更为严重的等级秩序和文明差异,表现为进步与落后、资本主义与前资本主义之间的巨大裂缝,最后演变为征服与被征服的权力支配关系。由此,在全球现代性的作用下,资本带来的"中心-边缘"二元结构和权力支配关系在全球蔓延,全球经济动荡与两极分化、地缘政治冲突不断滋生和泛滥。

全球现代性使"人的胜利"与"自然的溃败"不断重演,资源环境瓶颈、可持续发展危机不断,人与自然发生着命运的分化。不论是从其主观意图还是其客观进程来说,资本主义现代性全球扩张都事实性地造成了全球的生态环境与资源危机。资本主义现代性全球化的主观动机在于资本增殖,这就需要去掠夺全球的自然资源,因为这些都是可能的生产资料。故资本主义现代性全球化从一开始就带着掠夺全球资源的冲动,这势必造成全球的资源与环境危机。而从其客观进程来说,资

---

① [美]米格尔·森特诺、约瑟夫·科恩:《全球资本主义》,郑方、徐菲译,中国青年出版社 2013 年版,第29 页。

② [美]戴维·哈维:《后现代的状况》,阎嘉译,商务印书馆 2003 年版,第 263 页。

本主义现代性全球化也必然将资本主义的生产方式与消费方式推向全球,两者都对全球的可持续发展造成威胁。从生产方式来看,资本主义的生产方式对利润的唯一追求导致了对资源的掠夺和对环境的危害。马克思指出,资本主义为了获取更大的生产优势,它把人口越来越集于各大中心城市,由此"破坏着人和土地之间的物质变换""破坏土地持久肥力的永恒的自然条件"①。不仅如此,资本主义的消费方式以及由此引发的商业危机更是严重威胁着资源和环境的可持续发展,消费主义的兴起在刺激消费的同时也意味着资源的过度损耗,商业危机则更是生产力和自然资源的巨大浪费。总之,在资本主义现代性全球化的过程中,这种生产方式与消费方式已扩展至全球,这样必然造成全球化的资源与环境危机,不利于人类的可持续发展。

全球现代性在使国家与国家、人与自然两种关系不断分化后,最终带来的无疑是人与自身本质,也即人与自身发展的不断割裂、分化。资本主义现代性在全球扩展中,不仅不断汲取"人的自然力"和"自然界的自然力",从而导致人际对立、国际对立与人地对立,而且不断汲取"社会劳动自然力"。由此,受资本全球化操控的个人,其生命在社会发展空间上的"贫困积累"及相应的发展危机便日益突出。全球现代性在其蔓延中,将一切都纳入资本逻辑织就的力量之网,"交换原则"与"交换价值"成为宰制一切的无上权威,在此之下,人与物的关系发生了彻底的倒置,不再是人使用和支配物,而是人受物的奴役和控制,人的一切棱角和个性都被夷平了,世界被彻底"同一化"。对于资本的这种抽象力量,国外学者沃克曾形象地将其比作"抽象的病毒":它蔓延至所有社会关系之中并大肆地搞破坏,把一切"定性的和特殊的关系转变成定量的和普遍的关系"②。因此,全球现代性看似以现代文明促进人的发展,实质却是一种新的奴役,使现代人遭受"无家可归的命运",人的解放的"目标"变成了人的解放的"陷阱",人与自身发展不断割裂、分化。

## 二

现实世界的分化与冲突引起了思想家们对全球现代性的不断反思,他们都将

---

① 《马克思恩格斯文集》第 5 卷,人民出版社 2009 年版,第 579 页。
② ［美］J. K. 吉布森-格雷汉姆:《资本主义的终结》,陈冬生译,社会科学文献出版社 2002 年版,第 179 页。

目标聚焦于目前推动全球现代性发展的资本主义方案,认为人类命运分化主要源于这一方案出现了问题。但对于问题的解决,思想家们却莫衷一是,形成了各种各样的态度和观点,本书将其中颇具代表性的态度和观点归纳为三类:一是"自我修复论",它认为目前的全球性问题可通过资本主义制度的自我修复来解决,以资本主义制度形式推动的全球现代性会一直持续下去,不可能走向终结;二是"外在断裂论",它认为资本主义推动的全球现代性已面临全面破产,一种与之截然不同的全球发展新阶段将横空出世;三是"内在扬弃论",它认为全球现代性的资本主义实现形式正在走向灭亡,而新的实现形式正从其"胎胞"里孕育成熟,并最终对其进行替代。

针对全球现代性造成的人与世界、国与国之间的命运分裂,全球现代性的"自我修复论"认为这只是推动全球现代性发展的资本主义制度的运行问题,不是制度本身的问题,完全可以通过资本主义制度的自我调适来解决。其坚信资本主义现代性的全球化使世界历史的发展进入终极阶段,世界历史不会再出现根本性的制度变革,未来的发展道路只是在资本主义现代性框架内的修修补补。资本主义现代性在发端就被定下了进步主义的基调。海德格尔曾言:"是什么通过规定了整个大地的现实而统治着当今呢?〔是〕进步强制(Progrssionszwang)。"①确实,马克思和恩格斯也曾肯定,资产阶级在它的不到百年的阶级统治中创造的生产力,是不同于埃及金字塔、罗马水道和哥特式教堂的奇迹。这种质料层面的进步使人们沉醉于资本主义的狂欢,产生了一种全球现代性经由资本主义一定会达到完满状态的精神信念。正如在《人类精神进步史表纲要》中,孔多塞多描绘的阶梯式的进步图景,整个人类在资本主义的理性法则下一步步摆脱束缚,获得解放,达到一种真正的成熟状态。

当然,以上只是在思想理念上阐明这种现代性的完满与不可超越。将这种理念进一步世俗化并上升为政治论调的是自由主义者,以威廉姆斯的"华盛顿共识"和福山的"历史终结论"为代表。"华盛顿共识"是一系列以市场为导向的经济理论的总称,它以"贸易经济自由化、市场定价(使价格合理)、消除通货膨胀(宏观经济稳定)和私有化"②为基本原则。"华盛顿共识"虽然不能与新自由主义画上等号,但不论从思想意识还是政治主张来看,其都是以新自由主义为基础的,是对新自由主

---

① 〔德〕海德格尔:《晚期海德格尔的三天讨论班纪要》,丁耘摘译,《哲学译丛》2001 年第 3 期。
② 〔美〕诺姆·乔姆斯基:《新自由主义和全球秩序》,徐海铭、季海宏译,江苏人民出版社 2000 年版,第 4 页。

义理论与政策的升华,意图将新自由主义的经济自由化、市场化、私有化、一体化的政治纲领和经济模式变为一种普世性的经济信条和意识形态。美国向发展中国家和转轨中国家大力兜售"华盛顿共识",是资本主义现代性方案全球化的拓展计划,也是其优越性的体现。"历史终结论"者更甚,他们认为,在资本主义制度下,一切真正的大问题都得到了一劳永逸的解决,"构成历史的最基本的原则和制度可能不再进步了"①。对他们来说,自由民主制度即便在理论上算不得最正义的制度形式,在实际上却是最正义的,它"在现实中正在成为人类问题的最好解决方案"②。由此,他们认为,目前的全球现代性问题不是制度性的根本问题,而只是资本主义制度在全球运行中产生的一些偏差与不当,完全可以通过制度的自我修复来解决。

全球现代性的"外在断裂论"与"自我修复论"在态度上截然相反,前者认为随着资本主义现代性全球化矛盾的充分暴露,全球现代性正在或已经走向尽头,一种与之决然"断裂"的全球发展新形式正在来临。"外在断裂论"以"后现代理论"为重要代表。丹尼尔·贝尔在《后工业社会的来临》一书中指出一个超越传统工业社会的后现代社会的到来,并认为如果过去社会的伟大修饰语是一个"超"字,如超文化、超社会,那么今天我们用尽了"超"字,就只能以"后"字代替,如后现代社会、后工业社会、后文化艺术等。这种以"后"字命名的术语,既是对业已失去也是对尚未到来的社会感到迷茫,认为人类正在经历由既有向全新全球形态的过渡,一切现代的价值理念和社会模式均应遭到最无情的批判。

后现代主义之所以以拒斥与断裂的态度对待全球现代性,主要基于他们深刻认识到全球现代性在生产方式、文化基调、权力格局上的显著变化。在生产方式上,"后福特制"正在替代资本主义的生产方式。随着劳动过程和组织形式转向更为专业化、灵活化和分散化,劳动力市场更偏向于非全日制的、不定期的、固定条件的合同工作人员,消费市场更加注重产品的差异化与个性化,一种以"弹性生产"为主导的"后福特主义"生产方式正在全面来临,其"具有绕过福特主义体制的刻板、满足更大范围的市场需求包括快速变化的需求的优点"③。在文化基调上,"后现代主义"正在取代资本主义的文化逻辑。它以一种"骚动、不稳定和短暂"的美学取代

---

① [美]弗兰西斯·福山:《历史的终结与最后的人》,黄胜强、许铭原译,中国社会科学出版社 2003 年版,第 3 页。

② [美]弗兰西斯·福山:《历史的终结与最后的人》,黄胜强、许铭原译,中国社会科学出版社 2003 年版,第 384—385 页。

③ [美]戴维·哈维:《后现代的状况》,阎嘉译,商务印书馆 2003 年版,第 201 页。

了福特主义的"相对稳定的美学",通过"赞美差异、短暂、表演、时尚和各种文化形式的商品化"①,全然颠覆了传统文化秩序,使文化发展失去一致性。在权力格局上,"后殖民主义"正在打破全球现代性的西方中心主义格局。"后现代主义、后殖民主义策略已不再是挑战,而成了新统治策略的实际同属,甚至不自知地强化了新的统治策略"②,一种新的世界权力格局正在形成。正是以上的显著变化,以及"晚期资本主义"的出现,最终导致资本主义现代性失去自我调控、矫正与更新的能力,一种新的全球发展形式正在来临。后现代主义者认为这种新的全球发展形式是与现代性的决然断裂,他们开始在现代性之外寻求解决之道,如巴塔耶以色情、浪费来抵制现代性的经济理性原则,德里达用"延异"来解构逻各斯中心主义。这些形形色色的探索都试图在现代性逻辑之外寻找根据,实现对全球现代性的断裂超越。

全球现代性的"内在扬弃论"既不是对全球现代性的全盘肯定与故步自封,也不是将其视为将死之物而全盘否定,而是依据全球现代性发展逻辑本身来实现其自我超越。这种全球现代性的审思进路以马克思为重要代表,马克思非常明确地宣称:"我们不想教条地预期未来,而只是想通过批判旧世界发现新世界。"③也正如美国学者伯曼在评论《共产党宣言》时所指出的,马克思"希望通过一种更加充分的并且更加深刻的现代性来医治现代性的创伤"④。以唯物史观为基石,马克思剖析了全球现代性的发展趋势:一方面,马克思在历史唯物论基础上,从资本主义现代性的内在矛盾出发,作出全球现代性的资本主义实现形式必然走向灭亡的判断,超越了全球现代性的"自我修复论";另一方面,在历史辩证法的基础上,马克思深刻洞察了全球现代性的发展是生产力与生产关系的辩证互动,是生产逻辑与资本逻辑的交割纠缠,对全球现代性的超越必然是一种内在扬弃,是劳动过程突破价值增殖、生产力炸毁生产关系的发展过程,从而否定了"外在断裂论"。

在马克思看来,全球现代性的"内在扬弃"并不是现代性与全球化的终结,而是全球现代性的特定发展形式——"资本主义现代性"的退场,一种"新的全球现代性"正在来临。对于"新的全球现代性",按照马克思的基本观点,应是自由人的联合体。资本主义现代性的全球化因内含资本逻辑而使得全球发展与民族国家发展

①　[美]戴维·哈维:《后现代的状况》,阎嘉译,商务印书馆 2003 年版,第 202 页。

②　[美]麦克尔·哈特、[意]安东尼奥·奈格里:《帝国》,杨建国译,江苏人民出版社 2003 年版,第 143 页。

③　《马克思恩格斯文集》第 10 卷,人民出版社 2009 年版,第 7 页。

④　[美]马歇尔·伯曼:《一切坚固的东西都烟消云散了:现代性体验》,徐大建、张辑译,商务印书馆 2003 年版,第 126 页。

出现矛盾和分裂,民族国家间的普遍利益与特殊利益之间存在分歧,这才出现了全球发展的现代危机。自由人联合体之所以能克服全球现代性的弊端,就是因为它是在既有现代性的母体中孕育成熟的,是对既有现代性的内在扬弃:一方面,它继承了既有现代性创造物质财富的能力;另一方面,它扬弃了资本逻辑,实现了对社会财富的共同占有及对异己力量和关系的重新支配。这样一来,它就克服了由资本逻辑所导致的全球共同体与民族国家、普遍利益与特殊利益的历史性对立。从这个意义上来说,自由人联合体与既有全球现代性并不是"现代性"与"非现代性"的区别,而是全球现代性实现方式、发展形式的更迭演变。显然,自由人联合体不是与目前资本主义推动的全球现代性的决然断裂,实质是从既有全球现代性的"母胎"中生长出来却又超越它的"新全球现代性"。

对全球现代性的三种审思方案加以仔细比较和辨别,我们会发现全球现代性的"自我修复论"与"外在断裂论"看似对立,实则蕴含着同样的理论思维:全球现代性在某种意义上已经终结了,失去了自我发展的可能性。两者的差异只在于怎么理解这种终结性:或者认为既有全球现代性发展形式已经到达完美极致,我们要做的就是加以全盘肯定与接收;或者认为其已经走向尽头,只能作为将死之物被全盘否定,全球发展需要另起炉灶。两者的缺陷恰恰就在于此,都没有从生成论的角度看待全球现代性,都没有将其看作具有自我批判、自我超越潜能的矛盾有机体。这就缺失了辩证逻辑的思维,注定两者都很难跳出既有框架而提出真正能解决问题的有效路径。全球现代性的"内在扬弃论"正是抓住了既有全球现代性发展形式的矛盾性与开放性,从其发展逻辑本身寻求自我超越的路径,在对全球发展的生产逻辑继承与资本逻辑扬弃的基础上,提出自由人联合体的理论构想,从而克服了"自我修复论"与"外在断裂论"的缺陷,为全球现代性发展指明了方向。但今天我们需要注意的是,自由人联合体作为一种"新全球现代性"是有条件的,首先是要以现实的共产主义运动推翻资本主义现代性及其构建的国际体系。而这一条件在当前并不具备现实性,正如习近平总书记所指出的,鉴于"资本主义社会的自我调节能力",社会主义取代资本主义必然是一个很长的历史过程,我们必须充分"估计到西方发达国家在经济、科技、军事方面长期占据优势的客观现实,认真做好两种社会制度长期合作和斗争的各方面准备"①。故以内在扬弃方式建构起的自由人联合体仍需思考如何从理想目标转化到现实蓝图的问题。

_____

① 《十八大以来重要文献选编》上,中央文献出版社 2014 年版,第 117 页。

# 三

面对资本主义现代性全球化带来的治理赤字、信任赤字、和平赤字与发展赤字等现实难题，面对全球现代性发展的理论困惑，世界历史往何处去成为时代之问的最强音。目前中国道路的发展成就，特别是党的十八大以来，中国特色社会主义进入新时代，在强起来的历史关口，我们开始不断走近世界舞台的中央，强调"为人类作出新的更大的贡献"。习近平总书记高瞻远瞩，指出"没有哪个国家能够独自应对人类面临的各种挑战，也没有哪个国家能够退回到自我封闭的孤岛"①，世界各国应顺应时代潮流，构建人类命运共同体。我们应该看到，人类命运共同体虽最早作为一种外交理念被提出，但实质上构建的是全球发展的新战略，其背后指向的正是一种新的全球现代性发展形式的酝酿。人类命运共同体作为全球现代性的一种新发展形式，充分体现了对马克思全球现代性"内在扬弃论"的继承和创新：一方面继承了马克思对既有全球现代性"内在扬弃"的立场、观点和方法，以"自由人联合体"为目标指向；另一方面又在新的历史条件下进行创造性转化，从而使其兼具科学性、价值性与创新性，现实地回答了世界历史向何处去的问题，为全球现代性发展贡献了中国智慧与中国方案。

人类命运共同体承继了马克思全球现代性批判的立场方法和价值理想，破解了全球现代性的"自我修复论"和"外在断裂论"，彰显出新的全球现代性发展形式的科学性与价值性。人类命运共同体作为一种新的全球现代性发展形式，不是无源之水、无本之木，而是对马克思全球现代性批判思想的深刻继承。它在全球现代性批判的立场方法上，秉持马克思的"内在扬弃"思想，指明全球发展的趋势既不会永驻于资本主义的制度框架内无法超脱，也不会走向后现代的发展历程，而是在既有全球现代性发展内部生发出一种新的发展形式。它既源于资本主义现代性，又超越资本主义现代性。同马克思的全球现代性批判一样，人类命运共同体是从全球资本积累的内在矛盾出发来理解全球现代性的发展的，它既看到了资本主义现代性在生产力上推动全球物质文明发展的重要作用，也意识到国际矛盾是由资本

---

① 习近平：《决胜全面建成小康社会　夺取新时代中国特色社会主义伟大胜利——在中国共产党第十九次全国代表大会上的报告》，人民出版社 2017 年版，第 58 页。

主义现代性在生产力和生产关系上的根本矛盾全球化造成的,这才是全球分裂的根源与实质。所以,人类命运共同体秉承了马克思全球现代性批判的"内在扬弃"方法,指明资本主义现代性全球化带来物质财富的创造力是极大化的和必然继承的,而赢者通吃、零和博弈的发展关系是必须被摒弃和超越的。其旨在建构更加公平公正、共享共赢的新的全球现代性发展形式,这是它的科学性的显著体现。另外,在全球现代性发展的价值理想上,人类命运共同体秉持马克思的"自由人联合体"思想,超越民族、国家、文明等差异,强调全世界人民的整体利益,这是它的价值性的显著体现。

同时,人类命运共同体在新的历史条件下,从目标内容、思维方式、实践策略等维度对马克思全球现代性批判理论进行了创造性转化,彰显出新的全球现代性发展形式的现实性与创新性,为解决全球分裂与人类命运分化问题提供了一种现实答案。

第一,目标内容的细化:实现从一般特征揭示到现实方案规划的转化,为全球现代性发展指明前进方向。马克思全球现代性批判思想昭示了资本主义现代性发展的根本矛盾随着全球化必然表现为国际关系矛盾,并且随着矛盾的深化全球化必然走向社会主义,最终实现"自由人联合体"。这是根据唯物史观的一般原则所作出的世界历史发展的基本判断,但对于未来的"自由人联合体",马克思只是从生产力、生产关系、社会制度等方面作了一般性的特征揭示,并未对各方面发展给出细节性的现实目标方案。当然这也正体现了马克思思想的科学性,因为一切社会实践"完全取决于人们将不得不在其中活动的那个既定的历史环境"①。也就是说,在全球发展上马克思只是给出了最为宏观的目标,对于具体"建设一个什么样的世界"并未给出明确答案。而"人类命运共同体"不仅坚持了自由人联合体的价值目标,更是进一步为理想蓝图作了现实规划,通过提出坚持"对话协商""共建共享""合作共赢""交流互鉴""绿色低碳"的具体举措,为建设一个"持久和平""普遍安全""共同繁荣""开放包容""清洁美丽"的世界提供了切实方案。② 这就从伙伴关系、安全格局、经济发展、文明交流、生态建设等多个维度将马克思自由人联合体的目标具体化、现实化,并且丰富其内涵,为全球现代性发展指明了目标方向。

第二,思维方式的重构:实现从单一向度到多元向度的转化,为全球现代性发

①　《马克思恩格斯文集》第 10 卷,人民出版社 2009 年版,第 458 页。
②　习近平:《论坚持推动构建人类命运共同体》,中央文献出版社 2018 年版,第 421 页。

展提供新的结构模式。马克思设想的"自由人联合体"是要"代替那存在着阶级和阶级对立的资产阶级旧社会"①,使人类进入单一的、最终的社会形态,即共产主义。而就当前全球发展局势而言,共产主义的实现条件并不成熟,资本主义与社会主义将处于长期共存状态。这就要求我们必须与发达资本主义国家保持一种"合作和斗争"的关系,认真学习并借鉴其"创造的有益文明成果"②。人类命运共同体正是基于对两种制度长期共存的历史形势的深刻把握,为了解决全球发展的分裂问题,创造性地提出多种社会制度的平等相待、合作共赢,从而在全球现代性的发展方式上实现从单一社会形态到多元形态共生共赢的思维创新。另外,我们必须充分认识到这种从单一向度向多元向度的转化,既源于多种制度并存的事实,又超越这个事实。虽然当前全球发展也是多种制度并存,但不同制度之间是以一种"中心-边缘"的结构形式存在,而人类命运共同体的核心是反对一个国家剥夺另一个国家的零和博弈及一种制度战胜另一种制度的冷战思维,要的是多元间的共享共赢,要形成的是一种"环形-向心"③结构。正如习近平总书记在阐发人类命运共同体意识时所强调的,我们要在追求自身利益的同时兼顾他国利益,在自我发展中促进共同发展。这样一来,全球现代性发展不再是中心国家凭借权威力量使全球剩余价值源源不断地流向本国,造成全球分裂与人类命运分化,而是不同国家、不同民族和不同文明之间都能以平等主体的身份共同参与协商全球发展事务,共同承担与解决全球发展问题,并能共同享有全球发展红利。

第三,实践策略的转变:实现从制度革命到全球善治的创新,为全球现代性发展提供新的实践路径。对于如何解决资本主义现代性全球化造成的全球发展困境,马克思早已言明,以无产阶级暴力革命的方式推翻资产阶级统治,通过民族国家内部阶级对立的消灭来破除民族国家间的对立关系:"民族内部的阶级对立一消失,民族之间的敌对关系就会随之消失。"④但目前,和平与发展成为时代主题,同时资本主义在政治经济等方面的新变化也在一定程度上缓解了阶级矛盾,这都使以暴力斗争方式实现制度革命失去了当前的现实可能性。因此,在当下我们要解决全球现代性问题,就必须在策略上有所转变,从革命转向治理。全球治理理念是由西方国家率先提出并主导的,由此发达资本主义国家制定出各种偏向自身的话语

① 《马克思恩格斯文集》第 10 卷,人民出版社 2009 年版,第 666 页。
② 《十八大以来重要文献选编》上,中央文献出版社 2014 年版,第 117 页。
③ 杨宏伟、张倩:《人类命运共同体的结构及其建构》,《教学与研究》2018 年 11 期。
④ 《马克思恩格斯文集》第 2 卷,人民出版社 2009 年版,第 50 页。

规则,始终贯彻着"西方优先"的原则,使得全球治理实质上变为"西方治理",将风险和危机都转移到发展中国家。基于此,人类命运共同体要实现的就是从"治理"向"善治"的转变,要弥补暴力革命的不足与西方治理的失灵,为全球现代性发展提供新的实践路径。这种"善治"在价值上要反对霸权主义和强权政治,反对将"自己的意志强加于人""干涉别国内政""以强凌弱"①,从而"推动国际秩序朝着更加公正合理的方向发展"②。在具体的路径安排上,应以构建周边命运共同体为前进的第一步,以打造发展中国家命运共同体为基石,以构建新型国际关系为关键一招,最终搭建起共商共建共享的全球治理新舞台,促进全球现代性朝着更加合理美好的方向不断发展。

# 四

在百年未有之大变局下,金融危机、恐怖主义、资源短缺、气候变化等诸多问题不断涌现,全球现代性的发展充满着不确定性。早在新的全球危机爆发前,习近平总书记就已洞察时代趋势与人类前途,在深刻把握中国与世界关系的历史性变化的基础上,提出人类命运共同体这一前瞻性、创新性的理念。近年来,世界局势风云诡谲,人类命运共同体理念也在不断得到认可与升华,早已超出原初的国际关系与外交战略层面,成为一种新的全球现代性发展理念。这种新的全球现代性在目标蓝图、思维方式、实践策略上创造性地转化和发展了马克思关于"自由人联合体"的理论构想,为解决资本主义全球化带来的全球现代性问题提供了基本思路。更为重要的是,这一新的全球现代性发展理念与中国道路生发的新型人类文明相联系,它体现了全球化时代的文明共生逻辑,昭示了现代文明的新格局、新特质与新秩序,标识着人类文明经由中国道路而展现出的美好前景。

本书正是在全球现代性问题凸显的时代背景下,以马克思现代性思想为理论参照,探讨人类命运共同体的理论构建与实践探索,为全球现代性问题的解决提供中国智慧与方案,力图做到"以现实问题激活经典理论"与"以经典理论关照现实问题"的方法结合,使课题研究的理论价值与实际应用价值得到有机融合。

---

① 《习近平谈治国理政》第 2 卷 ,外文出版社 2017 年版,第 42 页。
② 《习近平谈治国理政》第 2 卷 ,外文出版社 2017 年版,第 448 页。

就理论上而言,一方面,在全球现代化发展与全球性问题凸显的视域中诠释马克思思想,对马克思的现代性思想进行充分挖掘和系统梳理,力求建构马克思关于现代性问题的理论架构,为马克思思想理论的当代出场开辟理论路径;另一方面,在马克思思想的指导下,探讨了人类命运共同体构建的理论规划,并有力驳斥了西方政界与理论界对它的曲解。具体来说:

第一,对马克思的现代性思想进行充分挖掘和系统梳理,力求建构马克思关于全球现代性问题的理论架构,为马克思思想理论的当代出场开辟理论路径。目前,关于马克思思想理论的研究繁多,马克思思想的精神实质与基本理论视域在众多阐释中变得漂浮不定。从国内研究看,有的学者认为马克思理论突出的是意识形态批判,有的学者认为马克思思想的主题是社会发展,甚至有的学者认为马克思的基本论域在于如何进行革命、如何实现无产阶级专政;从国外研究看,马克思的思想论域更显得繁花似锦,出现了人道主义的马克思主义、科学主义的马克思主义、建构主义的马克思主义以及市场经济的马克思主义等。当然,如果就知识社会学而言,对马克思思想阐释得越多,则代表这种理论在当代越有生命力。但也正是因为阐释的角度过多,所以我们才无法把握其思想核心。正如雷蒙·阿隆所言,如果不存在成千上万的马克思主义者,我们就很容易确认马克思的基本思想所在。[①] 这种"一地鸡毛"式的阐释,容易使马克思的思想理论陷入相对主义的泥沼,也会导致思想意义的严重流失和扭曲。实际上,马克思思想理论的核心便是对资本主义现代性加以批判,并在此基础上寻求其他社会制度来推动实现现代性的发展。故现代性既构成马克思思想的基本场域,现代性问题也构成其思想的核心论域。本研究以此为立足点,结合全球化的时代背景,着重将马克思对现代性的分析拓展到全球领域,揭示马克思对全球现代性的批判与重构,力求建构马克思关于全球现代性问题的理论架构,为马克思思想理论的当代出场开辟理论路径。

第二,对殖民主义、霸权主义、逆全球化等理论与思潮给予回应与批判。只有借助以马克思现代性思想研究人类命运共同体的契机,站在马克思对全球现代性批判与重构的理论高度及人类命运共同体的实践高度上,才能更好地认识殖民主义、霸权主义、逆全球化等思潮,进而抵御这些错误思潮。当今,殖民主义、霸权主义在资本主义创设的全球现代性中频现,以北约军事集团为例,其正是以美帝国主义为首的霸权主义军事集团。这个军事集团推行的霸权主义主要目的是追求和保

<hr>

① 　[法]雷蒙·阿隆:《社会学主要思潮》,葛智强等译,华夏出版社2000年版,第91页。

持殖民主义的利益。自第二次世界大战之后的局部战争,如朝鲜战争、越南战争、科索沃战争、阿富汗战争、伊拉克战争、利比亚战争等,几乎全是这个军事集团发动的。且当今英国脱欧、特朗普频频"退圈",都显示出资本主义奉行"有利则来、无利则散"的原则。这些问题都直指今天全球现代性的弊端,而人类命运共同体奉行的合作共赢原则始终坚持"一花独放不是春,百花齐放春满园"。中国愿意同世界一起共同努力,共同抵御殖民主义、霸权主义和逆全球化等错误思潮,对全球现代性发展起到引导作用。故从全球现代性背景研究人类命运共同体,可以有效地对殖民主义、霸权主义、逆全球化等理论与思潮给予回应与批判。

　　第三,对人类命运共同体的理论架构与理论创新进行充分揭示,为全球现代性问题提供中国智慧。世界潮流,浩浩荡荡。当今世界,经济全球化和社会信息化深入发展,全球性挑战不断增多,人类已经进入一个高度相互依存的社会。以习近平同志为核心的党中央把握时代潮流,旗帜鲜明地"倡导人类命运共同体意识",认为"这个世界各国相互联系、相互依存的程度空前加深,人类生活在同一个地球村里,生活在历史和现实交汇的同一个时空里,越来越成为你中有我、我中有你的命运共同体",并强烈呼吁世界各国"同舟共济,权责共担,增进人类共同利益"。人类命运共同体理念的提出,既是中国传统历史文化基因的当代反映,也是中华人民共和国外交实践经验的不断升华。它体现的是中国人民顺应时代潮流的愿望和崛起的中国敢于担当历史责任的勇气。从马克思现代性思想出发,研究人类命运共同体,在全球现代性的实践境遇与马克思思想语境的碰撞中,能够充分展示人类命运共同体的精神实质及其理论内涵与理论创新。从理论意涵来说,人类命运共同体理念内涵丰富,涉及政治、安全、经济、环境等诸多领域。党的十九大报告就曾提出要建设一个"持久和平、普遍安全、共同繁荣、开放包容、清洁美丽"的人类命运共同体。①可见,这是作为新时代条件下深刻考量全人类共同发展趋势的创新理论,蕴含着丰富的现代性意蕴,是马克思主义中国化的最新成果;是替代资本主义"虚幻共同体",实现"自由人联合体"的现实理论创新;为解决全球现代性发展提供了中国智慧。

　　第四,有力地破除了国外对人类命运共同体战略体系的曲解。自党的十八大提出并倡导"人类命运共同体"理念以来,这一理念得到了国外政界与学界的广泛

---

　　① 习近平:《决胜全面建成小康社会 夺取新时代中国特色社会主义伟大胜利》,《人民日报》2017年10月19日。

称赞。联合国大会主席彼得·汤姆森指出,构建人类命运共同体是"人类在这个星球上的唯一未来"[①]。巴基斯坦驻联合国大使马莱哈·洛迪认为:"构建人类命运共同体是应对新的和正在出现的安全威胁的有效方法,对于世界和平与发展至关重要。"[②]英国学者马丁·雅克认为:"中国提供了一种'新的可能',这就是摒弃丛林法则、不搞强权独霸、超越零和博弈,开辟一条合作共赢、共建共享的文明发展新道路。"[③]不过在赞扬的背后也存在着误解与偏见,如从"现实主义"角度将其战略起点定位于服务中华民族崛起,以"修正主义"立场将其战略原则归结为颠覆世界秩序,从"帝国主义"视野将其战略目的判定为控制与掠夺他国的新殖民主义,按"理想主义"视域将其战略实践划归为缺乏实质行动的乌托邦等。当前"世界百年未有之大变局"加速演变,经济危机、霸权主义、非传统安全等问题肆虐全球,人类必须以一种新的理念来应对危机,故必须端本澄源,破除国外对人类命运共同体战略体系的误解与曲解。只有这样,才能进一步推动人类命运共同体理念的升华,提升其实践伟力,使其真正成为引领世界发展前进的指向标,彰显世界文明经由中国道路所展现的光明前景。

从实践上而言,激活马克思关于现代性问题的立场、观点和方法,关照和回应当代全球发展的新问题、新特征和新趋势,特别是探讨解决世界现代性问题的"人类命运共同体"的构建,为全球性发展问题提供中国智慧与方案,凸显了本研究的应用意义。具体来说:

其一,激活马克思解决全球现代性问题的立场、观点和方法,探讨人类命运共同体的实践建构,为全球现代性问题提供中国方案。构建"人民命运共同体"作为超越资本主义现代性,走出"全球混沌"局面的"中国药方",它不仅仅是一个理论问题,更是一个实践问题,正如习近平所指:"大道至简,实干为要。构建人类命运共同体,关键在行动。"[④]本研究致力于从全球现代性的角度出发,探讨人类命运共同体的构建对全球现代性新方案的实践作用。中国提出了"人类命运共同体"理念,为了将这一体现共同利益、旨在促进共同发展的价值理念转化为现实,还提出了与

---

① 吴绮敏、裴广江、赵成等:《让思想之光引领世界前行之路》,《人民日报》2018 年 1 月 25 日。

② Maleeha Lodhi,"China's Vision of 'Community of Shared Future' Is Vital for World Peace:Pakistani Envoy",In The UrduPoint ,November 3,2017,https://www. brecorder. com/news/378674/chinas-vision-of-community-of-shared-future-is-vital-for-world-peace

③ 吴绮敏、裴广江、赵成等:《让思想之光引领世界前行之路》,《人民日报》2018 年 1 月 25 日。

④ 习近平:《共同构建人类命运共同体——在联合国日内瓦总部的演讲》,《人民日报》2017 年 1 月 18 日。

世界共享的中国方案。一方面,充分发挥中国自身的快速发展优势,着力推进"一带一路""亚投行""新开发银行"等项目的建设,让世界各国搭乘中国快速发展的便车,从而帮助它们加快自身的现代化进程;另一方面,积极参与各种国际事务和国际规则的制定,站在广大发展中国家的立场上表达诉求和争取利益,坚决反对发达资本主义国家利用自身在全球现代性事业中的主导性地位制定霸权规则,主张推动建设更加公平正义、体现发展中国家利益的国际新秩序,以便为发展中国家的经济社会发展和现代性建设争取空间。这两方面正是构建人类命运共同体的中国方案,旨在开创共同发展、利益共惠的全球发展新局面。中国作为一个负责任的大国,不仅没有走上资本主义国家在全球范围内延续发展不平衡的老路,而且致力于谋求各国的精诚合作以促进人类社会的和谐发展,在激活马克思解决全球现代性问题的立场、观点和方法中,开创合作共赢的全球经济发展格局、构建共商共建共享的全球治理体系、促成平等开放包容的文化交流模式、培育美丽和谐持续的生态环保理念,最终为实现全球发展新格局提供实践路径。

其二,为"一带一路"等具体实践形式提供思想支撑。构建人类命运共同体需要我们展动"双翼"、紧握"抓手",新型安全观和正确义利观可以看作人类命运共同体的双翼,而亚投行、"一带一路"等倡议则是重要"抓手"。中国欢迎世界各国搭乘中国发展的"顺风车",愿与各国分享发展机遇,促进共同发展。在现代化的进程中,中国始终坚持与各民族国家紧密合作,共享全球市场、共同推动科技创新、共同带动产业升级。新时代,中国更是提出了"一带一路"的构想,以政策沟通、设施联通、贸易畅通、资金融通和民心相通为着力点,与沿线的新兴经济体和发展中国家展开互利合作,以实现协同发展和联动增长。此外,针对各个后发现代化国家现代化水平较低、经济社会发展基础薄弱的现状,中国还以各类国际组织、机构与机制搭建"人类命运共同体"合作新平台。国际组织与机构是国际社会生活的重要组成部分,在推进和平发展、开展国际对话、解决世界问题、化解国家争端等方面发挥了重要作用。近年来,"上海合作组织""亚太经合组织""博鳌亚洲论坛""亚投行"与"金砖国家合作机制"等国际合作组织、机构与机制为构建人类命运共同体注入了新内涵、新动力,是构建人类命运共同体实践的新型平台。如上海合作组织的合作议题由原来的安全、反恐扩展为政治、经济、安全、文化、民间交往等多方面的广泛合作;亚投行促进亚洲地区国家基础设施建设,促进周边各国互联互通,推进各国团结协作高质量发展;博鳌亚洲论坛通过高层对话协商,围绕经济、社会、环境等问题凝聚各国共识,促进共同发展,为讨论和解决亚洲地区问题提供有利平台。这些重要合作平台的构建与发展，充分体现了中国始终支持多边主义、践行多边主义，而各类国际组织互为补充、相辅相成则丰富了人类命运共同体理念的实践路径。

# 第一章

# 全球现代性危机:
# 人类命运共同体的出场语境

人类命运共同体作为中国智慧和中国方案出场绝非偶然,而是在新旧全球化转换时代,中国特色社会主义现代性建构对于全球现代性问题的探索与解答的必然结果。这样,对人类命运共同体的探究,必然要先涉及对既有全球现代性形式的全面考察,因为其构成人类命运共同体的出场语境。实现现代化,发展现代性是每一个国家进入现代社会后的目标诉求。西方最早开始了现代化进程,资本主义现代性因而构成现代性的最初实现形式,随后也成为最为普遍的形式。目前的全球现代性是资本主义现代性全球拓展的结果,故探讨人类命运共同体的生成语境必然要以资本主义现代性的生成与发展以及矛盾困境为切入口。

## 第一节　现代性与资本主义现代性

现代性毫无疑问是我们时代最重要的焦点性话题之一。当今,在我们的日常生活中处处渗透着"现代性",诚如伯曼所指:"人们即便在其一生中从来都没有听说过'现代性'这个词,也能够成为现代主义者。"[①]与此相应,现代性问题也在哲学、文学、社会学、政治学等人文社会科学中日益凸显,出现了诸如社会现代性、审美现

---

① ［美］马歇尔·伯曼:《一切坚固的东西都烟消云散了:现代性体验》,张辑、徐大建译,商务印书馆2003年版,第10页。

代性、资本现代性等一系列理论话语,使得现代性论域变为一个纷繁复杂的"星丛"。在这样一个纷争的理论领域,我们首先要弄清楚一个最为基本的问题:何谓现代性? 只有在此基础上,我们对现代性问题的解析和论述才能深入理论内核,不至于"一地鸡毛"式的无的放矢。

## 一、"现代性"概念的起源与界定

黑格尔曾经说过,概念构成认识之网上的一个网结。因此,我们对现代性问题的认识必须从现代性的概念这个基本的认识网结入手。自进入现代社会以来,人们对现代性问题的研究一直以蓬勃的姿态呈现并不断有新的动力注入,然而对于现代性的概念却一直没有一个确切的共识。其中的原因可能在于:一方面,现代性并非当代社会特殊的社会文化属性,其跨越的历史时期较长;另一方面,现代性涉及政治制度、经济方式、文化表征等社会生活的各个层面,其内涵较为庞杂。由此可见,现代性是一个综合性的复合概念,从纵向上说是一个衔接历史主义与未来主义的跨时空概念,从横向上说是一个包罗现代社会一切因素的跨领域概念。因此,对于"现代性"概念的确证,我们也必须从历时和共时两个方面考察,以历时的角度辨识其词源发展,以共时的角度关照其不同的理解。

首先我们对"现代性"概念做一个词源学的考察。"现代性"一词究竟在什么时间开始出现,学者们对此有着各自不同的看法。美国学者马泰·卡林内斯库在其著作《现代性的五副面孔》中,对"现代性"这一概念的语源作了历史考察。他认为现代性作为一个术语最早在 17 世纪的英国就开始流行,据《牛津英语词典》记载,"modernity"一词在 1672 年首次使用。该词典在说明当时"现代性"一词的主要用法时援引了霍勒斯·沃波尔评论查特顿诗歌的话,沃波尔指出:"任何人(只要有耳朵)都不能原谅""'他们'语调的现代性"。在沃波尔的用语中,"现代性"被作为某种微妙的审美感觉,它既接近个人"风格"的概念,也接近"观念和措辞的晚近倾向"。卡林内斯库认为,沃波尔关于现代性的"实际含意是有关声音与'语调'的,我们可以从音乐方面来最好地理解它"[①]。

相比英语中的"现代性"一词,卡林内斯库指出,法语中相应的"modernité"一词的出现要迟得多,大约在 19 世纪中期才开始使用。法国新古典主义传统注重语言

---

① [美]马泰·卡林内斯库:《现代性的五副面孔》,顾爱彬、李瑞华译,译林出版社 2015 年版,第 43 页。

的规范性与纯粹性(间接带来对新造词的厌恶),也许是造成这一局面的一个原因。《大罗贝尔词典(1985 年版)》发现"现代性"一词首次出现于夏多布里昂在 1849 年出版的《墓中回忆录》,书中写道:"海关建筑和护照的粗俗与现代性,与风暴、哥特式大门、羊角号声和急流声形成对比。"①这里,夏多布里昂主要是从贬义上使用"现代性",代指"现代生活"的平淡与乏味,是同永恒崇高和传奇式的中世纪相比的结果。与其不同的是,波德莱尔从美学的角度使用"现代性"一词,他在 1863 年发表的《现代生活画家》一文中指出:"现代性是短暂的、易逝的、偶然的,它是艺术的一半,艺术的另一半是永恒和不变的。"②在波德莱尔看来,现代性最典型的特征是趋于某种当下性的趋势,他强调现代艺术应当着眼于对当下的、转瞬即逝的事物的感受,而不是回到古代去追寻纯艺术的、永久可靠的美的观念。可见,"现代性"在波德莱尔那里并不是对现代与古代加以分期的标签,而是一种对现代艺术新观念的倡导。

对"现代性"术语的溯源,在美国后现代哲学家弗雷德里克·詹姆逊那里走得更远。詹姆逊认为,"现代性"这个词早在公元 5 世纪就已经存在,是基拉西厄斯教皇一世用来表示当代与先前教皇时代的区别,仅仅是作为一种年份的分期。然而,在大致同一个时期,当哥特人征服罗马帝国以后,这个词开始有了新的含义。卡西奥德洛斯作为一位文学研究者,指出与"现代"相对应的词是"过去","现代性"意味着与过去的断裂。虽然从基督教的角度来看,哥特人建立的新帝国并没有在基督教传统中形成一种断裂,但对于知识人士而言,它却代表了一种根本性的分界,使得现代文化有别于先前的古典文化。詹姆逊认为,正是这种"分界"使得"现代性"这一术语形成了特定的意义,并且这一特点一直延续至今。

从卡林内斯库和詹姆逊的阐述中,我们大致了解了"现代性"在西方的语源学情况。可以窥见,这个词从产生开始,其含义就具有不确定性,既有作为时间分期的意义,又有作为艺术感受的意义。随着社会历史的发展,在当下学术界的理论纷争中,"现代性"一词又早已与其起源时的用法有所不同,变得更为复杂。如此一来,我们很有必要在共时性的角度上把握目前理论界有关现代性概念的代表性观

---

① ［法］保罗·罗贝尔:《法语类比词典》(Paris,1959),卷Ⅳ,第 607 页。转引自［美］马泰·卡林内斯库:《现代性的五副面孔》,顾爱彬、李瑞华译,译林出版社 2015 年版,第 44 页。

② 该句出自英译本选集《作为文学批评家的波德莱尔》(University Park,Penn.:The Pennsylvania State University Press,1964)。转引自［美］马泰·卡林内斯库:《现代性的五副面孔》,顾爱彬、李瑞华译,译林出版社 2015 年版,第 50 页。

点。其大致有如下几种：

一是从时间分期的角度，将现代性理解为一个特定的历史时期。比如，凯尔纳和贝斯特认为"现代性"是一个"历史断代术语"，"用于描述现代时期"。他们指出，现代性"指涉紧随'中世纪'或封建主义时代而来的那个时代"①。这个时代充满了革新、新奇和变动，政治、经济、社会与文化都发生了转型。理性在这个历史时期发挥着重要作用，凭借它能够寻求到适当的理论和实践规范，思想体系、行动体系与社会也会依照这些规范得到重建。

二是从社会制度的角度，将现代性解释为一种独特的社会生活和制度模式。比如，吉登斯就着眼于"从制度层面上来理解现代性"②，将现代性看作现代社会或工业文明的缩略语，它包括从世界观（对人与世界关系的态度）、经济制度（工业生产与市场经济）到政治制度（民族国家和民主）的一整套架构。可以看出，吉登斯的现代性概念主要是指在后封建时代的欧洲建立起来的，并于 20 世纪日益具有世界影响的一套行为制度模式。这样一套行为制度模式实现了与传统的"断裂"，"其在形式上异于所有类型的传统秩序"③。因此，在吉登斯看来现代与传统的根本区别在于"制度性的转变"，也就是在制度与生活方式方面发生的秩序改变。这一改变突出表现在社会和个人两个方面：从社会角度而言，它确立了跨越全球的"全球化"活动方式；从个人角度而言，它确立了个人主义的价值观念与生活方式。

三是从文化风格的角度，将现代性定义为一种独特的叙事方式。对于利奥塔来说，现代性并不意味着某个历史时期，它不是一个时间概念，而只是一种特殊的叙事方式。他在《后现代状况》一书中将"元叙事"定义为"现代性的标志"，将"不相信元叙事"定义为后现代的标志。在利奥塔看来，"元叙事"又可称为"宏大叙事"，它"确切地是指具有合法化功能的叙事"④。这种合法化功能的叙事实质是为一切制度、权力和统治方式作辩护的形而上学话语，旨在用普遍原则统合不同的话语领域，形成一种普遍的价值规范和思想意识，从而为权力的运作和制度的认同提供合法化基础。然而，将多元话语化约为一元，会导致"总体性"的产生，其实质是形成一种镇压其他弱势话语的强势性话语。利奥塔指出，黑格尔的思辨哲学便是这类

---

① ［美］道格拉斯·凯尔纳、斯蒂文·贝斯特：《后现代理论：批判性的质疑》，张志斌译，中央编译出版社 2006 年版，第 2 页。

② ［英］吉登斯：《现代性与自我认同》，赵旭东、方文译，生活·读书·新知三联书店 1998 年版，第 1 页。

③ ［英］吉登斯：《现代性的后果》，田禾译，译林出版社 2011 年版，第 3 页。

④ ［法］利奥塔：《后现代性与公正游戏——利奥塔访谈、书信录》，谈瀛洲译，上海人民出版社 1997 年版，第 169 页。

叙事理念的典型代表，它将所有叙事一体化了，因而成为思辨的现代性的凝聚。同样，像启蒙、自由、精神辩证法、社会主义等话语都属于元叙事的范围。

四是从精神气质的角度，将现代性描述为一种独特的态度。福柯就将现代性理解为一种"态度"，他指出："所谓态度，我指的是与当代现实相联系的模式；一种由特定人民所作的志愿的选择；最后，一种思想和感觉的方式，也就是一种行为和举止的方式……它有点像希腊人所称的社会的精神气质（ethos）。"①福柯将现代性的"态度"或"气质"归结为"哲学的质疑"，也即"批判性质询"的品格。② 在他看来，这种态度或气质根植于启蒙，我们从启蒙继承下来的正是对时代进行永恒批判的哲学气质，而不是去忠实于某种信条。福柯特别强调，我们必须从"'支持或者反对启蒙'的智性敲诈中解放出来"③，要反对对启蒙的片面态度，重在承续与发扬它的质疑与批判精神。

五是从历史建构的角度，将现代性阐释为一项"未完成的设计"④。这一观点的代表人物是哈贝马斯，他认为现代性是启蒙以来尚未完成的一个方案。在哈贝马斯看来，这个设计或方案旨在以一种新的模式和标准来取代已经分崩离析的传统模式与标准，为建设一种新的社会知识和时代奠定基础。其中个人"自由"构成现代性的时代特征，"主体性"原则构成现代性的自我确证原则。为了完成这一"设计"，哈贝马斯构造出一种"交往行为理论"，试图以一种"交往理性"来重构现代性的规范基础，设想通过交往原则来协调个体与社会共同体的矛盾，从而克服个体主义的弊端。

以上我们看到，思想家们从各自的视角对现代性作出了不同的解读，为我们理解现代性提供了广阔的视野。但仔细加以辨别和分析，以上几种观点都有其不妥之处，都将现代性的概念意指狭隘化。例如，将现代性作为历史时期来理解就使得现代性窄化为现代，将现代性作为社会制度来理解就使得现代性窄化为现代化，将现代性作为叙事风格和精神气质来理解又不免使之窄化为现代主义。

现代、现代化、现代主义与现代性这几个概念显然是既有区别又有联系的，要

① ［法］福柯：《何为启蒙》，转引自《文化与公共性》，汪晖等主编，生活·读书·新知三联书店1998年版，第430页。
② ［法］福柯：《何为启蒙》，转引自《文化与公共性》，汪晖等主编，生活·读书·新知三联书店1998年版，第441页。
③ ［法］福柯：《何为启蒙》，转引自《文化与公共性》，汪晖等主编，生活·读书·新知三联书店1998年版，第436页。
④ ［德］哈贝马斯：《现代性的哲学话语》，曹卫东译，译林出版社2011年版，作者前言第1页。

了解现代性的确切定义,就必须对这几个概念加以辨析。相对而言,"现代"一词是上述多个概念中出现最早的一个,它来源于公元 4 世纪的拉丁语"modernus",意为"现在"(right now)"目前"(the present)"当前"(recently)。可以看出,"现代"是一个时间概念,最初它是泛指意义上的"现在""目前""当前",表示人类正在经历的当前时间段。但目前我们对现代的理解主要是特指意义上的,是相对于古代而言的特定历史时期。

现代化是最易与现代性混淆的一个概念,现代化是一个以社会客体为基本指向的社会科学概念,主要指社会的政治经济制度从古代向现代的转型变化。由于它的社会客体指向性,对于一个国家是否实现了现代化,我们可以有具体的量化指标加以衡量,如人均国民生产总值、第三产业占国民生产总值的比重、城市人口比重等。现代化从某种意义上来说更多是一个"实证的"范畴。

现代主义则主要指文学艺术的现代表现风格。这种表现风格是 19 世纪中期由波德莱尔首先加以揭示,并在 19 世纪下半叶至 20 世纪 60 年代迅猛发展的各类"先锋艺术",如印象主义、未来主义、立体主义、建构主义、波普艺术、事件艺术等。

可见,现代主要指向历史分期,现代化主要指向社会转型,现代主义主要指向表现风格,三者都指出了现代社会与传统社会的不同,只是采取了各自的出发点。我们对现代性的理解不可局限于某一领域或层次,而必须加以总体性的宏观把握。也就是说,要结合现代社会的方方面面,包括现代、现代化与现代主义,来作出一个总体的质的判断。从这样的立场与方法出发,我们可将现代性定义为 16 世纪以来形成的现代社会的总体状况和基本性质,也就是现代社会不同于传统社会的根本特质。

## 二、现代性与资本主义的关系

现代性既然指涉现代社会的总体状况和基本性质,那它就是一个整体性的概念,包含着经济、政治、文化、社会等多个层面的内涵。然而,如何透过这种丰富性和复杂性,观测到现代性的本质内涵,成为一个理论难题。从现代性的众多具体现象与具体存在中抽象出本质性的内涵,并用严密的理论逻辑在思维中将之构建出来,是一项复杂的思维工程。为了使我们抽象概括出的内涵更符合事物的本质,这里倾向于采用"现代性的维度"(the dimensions of modernity)这一范畴来说明问题。

一方面，"维度"是一个复数性的概念，它彰显出现代性是一个多维并生的复杂存在，并不是某一个单一维度所能说明的问题。另外，现代性包含的维度数量也不是固定的，从不同的考量视角会有不同的答案。比如，我们在最广义的尺度上可划分出"精神性维度的现代性"与"制度性维度的现代性"①，但也可以根据现代性生成过程中的宗教、道德等因素的特殊力量而划分出诸如"现代性的态度维度"②、"现代性的伦理维度或价值约束维度"③等。另一方面，"维度"是一个具有层次性的词汇，这意味着现代性的每一个维度都有着进一步往更深层次划分的可能性。比如，吉登斯在《现代性的后果》中就将现代性的制度性维度（the institutional dimensions of modernity）划分为资本主义（capitalism）、工业主义（industrialism）、监督（surveillance）和军事力量（military power）。④ 由此可见，无论在广度上还是深度上，现代性都不是铁板一块的存在，而是包含着复杂的、具有多种划分可能性的、多重的、多层次的维度。用维度来说明现代性的内涵，主要意在说明现代性并非一种完成封闭的存在，而是一个开放性的范畴：首先，现代性是一个仍未完成的存在，它仍然具有自我修复和自我反思的开放机制；其次，现代性并不是一个封闭的范畴，它能够与自身之外的其他文化资源进行对话与交流，由此重塑自我。我们强调现代性的维度并不是要对现代性的多种划分可能性或多层次等进行穷尽的解读，当然这也是不可能的。在这里我们仅仅从最广义的尺度上对其进行划分说明，也就是将现代性划分为精神性维度与制度性维度两部分，从这两个维度上阐明其主要内涵与基本特征。

就精神性维度而言，现代性带来的主要是理性与主体性的彰显。思想理论家们在思考现代性时，往往从作为现代社会的本质性的文化精神入手，如康德对"启蒙"的理解、胡塞尔的"纯粹的理性"、霍克海默与阿多诺的"启蒙理性"、哈贝马斯的"时代精神"等。应当说，现代性作为一种区别于传统社会的文化精神，是完全合乎历史逻辑的。因为，现代社会从传统社会的经验结构中脱离出来，其存在方式的根本特征在于：以近现代科学技术发展和现代知识增长为背景的理性文化获得了前所未有的自觉性或反思性。这种理性精神构成了现代与传统的本质区别，而当理性被置于核心位置的时候，必然使得人自身变为世界的主体和中心，使得人的主体

---

① 衣俊卿：《现代性的维度及其当代命运》，《中国社会科学》2004 年第 4 期。
② 赵福生：《现代性的三重维度及其在中国的生成》，《求是学刊》2009 年第 1 期。
③ 衣俊卿：《现代性的维度》，黑龙江大学出版社、中央编译出版社 2011 年版，第 102 页。
④ ［英］吉登斯：《现代性的后果》，田禾译，译林出版社 2011 年版，第 52 页。

性得到张扬。故理性和主体性构成了精神性维度的现代性的核心观念。

本书欲从全球现代性的角度来研究人类命运共同体。"全球现代性"(global modernity)这一概念主要由当代西方左翼著名学者阿里夫·德里克提出,意指现代性在新的时代背景即全球化中的发展境况。德里克认为,全球现代性是一个时期性术语,是要将现在的形势与早期欧洲中心时期的现代性区别开来,其与后现代、后殖民分享共同的概念域,主要是指向资本主义全球化重构的全球关系。这样看来,全球现代性主要指涉现代性的制度性维度,故本书主要从制度性维度考察现代性。

应当讲,现代性并不仅仅代表某种意识、体验、态度、风格等精神性的东西,更为根本的,现代性是一种社会性的、制度性的存在。马克思、涂尔干与韦伯分别从资本主义、工业主义、理性化等视角对现代社会作了界定,吉登斯融合了他们的分析路向,认为应该从现代社会的总体特性的角度来理解现代性,其内涵应包含经济、政治、社会等多个层次。"最简单地说,现代性是现代社会或工业文明的简略表述。说得更详尽点,现代性包括:(1)一系列特定的对世界的态度,即这样一种世界观,其对由于人的介入而导致的历史转变持开放的立场;(2)错综复杂的经济组织,尤其是工业生产和市场经济;(3)特定领域内的政治组织,包括民族国家和广泛民主。"①具体到制度性层面来说,也不能对现代性做一种"化约论"的单一性制度阐释,而应该从一种复合性的视角来理解现代性的制度性维度。从综合性上来考察,现代性大致包含四个基本的制度性维度:其一,资本主义,即"在竞争性劳动和产品市场情境下的资本积累";其二,工业主义,即"自然的改变:'人化环境'的发展";其三,监控,即"对信息和社会督导的控制";其四,军事力量,即"在战争工业化情境下对暴力工具的控制"。②

资本主义、工业主义、监控与军事力量构成了现代性的制度性维度的四个主要方面,也就是说,这四个方面是现代社会与传统社会在社会制度层面的主要区别。它们中的每一个都能体现现代社会在制度层面的某一方面特征,但它们又不是互不相干的单一个体,它们之间相互关联、彼此联系。资本主义的竞争性与扩张性为工业主义的兴起与发展提供源源不断的动力,而工业主义的发展又为资本主义提供物质组织上的支撑,同时两者的联合还形成了"工业资本主义"。对于资本主义

---

① [英]吉登斯:《第三条道路:社会民主主义的复兴》,郑戈译,北京大学出版社2000年版,第166页。

② [英]吉登斯:《现代性的后果》,田禾译,译林出版社2011年版,第52页。

国家、工业生产与军事力量而言,监控的力量又是至关重要的,这些组织的运转都离不开监控的实施。另外,军事力量与工业主义也相互融合,在当代社会出现了"军事工业主义"。这四个方面紧密结合在一起,形成了现代性在制度维度的缤纷图景。但从四者的关联中,我们显然发现资本主义才是其中最为核心的部分,是工业主义、监控与军事力量存在的基础与支撑,可以说,马克思从资本主义的视角透视现代性,正是抓住了"历史本质的那一维度"。

"资本主义"与"现代性"之间的关系是当今学界具有争论性的议题,多数学者将资本主义看作现代性的一个部分,如"精神气质""经济结构"等。韦伯就将资本主义的起源问题看成现代社会的起源,并从精神气质的角度对其加以阐发,指出精神气质、伦理秩序与文化价值对于资本主义萌芽的重要意义。华勒斯坦从经济结构的角度理解资本主义与现代性之间的关联,认为资本主义是现代社会的基本经济结构,"经济世界本身应该有一种经济结构,而这种结构就叫资本主义"[1]。与西方理论家相比,马克思并不是将资本主义看作现代性的某种组成部分,而是将其作为一种制度实现形式。在这个意义上而言,马克思将资本主义看作他所处时代背景下现代社会的基本结构与总体形态。在马克思看来,"'现代社会'就是存在于一切文明国度中的资本主义社会"[2],在其基本文献中"资本主义社会""资产阶级社会"和"现代社会"是可以同义替换的。

从上述我们看出,实质上,现代性与资本主义是既密切联系,又有着彼此区别的两个概念。可以说,"资本主义是现代性的名称之一"[3]。现代性的形成与建构与人类现代化历程分不开,现代化起源于欧洲,其与资本主义的起源具有同宗性。"第一次大浪潮(18世纪后期到19世纪中叶),是由英国工业革命开端,向西欧扩散的早期工业化过程。第二次大浪潮(19世纪下半叶至20世纪初),是工业化向整个西欧、北美扩散并取得胜利的过程,同时对非西方世界产生强大的冲击,拉开非西方世界走向现代化的序幕。然后是第一次世界规模的发展性危机。第三次大浪潮(20世纪下半叶),是发达工业世界向高工业化升级与欠发达世界的大批国家卷入工业化的过程。"[4]从现代化的历史进程可以看出,现代化及其背后更为本质的现代

---

① [法]布罗代尔:《什么是资本主义》,《资本主义译丛》,中央编译出版社1997年版,第50页。
② 《马克思恩格斯选集》第3卷,人民出版社1995年版,第313页。
③ [法]利奥塔:《后现代性与公正游戏——利奥塔访谈录、书信录》,谈瀛洲译,上海人民出版社1997年版,第147页。
④ 罗荣渠:《现代化新论》(增订版),商务印书馆2004年版,第6页。

性的建构与资本主义有着不可分割的联系。在西欧，如果没有资产阶级的出现与发展，那么现代化的进程就无法在当时的历史条件下开启；当然资产阶级也需要现代化，没有现代化在物质资料层面推动资本主义生产方式的发展，资本主义制度也很难确立和进一步发展。资本主义与现代化及其背后现代性的建构是一个同构性的过程："随着中等阶级的兴起，科学也大大振兴了"[1]，"资产阶级在它的不到一百年的阶级统治中所创造的生产力，比过去一切世代创造的全部生产力还要多"[2]，"资产阶级使农村屈服于城市的统治……使未开化和半开化的国家从属于文明的国家，使农民的民族从属于资产阶级的民族，使东方从属于西方"[3]。资产阶级不仅推动了西欧的现代化，而且将自己的生产方式拓展到全球范围，在全球建构着资本主义现代性。

当然，现代性不完全等同于资本主义，资本主义只能是现代性的一种制度实现形式，现代性理应还有其他的制度实现形式。我们今天探讨资本主义现代性全球化的弊端及困境，实际上就是要找到现代性的另一种制度实现形式，以此来进一步规范和推动全球化往更好的方向发展。

## 三、资本主义现代性的起源及其生发条件

现代性首先以资本主义的制度实现形式出现在这个世界，资本主义现代性的生成与发展是一个总体性的社会历史转型过程，不仅仅是简单的技术革命与工业化的问题，而且是包含经济关系、政治关系、社会关系等的社会存在与社会意识的整体转变。这种巨变直接与资本原始积累及雇佣劳动关系的生成密切相连，并由民族国家内部逐渐拓展到世界范围，在社会存在与文化意识的合谋中，使得资本主义现代性在全球取得合法化地位。

（一）资本主义现代性的起源及发展历程

在西欧，工业革命对中世纪"自然经济"的瓦解，及资产阶级取得政权的斗争过程，大致经历了四百多年的时间，在这一过程中资本主义的生产方式得以确立，现代世界开始兴起。马克思指出："资本主义社会的经济结构是从封建社会的经济结

---

①　《马克思恩格斯文集》第 3 卷，人民出版社 2009 年版，第 510 页。
②　《马克思恩格斯文集》第 2 卷，人民出版社 2009 年版，第 36 页。
③　《马克思恩格斯文集》第 2 卷，人民出版社 2009 年版，第 36 页。

构中产生的。后者的解体使前者的要素得到解放。"①随着社会生产力的不断提高，特别是商品经济的迅速发展，封建的生产关系愈发成为生产力发展的桎梏，一种全新的生产关系孕育而生。马克思认为，早在14世纪和15世纪，资本主义工业生产的最初萌芽就在地中海沿岸的一些城市稀疏出现。②可见，资本主义生产关系是伴随着城市和商业的兴起而出现的。在当时的欧洲，地中海沿岸是最为繁华的地区，威尼斯、佛罗伦萨等都是欧洲乃至世界最繁华的城市。在这些城市中，随着商业和市场的发展，资本主义逐渐萌芽，或是从小商品经济分化出来，或是从商人和高利贷者转化而来。

西欧封建社会遵循的大致是一种自给自足的自然经济模式，劳动者对于封建领主是一种人身依附关系，此时的生产活动并不具有商品的性质。但伴随简单集市贸易的发展，对商品交换和货币的需求不断滋生，具有自由身份的手工业者和经营货币的商人不断出现。手工业者和商人在封建领主的领地上开始建立城市，他们构成城市经济的基础。为了限制竞争，保护城市手工业者的利益，由手工业者和商人组成的各类行会开始出现。在封建行会的维护下，一种建立在私有制和自身劳动基础上，以交换为目的的简单商品经济开始出现。随着商品经济的发展，小生产者之间的竞争也在不断加剧，竞争的结果使得社会分化。一部分作坊主不断添置设备、增加雇佣数量，使得生产规模不断扩大；而另一部分在竞争中衰落破产的作坊主则沦为雇佣工人。这种雇佣关系的产生与发展是资本主义生产关系萌芽的表现形式之一。除了从小商品经济分化出来，资本主义生产关系还萌芽于商人和高利贷者的活动。商人和高利贷者早在奴隶社会就已经出现。到了封建社会末期，随着商人积累的财富不断增加，一些大商人成了包买商，他们不仅包销小生产者的全部商品，而且供给他们原料和设备，从而割断了小生产者与销售市场和原料市场的联系，逐渐控制了商品生产者。商人和高利贷者乘生产者困难之机，贷给他们所需要的资金、原料和生产工具。"随着交往集中在一个特殊阶级手里，随着商人所促成的同城市近郊以外地区的通商的扩大，在生产和交往之间也立即发生了相互作用。"③随着商人侵入手工业领域，小生产者沦为商人、高利贷者的债务人，一旦无力还债，就只能交出自己的作坊来抵债。于是，作坊主丧失了独立的生产者身

---

① 《马克思恩格斯文集》第5卷，人民出版社2009年版，第822页。
② 《马克思恩格斯全集》第23卷，人民出版社1972年版，第784页。
③ 《马克思恩格斯文集》第1卷，人民出版社2009年版，第559页。

份,连同其帮工和学徒成了商人或高利贷者的雇佣工人,商人或高利贷者则成为工业资本家,这成为资本主义生产关系萌芽的另一种形式。

资本主义生产关系的萌芽为资本主义现代性的产生和发展起到了重要的基础作用,随着资本的原始积累及资本主义生产方式的确立,以资本主义制度形式实现的现代性得以最终确定。资本主义生产关系产生之后,其成长是一个缓慢的过程。"这种方法的蜗牛爬行的进度,无论如何也不能适应 15 世纪末各种大发现所造成的新的世界市场的贸易需要。"①15 世纪末美洲和通往印度航道的新发现,以及世界市场的迅速扩大,要求商品生产以更大的规模和更快的速度发展,这一任务只能靠资本主义社会化大生产来实现。新兴资产阶级便开始进行资本的原始积累,利用暴力手段为资本主义的迅速发展创造条件。所谓资本原始积累,就是生产者与生产资料相分离,资本迅速集中于少数人手中,资本主义得以迅速发展的历史过程。马克思指出:"创造资本关系的过程,只能是劳动者和他的劳动条件的所有权分离的过程,这个过程一方面使社会的生活资料和生产资料转化为资本,另一方面使直接生产者转化为雇佣工人。因此,所谓原始积累只不过是生产者与生产资料分离的历史过程。这个过程所以表现为'原始的',因为它形成资本及与之相适应的生产方式的前史。"②在西欧,资本原始积累开始于 15 世纪后 30 年,经过 16 世纪的高潮,一直延续到 19 世纪初才结束,主要依靠用暴力手段剥夺农民土地和掠夺世界财富。资本原始积累极大地促进了资本主义生产关系的发展,加速了资本主义现代性的诞生。

资本主义生产关系自产生之后便不断发展和成熟,反过来又促进了生产力的进一步发展,在两者的相互作用下资本主义生产方式在不断孕育,资产阶级也开始对上层建筑的彻底变革提出了强烈要求,即在政治上完成资产阶级革命,用资产阶级政权取代封建地主阶级的政权。在地主阶级同农民的矛盾极端尖锐,封建统治已被农民战争严重动摇的情况下,新兴资产阶级利用广大农民和其他城乡劳动者的力量,通过暴力手段,展开夺权斗争。从 17 世纪中期到 18 世纪后半期,英国、法国等国家先后进行了资产阶级革命,经过复辟和反复辟的长期斗争,建立了资产阶级的政治统治。自 18 世纪 60 年代起,英国、法国等国家相继发生工业革命,机器大工业代替了工场手工业,促进了社会生产力的空前发展,资本主义生产方式的支配

---

① 《马克思恩格斯文集》第 5 卷,人民出版社 2009 年版,第 860 页。
② 《马克思恩格斯文集》第 5 卷,人民出版社 2009 年版,第 822 页。

地位得以形成。资产阶级政治统治的建立和资本主义生产方式支配地位的形成,标志着资本主义制度的最终确立,这就正式开启了资本主义现代性的发展过程。

资本主义现代性是随着资本主义制度的萌芽和发展而不断孕育产生的,资本主义制度的发展大致经历了五个历史阶段:萌芽时期、工场手工业时期、自由竞争资本主义时期、垄断资本主义时期和国家垄断资本主义时期。资本主义萌芽阶段时间约为 14—15 世纪,其特点是以作坊为生产单位,生产规模很小,作坊主本人也参加劳动,被剥削对象是帮工和学徒,没有明确的生产分工,生产力水平低下;且商品生产的多少、规格、质量等带有极大的盲目性,还要受行规的约束,商品流通缓慢,作坊主所得利润十分有限。而在 15—17 世纪,资本主义逐步过渡到工场手工业时期,此时商业资本参与到生产之中,生产规模增大,工人集中在手工工场生产,有了明确的分工合作,生产力水平大为提高,工场主成了真正的资本家,商品生产的质量、规格、多少与市场结合得更加紧密,资产阶级对外殖民掠夺和资本原始积累也开始了。在 17—19 世纪后期,资本主义逐渐进入自由竞争的发展阶段,手工工场生产逐渐为大机器工厂生产所取代,生产商品的质量和速度大大提高,资产阶级在全球争夺原料产地、商品销售市场和霸权,19 世纪中期开始确立对世界的殖民统治,“自由主义”政治经济理论逐渐成为社会潮流,东西方差距日渐拉大,东方逐渐从属于西方,资产阶级启蒙思想迅速发展并在全世界得以传播。到 19 世纪末至第二次世界大战前,资本主义发展到垄断阶段,生产力水平空前提高,生产和资本高度集中,生产规模越来越大,资本主义社会的基本矛盾越来越尖锐,竞争越来越激烈,食利者阶层越来越多,垄断组织左右国家政权,对外侵略扩张的要求更加强烈,20 世纪初就已把世界瓜分完毕,新的争夺使战争威胁不断。随着垄断的不断加剧,资本主义进入国家垄断资本主义阶段,私人垄断资本为国家政权所控制,盲目无序的竞争被遏制,国家全面干预经济生活。另外,垄断资本在国内建立统治后,必然将其统治势力扩张到国际范围,从而建立国际垄断资本主义。这便是资本主义发展的历史过程,相应折射出资本主义现代性萌芽与发展的历史阶段。

(二)资本主义现代性的生发条件

资本主义现代性的萌芽与生成是一个总体性的历史展开过程,其中多重要素与环节都起到过重要作用,从根本上来说,在资本主义现代性的生成过程中,现代生产、资本、市民社会、全球化等因素都起到过历史性作用:现代生产方式的出现为资本主义现代性奠定了经济基础,资本的增殖欲望为资本主义现代性提供发展动力,市民社会的生成奠定了资本主义现代性的发展原则,全球化为资本主义现代性提供了向世界拓展的机会。把握资本主义现代性的生发条件,有助于我们理解这种现代性实现形式的内在机理与动力,为对其进行批判提供了理论武器。

现代生产的出现为资本主义现代性奠定了经济基础。对于资本主义现代性的生成,我们首先要追问的便是在其发展初期究竟是何种因素起到了决定性的作用。对此,马克思曾指出:"尘世的粗糙的物质生产"是"历史的发源地"。① 也就是说,在马克思看来,显然是现代生产的形成和确立在资本主义现代性的生成中起了决定性的作用。现代生产始终是与资本主义制度联系在一起的,现代生产的生成史同时也是资本主义的生成史,即资本与雇佣劳动的形成史。现代生产之所以能够促进资本主义现代性的生成,最为根本的是现代生产实乃以大工业为基础的商品生产。在《共产党宣言》中,马克思和恩格斯为我们生动地描绘了一幅现代性变革的全景图,"自然力的征服,机器的采用,化学在工业和农业中的应用,轮船的行驶,铁路的通行,电报的使用,整个大陆的开垦,河川的通航"②,世界历史由此进入了一个被称为现代的新时代。为什么会出现世界历史的现代转向?《共产党宣言》指出,最为关键的便是现代生产方式的出现。首先是大工业所带来的物质生产力。"以前那种封建的或行会的工业经营方式已经不能满足随着新市场的出现而增加的需求了。工场手工业代替了这种经营方式。"③"但是,市场总是在扩大,需求总是在增加。甚至工场手工业也不再能满足需要了。于是,蒸汽和机器引起了工业生产的革命。现代大工业代替了工场手工业。"④其次,推动资本主义现代性生成和发展的更为重要和本质的是现代生产关系,即雇佣劳动关系或资本关系。"资产阶级生存和统治的根本条件……是资本的形成和增殖;资本的条件是雇佣劳动。"⑤在雇佣劳动的基础上,资本不断实现自我增殖,这又在客观上刺激与推动了现代生产与物质文明的进步,促进现代社会的生成与发展。"资本一出现,就标志着社会生产过程的一个新时代。"⑥最后,资产阶级将资本主义现代性形式推向全球,使之成为全球范围内生成和发展的现代性。他们"开拓了世界市场,使一切国家的生产和消费都成为世界性的了","把一切民族甚至是最野蛮的民族都卷到文明中来了"⑦。总之,

---

① 《马克思恩格斯全集》第 2 卷,人民出版社 1957 年版,第 191 页。
② 《马克思恩格斯文集》第 2 卷,人民出版社 2009 年版,第 36 页。
③ 《马克思恩格斯文集》第 2 卷,人民出版社 2009 年版,第 32 页。
④ 《马克思恩格斯文集》第 2 卷,人民出版社 2009 年版,第 32 页。
⑤ 《马克思恩格斯文集》第 2 卷,人民出版社 2009 年版,第 43 页。
⑥ 《马克思恩格斯文集》第 5 卷,人民出版社 2009 年版,第 198 页。
⑦ 《马克思恩格斯文集》第 2 卷,人民出版社 2009 年版,第 35 页。

在现代生产方式的推动下,资本主义开创了一个被称为"现代"的新时代,实现了全球经济社会的全面变革与进步。

　　资本的增殖欲望为资本主义现代性提供发展动力。正是资本无限制地追求剩余价值、自我增殖、自我扩张的本性构成了现代性的主要驱动力量。现代性以进步、发展为导向的任何进程,都与资本的积累过程保持着或直接或间接的因果联系。但资本并不是直接作用于社会生活的各个层面的,而是需要一系列起中介作用的社会机制来发挥其动力作用。马克思主要从"资本逻辑"出发来看待资本主义社会的经济活动,认为资本主义社会就是"资本处于支配地位的社会形式","资本是资产阶级社会的支配一切的经济权力",其经济活动的特征便是"以资本为基础的生产"①。所谓资本逻辑,简言之,就是资本运动的内在规律和必然趋势,其主要由资本自身的规定和本性所决定。在马克思看来,资本是能够带来剩余价值的价值,具有无限追逐剩余价值、自我增殖、自我扩张的本性,"是力图超越自己界限的一种无限制的和无止境的欲望"②。资本"好像害了相思病"的"有灵性的怪物","像吸血鬼一样,只有吮吸活劳动才有生命,吮吸的活劳动越多,它的生命就越旺盛"。③正是自我积累、自我增殖的最高目的不断促成资本的生成和演化,也促进资本逻辑的持续展开和实现。同样,积累与增殖的使命注定这一过程具有强烈的扩张性和侵略性,资本逻辑规定着资本必须克服一切生产力发展的限制,必须逾越民族国家的特定界限而在世界范围内开展活动,这便构成了资本主义现代性全球化的内在根源与基本动力。"资本越发展,从而资本借以流通的市场,构成资本流通空间道路的市场越扩大,资本同时也就越是力求在空间上更加扩大市场","力求摧毁交往即交换的一切地方限制,征服整个地球作为它的市场"。④虽然世界市场、世界贸易、国际分工与协作等因素都对全球化的兴起发挥重要作用,但其最终根源还是资本运动,贸易自由化与生产国际化等都服务于资本的扩张与盈利,全球化的形成与发展是由资本逻辑所决定的。由此可见,资本主义现代性生成和发展的基本动力正是资本,资本主义现代性发展中的各种要素和后果都与资本增殖的动力源之间具有直接或间接的深层联系。

　　市民社会的生成奠定了资本主义现代性的发展原则。所谓市民社会,就"是各

---

①　《马克思恩格斯文集》第 8 卷,人民出版社 2009 年版,第 31—32 页。
②　《马克思恩格斯全集》第 30 卷,人民出版社 1995 年版,第 297 页。
③　《马克思恩格斯全集》第 43 卷,人民出版社 2016 年版,第 237 页。
④　《马克思恩格斯文集》第 8 卷,人民出版社 2009 年版,第 169 页。

个成员作为独立的单个人的联合,因而也就是在形式普遍性中的联合,这种联合是通过成员的需要,通过保障人身和财产的法律制度,和通过维护他们特殊利益和公共利益的外部秩序而建立起来的"①。市民社会是处在家庭和国家之间的阶段,它有两个原则:一是特殊的人即个人是目的,二是人们为满足需要而联结起来。在市民社会中,每个人都是以自身为目的,其他人都是手段。因此,"市民社会是个人私利的战场,是一切人反对一切人的战场,同样,市民社会也是私人利益跟特殊公共事务冲突的舞台,并且是它们二者共同跟国家的最高观点和制度冲突的舞台"②。故资本主义现代性是以否定性的共同体呈现的,本质只是一种"利益共同体",遵循"有利则合、无利则散、因利生事"的原则,充满着强权政治、霸权逻辑、丛林法则,带来的更多是人类的灾难和莫测的命运。资本主义现代性之所以以否定性的"利益共同体"形式表现,究其根源在于资本主义发展的根本目的无非是服务资本增殖、获取世界霸权,从头至尾贯彻的是一种"我向型"价值观。这种价值观是以贪欲性的进步主义、征服性的权力主义与开发性的扩张主义为思维准则的,必然带来民族国家内部和全球发展的矛盾困境与断裂失衡。进步主义构成"我向型"价值观的核心理念,意图将民族国家内部和全球共同体变为资本主义的"狩猎场",成为发达资本主义国家进步的"踏脚石"。权力主义构成"我向型"价值观的实力支撑,资本主义凭借霸权力量,成功地在民族国家内部和全球共同体中制造了分裂全球的"中心-边缘"权力机制。扩张主义构成"我向型"价值观的现实手段,以军事、经济、文化等霸权手段不断在全球扩张,使资源财富和剩余价值不断流向资产阶级和资本主义国家。最终的必然结果便是,"使未开化和半开化的国家从属于文明的国家,使农民的民族从属于资产阶级的民族,使东方从属于西方"③。

全球化为资本主义现代性提供了向世界拓展的机会。资产阶级将资本主义现代性形式推向全球,使之成为全球范围内生成和发展的现代性。他们"开拓了世界市场,使一切国家的生产和消费都成为世界性的了","把一切民族甚至是最野蛮的民族都卷到文明中来了"④。全球化与现代性相互形塑、共同发展。由此,全球现代性成为目前最显著的时代标志,而因资本主义是现代性最早和最为普遍的制度实

---

① ［德］黑格尔:《法哲学原理或自然法和国家学纲要》,范扬、张企泰译,商务印书馆 1961 年版,第 174 页。

② ［德］黑格尔:《法哲学原理或自然法和国家学纲要》,范扬、张企泰译,商务印书馆 1961 年版,第 309 页。

③ 《马克思恩格斯文集》第 2 卷,人民出版社 2009 年版,第 36 页。

④ 《马克思恩格斯文集》第 2 卷,人民出版社 2009 年版,第 35 页。

现形式,现代性的全球化也是由资本主义推动并主导的,故全球现代性主要指涉资本主义现代性走向全球的演变过程及呈现图景,实质上是资产阶级"按照自己的面貌为自己创造出一个世界"①:它借助"生产工具的迅速改进"和"交通的极其便利",推行所谓的资产阶级文明,使一切民族都被卷入其中,"迫使它们在自己那里推行所谓的文明,即变成资产者"。②"新世界"的创造过程即全球现代性的生成过程发端于 15 世纪,大致经历了欧洲殖民扩张、经济全球化与总体全球化三个阶段,这一过程体现出"现代性随着资本主义的全球化而被全球化"③。欧洲的殖民主义扩张是资本主义现代性全球化的启动形式:从美洲的发现到绕过非洲航行的开展,从东印度和中国市场的开辟到美洲的殖民化,这些不仅给新兴的资产阶级开辟了新天地,更是促进了商业、航海以及工业的空前高涨,"使正在崩溃的封建社会内部的革命因素迅速发展"④。可见,以政治和军事手段为基础的欧洲殖民主义推动了最早的全球现代性进程,此时虽然也包含着资本扩张,但不构成主要途径。真正的经济全球化是在民族解放运动后,殖民主义逐渐退出历史舞台,资本逻辑日益成为推动全球现代性的主要力量。资本的增殖本性使它必然突破民族国家的界限,开辟世界市场。而当世界市场形成以后,"一切国家的生产和消费都成为世界性的了"⑤,这使得全球性的交往关系和利益关系得到不断增强和巩固,从而进一步推动全球现代性的发展,逐渐形成一种总体性的全球化。此时现代性的全球拓展表现在经济、政治、文化等社会生活的各个层面,整个世界被愈益严密地编织到资本主义的全球体系中。总之,在现代生产方式的推动下,资本主义开创了一个"现代"的新时代,实现了全球经济社会的全面变革与进步。

## 第二节　全球现代性:资本主义现代性的全球化

马克思虽然未明确"全球化"这一概念,但是在其著作中就有对全球化的大量描述。马克思的"世界历史"就是对全球化的分析。其有关资本主义的原始积累和

---

①　《马克思恩格斯文集》第 2 卷,人民出版社 2009 年版,第 36 页。

②　《马克思恩格斯文集》第 2 卷,人民出版社 2009 年版,第 35—36 页。

③　[美]阿里夫·德里克:《对"全球现代性:全球资本主义时代的现代性"的进一步反思》,《马克思主义美学研究》2010 年第 2 期。

④　《马克思恩格斯文集》第 2 卷,人民出版社 2009 年版,第 32 页。

⑤　《马克思恩格斯文集》第 2 卷,人民出版社 2009 年版,第 35 页。

殖民主义等的论述都是与资本主义推动的"世界历史"理论联系在一起的。从这一视野出发,就应从全球化的角度来理解资本主义现代性的问题。全球化其实就是资本主义现代性在世界范围内流动、扩张,就是在世界层面和世界范围内的资本主义现代性形态。在资本主义现代性和全球化之间呈现出原因与结果、作用与反作用的辩证关系。一方面,全球化是在资本的推动下,资本主义现代性在世界场域的布控;另一方面,由资本主义推动的全球化反哺于资本主义现代性,成为资本主义现代性发展的必要条件。资本主义现代性和全球化的这种内在统一性,使研究资本主义现代性全球化极具必然性。首先,要把握资本主义现代性全球化的发展阶段。其次,要掌握资本主义现代性全球化究其根本是资本在全球的规划,资本这一根本动力驱使资本主义现代性"脱域",在世界拓展。最后,资本主义现代性在全球化的进程中,始终遵循利己主义的原则,始终以自我私利为中心,其实质就是市民社会原则的全球扩展。

## 一、资本主义现代性全球化的历史阶段

在当今,随着资本主义现代性的全球扩展,现代性不再困于某国某民族的藩篱,已在世界范围内生成和发展。资本主义从其出生开始就与世界各国的经济、政治、文化等诸多方面的接洽关系逐步加深并且拓展范围,例如,地域性的社会向构成统一的世界性社会的转变,且资本主义现代性全球化在不同的阶段呈现出不同特征,是一个历史范畴。

国内外诸多学者以历史的范畴对资本主义现代性全球化进行历史分期和分段,观点较多且不一致,这里主要列举几个代表性观点。一是以戴维·赫尔德和安东尼·克格鲁为代表,从最长的尺度划分资本主义现代性全球化的历史阶段,主要分为四个阶段:前现代的全球化,时间大约为 900—1100 年,这一时期的欧亚大陆、非洲、美洲出现了分散的定居农业文明中心;现代早期的全球化(1500—1850 年);现代的全球化(大约为 1850—1945 年);当代的全球化(1945 年以后)。二是以詹姆逊为代表,从较短较窄划分资本主义现代性全球化:第一阶段是市场资本主义阶段,包括民族国家内的市场整合;第二阶段是帝国资本主义阶段,各个资本主义国家纷纷建立起自己的殖民地,以此寻求资本主义生产所必需的原料供应者和世界市场;第三阶段是跨国资本主义和消费资本主义阶段,为资本主义的扩张建立一个新的整合的全球空间,通过扩张个体的欲求来扩张世界。三是以交往实践来划分

资本主义现代性全球化阶段：第一阶段是 14 世纪、15 世纪以地中海为中心，新兴的资产阶级要求实现资本主义的海外贸易，谋求的是因相互分离的远程土地的价格差而产生的贸易利益。16 世纪后，世界经济体系从英国开始，从欧洲文明中心向欧洲文明边缘扩散。第二阶段是 20 世纪前半叶，形成统一的市场。这一阶段各资本主义国家的经济逐步进入自由竞争阶段和垄断竞争阶段，国际分工进入垂直发展阶段，极大推动了国际贸易的发展。随着世界市场的形成，全球经济逐步联系在一起。与此同时，资本主义现代性全球化伴随着产业分工，将工业产品推向周围的初级产品生产地域。第三阶段是世界范围内各国相互交织与联系，国家间的垂直分工转变为水平分工，世界各国的商品、技术、信息、人员在世界各国范围内流动加剧，成为世界经济中不可或缺的一部分。还有一种观点认为，全球化是世界各国以市场为纽带，在经济上不断交织的过程，并据此将全球化分为三次浪潮：第一次浪潮为 18 世纪中期到 19 世纪前的英国，经济的全球化使资本主义按照自己的面貌开辟一个新世界；第二次浪潮是 19 世纪末 20 世纪初的德国和美国，其资本主义进入帝国主义时代；第三次浪潮是 20 世纪末美国主导的全球化。

大部分学者对资本主义现代性全球化历史阶段的划分更多是以经济指标为准，但资本主义现代性全球化不仅仅是经济领域独有的现象，它还会带来社会、政治、文化等多个方面的全球化，"社会生活的几乎所有领域都无法摆脱全球化进程的影响。这些进程体现在社会生活的所有领域，从文化领域到经济领域、政治领域、法律领域、军事领域以及环境领域。全球化最好被理解为一个多面的或者分化的社会现象。不能把它看作一个单一的状态，相反，它指的是社会生活的所有关键领域中不断全球化的相互联系模式"①。

（一）资本主义现代性全球化的起始

资本主义现代性全球化开始于资本主义的产生至第一次世界大战。它是资本主义生产方式的全球化以及建立在这种生产方式之上的政治、文化、社会等方面的全球布展。资本主义生产方式的确立并非一蹴而就，而是具有时间上的持续性、空间上的扩张性的过程，因此，有必要探究资本主义生产方式确立前的历史。15 世纪后，新航路开辟，西欧的各资本主义国家突破地域限制，远渡重洋，进行了血腥的殖民扩张。"殖民制度宣布，赚钱是人类最终的和唯一的目的。"②为了实现这一目的，

---

① ［英］戴维·赫尔德：《全球大变革——全球化时代的政治、经济和文化》，杨雪冬等译，社会科学文献出版社 2002 年版，第 22 页。

② 《马克思恩格斯文集》第 5 卷，人民出版社 2009 年版，第 880 页。

发现美洲金银产地,剿灭和奴役土著民族,将其埋葬于矿井中;以印第安人的累累白骨换来了殖民主义者的满船金银;海盗劫掠活动以及奴隶贸易也是资本主义原始积累的惯用手段;等等。从以上内容就可以看出,资本主义现代性从其产生开始就带有全球性的特征。

马克思主义认为,虽在16世纪就形成了世界贸易和世界市场,但是资本现代性全球化却是18世纪大工业的产物,是大工业"首次开创了世界历史,因为它使每个文明国家以及这些国家中的每一个人的需要的满足都依赖于整个世界,因为它消灭了各国以往自然形成的闭关自守的状态"①。资本主义现代性全球化只有同大工业一起才能得到充分的发展。18世纪60年代,英国开启了以机器代替手工的时代,机器的出现使得西欧各资本主义国家的劳动生产率提升,生产力的发展有了坚实动力,资本主义生产方式得以确立。这主要表现在商品数量的增加迫使资本主义国家突破地域范围,将目光投向世界各国,使得资本主义现代性全球化得以确立。在资本主义国家范围内,生产剩余价值所需资源的有限性与资本生产剩余价值的无限性之间存在矛盾,为了攫取足以支撑生产剩余价值的生产原料等生产资料,资本主义国家的工业革命成果提供了交通便利。19世纪末期开始了以电气为代表的第二次工业革命,极大推动了生产力的发展要求,促进了世界殖民体系的形成,资本主义现代性全球化由此迈入更高阶段。一方面,从空间性视域上,各国、各民族无一例外都被纳入世界联系,"资产阶级,由于一切生产工具的迅速改进,由于交通的极其便利,把一切民族甚至最野蛮的民族都卷到文明中来了"②。另一方面,从资本主义现代性发展历程来看,资本主义现代性全球化与资本主义现代性过程总是交织在一起。在第二次工业革命前,资本主义主要是自由资本主义阶段,其后为帝国主义阶段,也就是垄断资本主义阶段。资本输出是资本主义从自由竞争到垄断时期重要的经济特征。在19世纪末20世纪初,资本输出迅速加快,主要流向殖民地和势力范围,即向经济落后国家和地区流入。垄断资本在国内建立起统治后,必然利用借贷资本、生产资本和商品资本在全球实现统治。

资本主义现代性全球化的开始以世界市场为基础,带动资本主义现代性的政治全球化,"资本主义不仅创造了新的生产方式,而且一步步将这种方式全球化。在资本主义的绝对领导下,资本主义社会特征成了全球的特征,而且作为人类共同

---

① 《马克思恩格斯全集》第16卷,人民出版社1964年版,第287页。
② 《马克思恩格斯选集》第1卷,人民出版社1995年版,第276页。

财富的市场经济和民主政治等也成了资本主义的专利品"①。资本主义为了其经济利益在世界范围内能得到维护和巩固，必然需要用政治的手段去加强。19世纪以来，资本主义管理全球事务的国际机制就已经初见端倪。特别是第二次世界大战以来，这样的机制得到了极大的发展，为资本主义的贸易流动、境外直接投资、金融产品等业务提供管理和规范。简言之，在相当程度上，资本主义现代性经济全球化与政治全球化有着非常明确的关系。

（二）资本主义现代性全球化的展开

资本主义现代性全球化的第二阶段为第一次世界大战到冷战结束这一时期，此时资本主义现代性全球化在曲折中深化。1917年俄国十月革命，诞生了世界上第一个社会主义国家，并在第二次世界大战后，欧亚两大洲多国脱离世界资本主义体系，建立了社会主义阵营，呈现出与资本主义世界各国相抗衡的局面，资本主义世界市场和社会主义世界市场相平行，世界逐步由资本主义主导的单一全球化改变为社会主义和资本主义并存的双向格局，致使资本主义现代性的全球扩张受阻。两次世界大战同样耗费了资本主义国家巨大的人力、物力和财力，使资本主义现代性全球化放缓脚步。其主要表现为第一次世界大战时瓦解的贸易体系再也没有重建起来，资本主义主导的世界贸易崩溃和全球金融的失序，"20世纪30年代，债务国遇到了国内通货紧缩和资本流失问题。相应地，资本流量的广度和强度都急剧下降"②。总之，在这一阶段资本主义现代性的全球化在某种程度上被削弱，但总体上也得到了显著的发展，资本主义现代性扩张的中心逐步转向。

在资本主义阵营中，由于现代生产迅速发展，战争与国家间对抗的需要，加上自然科学的巨大成就为现代高新技术的产生奠定了理论基础，因此，20世纪40年代的新技术革命正悄悄酝酿并蓄势待发。资本主义生产力借助新技术革命的作用有了更进一步的发展。同时，第二次世界大战后的世界资本主义国家结构性后果对于资本主义现代性全球化产生了深刻的影响：轴心国被打败，欧洲的老帝国衰败，美苏冷战开始，所有这些都改变了全球的权力结构，致使全球化中心转移，美国取代欧洲成为主导者和倡导者。虽然冷战结束后美国才有了独霸全球的能力，但是，早在这之前，美国就撕下了掩盖其充当全球帝国或者明确霸权的野心的伪装。

---

① 孙国强：《全球学》，人民出版社2014年版，第82—83页。
② ［英］戴维·赫尔德：《全球大变革——全球化时代的政治、经济和文化》，杨雪冬等译，社会科学文献出版社2002年版，第276页。

如在第二次世界大战中美国向参战国出售军事武器，以赚取战争财，提升了其经济实力，为后来真正实现独霸全球奠定了基础。1944 年，美国建立了布雷顿森林体系，要求每一种货币对美元都有一个固定的汇率，其实质就是美元体系，英镑作为国际货币的地位则下降了，这更为美国的世界霸主地位打下了基础。1991 年，苏联解体，资本主义与社会主义对立的两极格局被打破，美国最终赢得了冷战的胜利，确立了其全球霸主地位，开启了美国资本主义下的现代性全球化阶段。

（三）资本主义现代性全球化的深化

资本主义现代性全球化自冷战结束发展至今为其全新时代，并且还在进一步变化和发展。它作为新兴的历史状态和趋势，使人类社会进入一个崭新的历史进程。首先可表现为文化被纳入资本主义现代性全球化领域中。作为为经济基础服务的上层建筑，资本主义现代性文化的输出早在资本主义经济全球化过程中就有所推进，早期资本主义现代性全球化的文化输出主要是通过宗教传播，到后来是跨国的非宗教话语，如西方的科学，"进入 20 世纪 90 年代以后，随着各国普遍开放、国际文化交流日益频繁、跨国公司挟文化之力抢占东道国市场，尤其是网络时代的到来，人们发现全球化现象也开始渗入文化领域。因此，当代全球化已经包含社会生活的所有领域"①。资本主义现代性从以经济全球化为主已发展到包含了政治、文化等的总体全球化。从主观方面来说，在世界历史的资本主义阶段，资产阶级也会积极利用文化来为自己的资本扩张服务，资产阶级既可以利用它推行自己的扩张，也可以利用它来巩固这种扩张的结果。伊曼纽·沃勒斯坦谈到资本主义现代性全球化时就指出："难道没有思想、价值、科学、宗教、语言、激情和品质的空间吗？当然有，文化是人们用来包装其政治-经济利益动机以便表达它们，掩饰它们，在时空中扩大它们并牢记它们的领域。"②在经济全球化的背景下，文化输出也越来越明显，一个重要的表现是消费文化在全世界的泛滥。消费主义是资本主义文化的本质特征，一方面倡导拜金主义——"金钱万能"和"唯利是图"是其基本原则，另一方面倡导文化的平民化——这是资本主义大工业对劳动者和消费者的需要，也是它与传统的精英文化的典型区别。

20 世纪末期至今，主要是形成以美国为主导的世界，这是资本主义现代性全球化使资本主义把自身推进到它所能容纳的社会生产力发展的一个新高度。以美国

---

① 曹荣湘：《马克思世界理论与当代全球化》，中央编译出版社 2006 年版，第 232 页。

② ［美］伊曼纽尔·沃勒斯坦：《现代世界体系》第 2 卷，罗荣渠译，高等教育出版社 1998 年版，第 69 页。

为代表的西方发达资本主义国家将技术由军事竞争领域转向经济领域,将重心放在信息技术上。信息技术的发展及应用被直接推广到生产领域,极大地提高了生产能力和管理水平。一方面,它使得生产领域的信息输出和反馈加速,使得分工方式更加多样化,生产过程处于严密的监控之中,资源的使用和周转率得到极大优化。另一方面,信息技术使得自动化成为可能并被普遍推广,生产销售率成倍增长。由于资本主义现代性生产的社会性和扩张性,生产力的提高必然推动扩张力,资本主义就像一匹脱缰的野马在全球驰骋。同时,国际金融市场的迅速扩大促进了企业和国家之间的投资、筹资、融资,国际资本传统的地域空间正在被新的、全球性的"流动空间"所取代。例如,以跨国公司为载体,对全球的金融市场、资本市场进行资金融通,以及各类投资者参与世界资本市场的运作。另外,在资本主义现代性全球化过程中,资本的流向也十分多元化,如发达的资本主义国家互相投资,发达国家向发展中国家投资,发展中国家引进外资等,但总体上仍是由资本主义主导的全球化。

总之,资本主义现代性全球化从资本主义产生开始就已经出现,其中伴随着军事扩张、资本输出、文化输出等形式,并且随着资本在全球的布控和发散,它还涉及社会生活的其他方面,如生态全球性、安全性等。其实质就是建立在资本之上的全球化过程,并且产生了一系列并发症,因而我们亟须剖析其根源,为全球化的未来发展提供有益指引。

## 二、资本主义现代性全球化的根本动力:资本的全球掠夺

从资本主义现代性全球化的历史阶段可以明确看出,资本主义现代性全球化从资本主义产生开始就已经出现,并且随着资本主义自身的完善和发展得到了拓宽和加深,从单一的经济全球化到全面全球化,从地域性扩展到全球性剥削,无一不体现着资本主义现代性全球化。追溯其根源,资本主义现代性全球化的根本动力是资本的扩张,资本的分量和贡献也越来越显著。正是资本的运动使资本主义现代性与全球化紧密联系,资本主义现代性深入全世界范围,并不断得到巩固和加深。同样,在资本全球布控中有诸多动力作用机制助长资本现代性在全世界扩张。对于资本的全球扩张,我们必须理性认识和把握,并且采取相应的策略予以应对。

(一)资本的国家边际消解

资本主义现代性发展到今天,已经不再仅仅表现为具体某地域范围内的发展,

而且已扩张至全球,大大拓展了其自身存在的领域和发挥的作用,这种"脱域"追本根源是资本的全球现代扩展。资本本身就是贪婪的,"如果有 10％ 的利润,资本就会保证到处被使用。有 20％ 的利润,资本就能活跃起来。有 50％ 的利润,资本就会铤而走险。为了 100％ 的利润,资本就敢践踏人间的一切法律。有 300％ 以上的利润,资本就敢犯任何罪行"①。区域的限制使资本增殖受挫,因此,资本迫切地想要消除国家边际,跨越不同国家民族的界限,在世界上无孔不入,凡是容易赚钱的地方就会有它们的身影。

1. 资本追求最大利润与地域内资本过剩之间的矛盾

在某一范围内,由于资本不断积累和集中,因此资本过剩现象出现了。但这种过剩并非绝对的过剩,而是相对的过剩。"所谓资本过剩,实质上总是指利润率的下降不能由利润量的增加来抵消的那种资本——新形成的资本嫩芽总是这样——的过剩,或者是指那种自己不能独立行动而以信用形式交给大经营部门的指挥者去支配的资本的过剩。这种资本过剩是由引起相对过剩人口的同一些情况产生的,因而是相对过剩人口的补充现象,虽然二者处在对立的两极上:一方面是失业的资本,另一方面是失业的工人人口。"②垄断前的资本主义,由于商品生产过剩,不能够实现全部的剩余价值,以及资本有机构成的提高,开办企业所需的最低资本额增大,利润率下降,因此出现资本过剩的现象。在资本主义从自由竞争发展到垄断时期,由于国内金融资本的垄断统治,本就已经过剩的巨额资本无法通过国内投资部门获得高于平均利润的垄断利润,导致这些资本失去投资出路,最终形成大量的过剩资本。这种过剩是一种相对过剩。如果资本家将过剩的资本用于提高国内人民生活水平,那么资本就根本不会出现剩余。但事实是,资本家并不会拿出一分钱去提升国内人民的生活水平。资本本身就是自私的,它的目标不是满足民众的需要,"只要资本主义还是资本主义,过剩的资本就不会用来提高本国民众的生活水平"③。总之,随着资本主义的进一步发展和资本积累,国内资本大量过剩。但资本本身并不是静止的物,运动才是它的存在形式,资本在国内发展受到的阻碍会以在全球蔓延的形式进行补偿。作为人化的资本——资本家,发现同样多的资本在国外的效益比国内的好,赚取的利润也更多,于是就把相对过剩的资本从利润率较低的国内转移到利润率较高的国外,消耗国外廉价的劳动力和剥削国外的劳动力

---

①　《资本论》第 1 卷,人民出版社 1975 年版,第 829 页。

②　《马克思恩格斯全集》第 46 卷,人民出版社 2003 年版,第 279 页。

③　《列宁全集》第 2 卷,人民出版社 1995 年版,第 627 页。

以获得更多的资本增殖。"资本输往外国，那么，这种情况之所以发生，并不是因为它在国内已经绝对不能使用……是因为它在国外能够按照更高的利润率来使用。"①

2. 资本增殖需求所需条件与地域空间内资源有限之间的矛盾

资本是天生的自由派，不囿于特定空间的管辖，而是无时无刻突破特定范围，在全球流动。其唯一目的是获得比本国更高的收益，为此，就必须考虑原材料、劳动力和资本增殖的实现问题等在全球最经济的方案。资本是能够带来剩余价值的价值，也就是资本的增殖。资本的增殖必须满足两个条件：一是要有足够的生产资料，二是要有相应的劳动力。因此，它的发展是建立在对生产资料的消耗以及对劳动力的剥削之上的。在资本为了增殖而进行生产的前期，资本主义国家内部的生产资料，尤其是自然资源，大体上能够满足其需求。但自然资源是有限的，消耗后难以再生，有限的自然资源与资本的无限需求形成了矛盾。正是这种有限性使得资本的增殖受到了阻碍，资本迫切将目光转移到世界各国，以攫取大量的原料燃料——这是资本获得增殖的必要条件之一。资本增殖需要满足的另一个条件是劳动力。只有雇佣劳动工人将自身的劳动力当作商品在市场上售卖，资本家支付相应的工资，再在生产过程中将劳动力与生产资料结合，并且使劳动时间超过必要劳动时间，才能进行剩余价值的生产，才能实现价值的增殖，因此，只有活劳动才是资本增殖的源泉。资本家总是尽可能地实现成本最低化、收益最大化。为了使资本能更大地增殖，资本必定会加重对劳动者的剥削，并且会不断对外扩张，扩大剥削和压榨的范围，使更多的雇佣劳动工人成为其生产剩余价值的工具。最后，资本总是为了能够生产更多的剩余价值努力地缩短必要劳动时间，从而导致大量的商品和资本过剩，同时，通过各种方式加强对雇佣劳动者的剥削和压榨，从而使雇佣劳动工人愈加贫困，无力消费商品，出现商品相对过剩，而剩余价值的实现受到的限制最终会导致剩余价值难以转化为资本从而进行下一轮的增殖。所以，消费就成为增殖的重要一环。资本绝对不允许这样的情况出现，它迫切寻找更广阔的消费市场。所以，资本"第一，要求扩大现有的消费量；第二，要求把现有的消费推广到更大范围，以便造成新的需要；第三，要求生产出新的需要，发展和创造出新的使用价值"②。这样，资本也让日常的消费性质发生了转变，消费不是为了人的生存和发

①　《马克思恩格斯全集》第 6 卷，人民出版社 1961 年版，第 285 页。
②　《马克思恩格斯全集》第 46 卷（上），人民出版社 1979 年版，第 391 页。

展的需求,而是已经让渡给资本。为了资本的增殖而消费,包括过度的消费、超前的消费等都是为了满足资本运作的需求。消费不是为了人,而人的消费却是为了资本的增殖。为了扩大消费的数量、范围,在不断突破地域限制的驱动力作用下,资本的扩张程度相应增大,世界各国之间的联系也进一步加深。

3. 资本的空间界限与资本持续积累的欲望之间的矛盾

空间对资本的发展具有一定的外部限制,但是资本又要求无限扩张,资本在空间上的持续扩张与实际空间有限的矛盾,决定了资本的发展趋向必然是世界市场。空间的有限对资本的限制主要体现为:第一,空间作为资本运动的幅度,规定资本只能在这一空间内积累。第二,空间作为资本,也能为资本的消耗提供平台,但是,空间大小的固定性使资本的运动和消耗范围受阻,而运动范围狭小和消耗有限最终会导致资本积累的新冲突。为了能够积累更多的资本,就必须有足够量的剩余价值,而为了实现剩余价值量的最大化,自然会缩短资本运动的周期,因此资本“力求用时间去消灭空间,就是说,把商品从一个地方转移到另一个地方所花费的时间缩减到最低限度”[①]。剩余价值虽不在流通领域产生,但是也离不开流通领域,因为剩余价值的实现需要资本在地域空间上扩大领域,消耗带有剩余价值的产品,并以货币的形式收回,但是资本流通领域的扩大同样会造成资本积累出现困难。剩余价值的生产必须去流通领域中将附有剩余价值的商品出售,将剩余价值转化为货币,再用货币购买用于资本主义扩大再生产的劳动力和生产资料。流通领域并不会使资本产生任何增殖,真正的价值增殖是在生产领域中实现的,必定会回到生产领域中去。因此,资本在流通领域停留的时间越长,对资本的增殖越不利,“流通既是资本实现积累的领域,又是阻碍资本积累的地方”[②]。在流通领域所耗费时间的长短是关系到资本生死的重大问题,但它并不是资本运动的最终限制,因为资本会不断创新交通运输和通信业以加速自身流动。这种由资本主导的交通运输工具和信息手段的改进会突破这种限制,就是资本用时间消灭空间的手段。资本的本性使它会尽可能缩短流通时间甚至消灭流通时间,从而帮助资本在极短的时间内扩张到最广阔的地方。资本活动的领域不再局限于具体某地或者某民族、某国家,而是越来越向全球领域发展,但是资本并不像以往那样以军事殖民等暴力的方式发挥作用,而是以在他国内建立跨国公司,利用廉价劳动力、广阔的消费市场,缩短流

---

① 《马克思恩格斯全集》第 30 卷,人民出版社 1995 年版,第 538 页。
② 程晓:《资本的时空界限及其历史意义》,复旦大学出版社 2019 年版,第 81 页。

通时间的方式保证资本增殖全球规划的实现。

（二）资本全球扩张的载体

资本由于其不安于特定范围内增殖的本性，及其实现收益最大化的目的，必定冲出国门、走向世界。在资本走向世界的过程中，资本并非直接进行扩张，而是借助其对本国的控制、对跨国公司的控制，以及对科学技术的控制，最终实现资本增殖全球规划。这些载体恰好成为资本全球扩张的动力机制，而世界各国对资本的依赖也为资本的全球运动提供了契机。

1. 资本对本国的控制

对本国政府的控制权是资本实现全球性的重要条件。资本是其国家的经济力量，是国家发展的基础，国家的一切发展都是基于资本，因此，资本是本国政府的支柱。但是，原处于支柱地位的资本却将本国政府作为其获得最大利润的工具。在资本产生之初，资本往往会通过国家的力量帮助其积累壮大，"资本本来就是本国政府的经济基础，而国家就是为资本发展服务的，所以，国家要根据资本的需要不断调整国家政策，表面上看是国家在起作用，实际上国家只是资本的奴仆，处于从属地位"①。随着资本的不断发展，国家会随着资本的需要来不断转变自己的对内和对外的政策，资本对政治的控制能力越来越强，当资本的能力突破经济领域，转变为一种政治能力时，地域性的权力就变成了世界性的权力。因此，在不同的时期对内对外政策呈现的方式也不相同。不管是资本主义国家实行的传统自由主义政策还是国家干预经济生活的凯恩斯主义政策，根本上都是为资本的发展保驾护航。例如，2008 年国际金融危机后，国家作为最后贷款人出资对金融垄断集团，包括对金融机构、一些大的垄断财团、大公司提供支持。还有一些金融垄断集团通过不断控制金融机构，把势力范围延伸到国民经济内部。例如，洛克菲勒集团可以控制联邦政府的政策决策，加强对国家的工业、财政、金融的管控，把资本的意志转变为国家、政府的意志。总之，资本对最大利润的追求，驱使资本必然向外扩张、向世界扩张，派遣本国政府利用各种手段逼迫世界上其他各国打开国门参与全球化，为其扩张保驾护航，以便资本在全球畅通无阻。

2. 资本对跨国公司的控制

跨国公司助力资本的全球扩张。资本从其出现在世界上，从本质上就是非国家化的——为了开疆扩土，要到遥远的异国去寻找原料，要不远万里地掠夺和压榨

---

①　吕世荣、姚顺良：《马克思主义视域中的经济全球化》，人民出版社 2014 年版，第 100 页。

其剥削对象。正是资本的这种全球性质使得资本全球化。在资本全球化的过程中，跨国公司起到了极大的推动作用，帮助资本在世界上自由扩张。第二次世界大战前，资本全球化的主要形式是国际卡特尔，战后，国际卡特尔在资本全面全球化的情况下已经不再适用，从而被逐渐削弱和减少，代之而起的是大量的蓬勃发展的跨国公司。跨国公司是垄断资本进行国际剥削的主要手段。第二次世界大战后，垄断资本进行国际扩张和国际剥削的条件发生了很大的变化。一方面，在主要资本主义国家，随着国家垄断资本主义的发展，资产阶级国家对社会经济生活的干预与调节大大加强。为了维护本国垄断资本的利益，它们往往为外国商品进入本国设置各种各样的障碍，甚至组织地区性的经济集团来共同维护本集团内各国垄断资本的利益。另一方面，由于民族解放运动的空前发展，帝国主义的旧殖民主义体系瓦解了。广大的殖民地、附属国获得了政治上的独立，走上了发展民族经济的道路。当代垄断资本主义国家很难像以前那样通过军事占领和政治统治来对发展中国家进行国际剥削，它们被迫转向采取新殖民主义的经济渗透和剥削。垄断资本进行国际扩张和剥削的条件发生了这样的变化，从而要求垄断资本用新的方式和手段来达到自己在世界范围内追逐最大限度利润的目的。跨国公司就是在这样的条件和背景下广泛地发展起来的，帮助垄断资本在世界各地落地发展。跨国公司作为在一个或几个国家建立分公司或子公司，从事跨越国界的生产或经营活动的现代经济实体，取得了长足的发展。跨国公司的全球化经营战略和对外直接投资，以及其不断加剧的竞争及购并行为，对全球产生了深远的影响，传统的以商业贸易为主的国际经济交往正在被全球范围的国际分工和资源配置所取代。跨国公司海外活动的增加，要求并推动资本以更快的速度实现国际化，而跨国银行的国际网络逐渐遍布全球，为资本的全球化流动提供了巨大便利。

　　3. 资本对科学技术的控制

　　以信息技术为代表的新技术革命、金融工具现代化以及各国对金融管制的解除是资本全球扩张的直接动力。20 世纪 40 年代开启了以计算机为标志的信息技术时代，并且随着社会的不断发展，信息技术、电子计算机、网络技术有了极大的提升，只要简单地使用计算机，资金就可以快速从一个市场向另一个市场转移，驱动着资本在各国间的流动速度不断加快。信息技术的发展也促进了金融工具的革命与创新，世界上各种金融衍生工具也不断开发和普及，在国际金融市场上，巨额的资本不仅仅可以被迅速集中，而且可以在一瞬间就被散去和转移到世界各地。信息技术和网络空间的国际化是在科学进步的基础上发展起来的，但科学并不是发展的最初动力,它是作为资本创造剩余价值的手段来运用的。因此,资本与科学的地位出现了变化:不是为了科学运用资本,而是为了资本使用科学。正如马克思所说:"只有资本主义生产方式才第一次使自然科学为直接的生产过程服务,同时,生产的发展反过来又为从理论上征服自然提供了手段。科学获得的使命是:成为生产财富的手段,成为致富的手段。"①各资本主义国家为了资本能在世界上更好地流通,采取了对金融管控管制的解除,实现金融自由化。正是这种国家内部金融自由化和政府对资本跨国流动的限制的解除,使资本在全球范围内自由流动发展成为可能,资本得以尽最大能力发挥它的作用。信息技术及其发展为实现资本的全球化提供了技术条件。

4. 世界各国对资本的依赖

世界各国对资本的依赖为资本的全球运动提供了契机。各国、各民族被纳入全球化的范围不仅是资本全球运动的结果,而且为资本的全球运动提供了适宜的场所。资本的输入国不仅仅拥有广阔的消费市场、丰富的生产资料和廉价的劳动力——三者恰好迎合资本增殖所需的条件,而且,在资本的冲击之下,世界各国被纳入世界维度,资本为资本输入国带来了丰厚的报酬。由于各国、各民族已形成对资本的依赖并且依赖程度不断被强化,资本输入国必定会制定相应的优惠政策以吸引外国资本在本国场域落地生根、发展壮大。这种优良的国际国内环境为资本的全球流动提供了适宜的土壤。例如,我国在改革开放的起步阶段通过"超国民待遇"的税收优惠政策打破外资进入疑虑,积极吸引外资进入。在现阶段,我国主要采取了保障外企国民待遇、进一步保护外商投资合法权益、进一步优化营商环境等措施吸引国外资本。

(三)辩证看待资本的全球扩张

资本在推动资本主义现代性全球化的过程中起到至关重要的历史作用,当然也带来了辩证的历史后果。资本的增殖需求,必然要求解放和发展生产力,必然导致社会分工的形成并且引起交往范围的扩大,而交往范围的扩大又促进各民族、各国家的经济世界相互联系。资本的增殖本性同样会促进资源在全球范围内的合理配置,使得各种生产要素能够高效利用,全球化程度不断加深。并且,资本的增殖本性会通过对经济领域的扩展,甚至发展到政治领域、文化领域的霸权,将政治、文化变成它实现目的的工具。总之,资本既具有能创造文明,又具有价值增殖的双重

---

① 《马克思恩格斯全集》第 47 卷,人民出版社 1979 年版,第 570 页。

逻辑。但是,将两者加以对比,追求价值增殖的逻辑更为根本、更具有决定性意义。因而在总体把握的前提下,还是应当区别对待,注意发挥和控制各自不同的作用。

辩证看待资本对全球现代性的塑造作用,必须看到其文明的一面。马克思指出:"资本的文明面之一是,它榨取剩余劳动的方式和条件,同以前的奴隶制、农奴制等形式相比,都更有利于生产力的发展,有利于社会关系的发展,有利于更高级的新形态的各种要素的创造。"①资本的唯一目的虽在于价值增殖,但是在这一目的推动下,资本同样具有进步意义。资本首先能推动生产力的发展,虽然这是"无心插柳"的结果。在推动生产力发展的基础上资本能够创造更多的物质财富,以满足人类生存与发展的需要。所以,当今的资本仍然是发展过程中的资本,还有存在的必要。但资本仍然是为了增殖的资本,它的本性不会发生任何的改变,为了增殖,它会践踏一切,它的增殖逻辑仍带有破坏的性质。所以,我们必须把握资本的双重性质,既要看到资本的价值——正是资本的存在推动着人类社会在时间上的前进和空间上的拓展,又要引导资本、驾驭资本,用资本去创造社会财富,摆正资本与人的关系,让资本为人服务,满足人类生存和发展的需要。

面对今天的资本全球扩张,要顺利推进经济发展和社会发展,就必须对资本有一个明确的发展方向和战略指引。其中涉及的问题众多,但重点是明确两种关系:

一是利用、发展资本与发展市场经济间的关系。发展市场经济必须有资本,市场经济是在商品经济的基础上发展起来的。在这一过程中,商品不断地改变着自身的存在方式,各生产要素也越来越资本化,市场经济由此成为商品经济发展的必经阶段和高级阶段,资本关系也由此成为商品关系的集中体现。市场经济就是资本运作的经济,离开了资本的流动,市场经济同样不复存在。然而,发展市场经济并不意味着放任资本。由于受资本利润最大化的驱动,发展往往是盲目的,若不加以控制和监管,造成的危害就难以估量,尤其在全球化背景下更是如此。同时,资本的唯一目标就是追求经济效益,忽略其他利益,尤其是社会利益。因此,发展市场经济,必须加强资本市场的监管和资本要素的引导,不能完全听任新自由主义。值得指出的是,今天的全球市场,不仅仅是市场规律、自由竞争规律在起作用,资本积累规律、生产和资本集中以及垄断的规律同样在起作用。垄断资本的全球扩张,在给世界各国的发展带来宝贵的发展机遇的同时又使发达国家与不发达国家之间的关系严重失衡。在全球贫富分化加剧的现实面前,甚至连世界经济论坛也指出:

----

① 《马克思恩格斯全集》第 25 卷,人民出版社 1974 年版,第 925—926 页。

"如何证明新全球资本主义对大多数人的利益做出了贡献,而不仅是使公司管理者和投资者获利,这是一项挑战。"①面对全球性金融危机,对于金融市场的发展,赞成者有之,怀疑、否定者有之,歧异纷呈。其实,问题的关键不在于要不要实行投资和金融的自由,不在于要不要实行金融的创新,而是要根据本国金融体系的完善程度、宏观调控的能力和国际竞争的能力等国情,走出一条有利于资本利用和市场发展的积极稳妥的道路,这样才能在全球化的浪潮中立于不败之地。全球性金融危机的经验教训表明:发展中国家既要积极参与全球化,充分利用两个市场、两种资源,让两个市场和两种资源为国家的发展服务,又不宜盲目地全面开放本国的资本市场,取消外汇管制,以免造成投机资本排挤产业资本、虚拟经济侵害实体经济最终侵害国家经济发展的严重后果;应该在吸引外国资本的同时,加强对外国资本的监管,防止虚拟经济与实体经济的比例失调。

二是利用外国资本与发展本国资本的关系。加快经济发展,归根结底要靠自身的力量,要靠本国资本的发展,这是捍卫经济主权、增强经济自主性的必然要求,也是保持经济稳定、健康发展的必要条件。完全依赖外国资本,往往会受到外国资本及其投资机构的制约,难以化解金融危机和经济危机所带来的风险。但是,强调经济安全、经济发展的自主性,并不意味着轻视对外国资本的利用。在资本主义推动的全球化条件下,有效地利用和使用外资是发展经济的通则。要加快发展进程,必须注意外资的引入和使用,外国资本在经济发展中还有着本国资本难以发挥或难以替代的功能和作用:外国资本特别是产业资本的投入,常常是与比较先进的技术和经营管理经验传播相随的。外国投资和跨国公司可以大大克服地域限制,加快这些知识性产品的扩散和流通;外国资本往往更具开拓性,因为外资不会把本国资本和本国企业已相对饱和的成熟部门或产品作为投资的重点,而是更多地利用自己的技术优势,开拓新部门、新产品,以赚取更大的利润,这在客观上有利于本国新兴部门的发展。对于新产品的开发和成长,外国资本更有助于开拓国际市场,因为外资企业可以根据本地廉价的劳动力以及当地政府的种种优惠条件,降低自己产品的成本,提高国际竞争力,从而增强开拓国际市场的能力。显然,本国资本的这些功能和作用有时难以与外国资本相比。值得注意的是,并非所有的外资都是多多益善,必须考虑自身的基础和条件。国内资本的发展壮大本身就是招商引资

---

① 丰子义:《走向现实的社会历史哲学——马克思社会历史理论的当代价值》,武汉大学出版社 2010 年版,第 407—408 页。

的重要条件。资本要盈利，总是首先流向那些已经存在资本并运行良好的地方。只有国内资本本身有较高的发育程度且投资环境较好，对外资的吸收和利用才有更大的吸引力和推动力；也只有国内资本具备一定的实力，才能有效地引导和控制外国资本，形成国内国外资本促进经济甚至是国家整体发展的合力。所以，正确处理引入外资与壮大内资的关系，对于合理应对资本全球化是非常必要的。

当然，除了文明面之外，增殖与破坏才是资本的本性，资本在全球化过程中造成的全球断裂失衡是显而易见的。这将在后文作为单独一节专门谈论，此处不再赘述。

## 三、资本主义现代性全球化的基本原则：市民社会原则的全球扩张

资本主义现代性的生成与发展是基于现代生产与资本，而其发芽的土壤就是现代性的社会基础。在马克思理论中，这一基础就是市民社会。在马克思所处的时代，资本主义作为市民社会的典型样态，与市民社会规定具有内在一致性，资产阶级社会把市民社会成员的利己主义本性发挥到极致，并随着资本主义现代性全球化的推进，带动了利己主义世界范围的扩张。

### （一）何谓市民社会的原则

市民社会的理论与原则的解释经历了一个十分漫长的过程。最早关于市民社会的论述可以追溯到古希腊的亚里士多德，近代的洛克和孟德斯鸠关于市民社会的论述使得市民社会理论初步形成，黑格尔则对市民社会作出了全面解释。市民社会是"各个成员作为独立的单个人的联合，因而也就是在形式普遍性中的联合，这种联合是通过成员的需要，通过保障人身和财产的法律制度，和通过维护他们特殊利益和公共利益的外部秩序而建立起来的"[①]。走出家庭、成为具有独立意识的单个人成为市民社会的构成。因此，市民社会有两个主要的原则：一是每个人都是以自己本身为目的，"具体的人作为特殊的人本身就是目的；作为各种需要的整体以及自然必然性与任性的混合体来说，他是市民社会的一个原则"[②]。在私人的领域中，每个人都是按照自己的需求展开活动，每个人都是追逐私欲的利己主义者，市民社会只是"追求个人私利的战场"。二是独立的社会成员为了自身的需要，以

---

① ［德］黑格尔：《法哲学原理》，范扬、张企泰译，商务印书馆1961年版，第174页。
② ［德］黑格尔：《法哲学原理》，范扬、张企泰译，商务印书馆1961年版，第197页。

其他人为个人追求私利、实现自身目的的工具与中介，单个的社会成员间形成相互联系、相互依赖的关系。因此，黑格尔明确指出："特殊的人在本质上是同另一些这种特殊性相关的，所以每一个特殊的人都是通过他人的中介，同时也无条件地通过普遍性形式的中介而肯定自己并得到满足。这一普遍性的形式是市民社会的另一个原则。"①由此可见，单个人的需要是个人追寻的价值目标，一切活动的开展都以自我为中心，但是，每个人也必须同他人产生联系，形成联合、互惠互利等相互关系，这样才能保证个体利益和个体目标的实现。

马克思对市民社会的原则也进行了确切的论述。马克思对市民社会原则的理解主要来源于黑格尔对市民社会原则的界定，他认为市民社会在私有制基础上遵循着特殊性、利己主义和个人主义。马克思在《论犹太人问题》中，阐述了资产阶级革命消灭了市民社会的政治性质，完成了"政治解放"，市民社会的私人领域获得了相对独立的发展，成为独立于政治社会之外的领域。市民社会成员也因此双重化，分裂为"私人"与"公人"。在这里，利己个人主义原则占据着统治地位，社会成员也都演变为利己的个人，个人的存在才是最终目的，而一切活动、劳动、内容等都只是手段。市民社会的人被政治国家夺去了自己的共同性与普遍性，从而沦为利己的和孤立的个人，因此，只有不尽的欲求和利己主义才是驱动市民社会前进的动力。作为一切人反对一切人的战场，市民社会的原则只是实际需要与利己主义，"实际需要、利己主义就是市民社会的原则"②。

马克思对市民社会的研究从政治哲学的领域转向经济学领域，对市民社会的利己主义有了更进一步的认识。在市民社会的内部同样存在私人的利己性。在经济上，市民社会成员是私有财产所有者，私人摆脱了共同体；从形式上看，市民社会是"直接从生产和交往中发展起来的社会组织"③，每个人作为独立的商品生产者和私人财产所有者，为了满足自己的需要而把自己的私人所有转让给他人。私人所有具有私人性，是为自己所有，而非他人占有，自己和他人有明显的区分，在私人转让过程中，只关心对方的所有物，并不在意他人的身份和地位。在此，我们可以看到，虽然市民社会是原子式的单个人，以实现个人目的为目标，由私人性所带来的冲突性也是一种必然，但是，私人仍具有社会性特征，私人劳动的目的在于满足他人的需要，私人的生产是为了社会的需要，这样单个人之间就会形成利益上的依

①　［德］黑格尔：《法哲学原理》，范扬、张企泰译，商务印书馆 1961 年版，第 197 页。
②　《马克思恩格斯全集》第 3 卷，人民出版社 2002 年版，第 194 页。
③　《马克思恩格斯文集》第 1 卷，人民出版社 2009 年版，第 583 页。

赖。同时,市民社会的成员要形成一种交换关系,只有通过交换,私人产品转让给他人,满足社会其他成员的需要,才能将私人产品转变为社会产品,才能将私人性的劳动转变为社会性的劳动。最后,私人产品必须符合社会的需要,具有可交换性,私人劳动必须以交换的可能性而存在,否则,私人劳动不能通过交换显示它的社会属性。为了利用他人实现自己利益的最大化,单个人自己必须生产出他人需要的产品,只有自己的产品被购买,彼此的利益才能在交易中达成。只有"毫不相干的个人之间的互相的全面的依赖,构成他们的社会联系。这种社会联系表现在交换价值上,因为对于每个个人来说,只有通过交换价值,他们的活动或者产品才能成为他的活动或者产品"①。

(二)市民社会原则的形成机制

实际需要、利己主义是市民社会遵循的基本原则,每个人都是囿于自我、私人利益、私人任性,对财产进行利己主义的保护,而人与人之间的交往的唯一纽带则是金钱和利益,但真正造成市民社会的私立性的根源则藏匿于市场经济、资本和私有制之中。

利己主义是生产资料私有制的必然产物。"以我为中心"是一切剥削阶级所共有的观念、所共同的遵循,"人不为己,天诛地灭"是私有者的至理信条。利己主义的出现不是无源之水、无本之木,其赖以生长的土壤便是私有制。利己主义是私有制商品经济关系发展所遵循的道理,而资本主义经济制度是生产资料私有制的最高形态和最后形态,因而利己主义也发展到了顶峰,在资本主义社会表现得最为彻底,成为资本主义发展的价值遵循。马克思在揭示资产阶级利己主义的根源时曾指出:"你们的观念本身是资产阶级的生产关系和所有制关系的产物,正像你们的法不过是被奉为法律的你们这个阶级的意志一样,而这种意志的内容是由你们这个阶级的物质生活条件来决定的。"②在私有制条件下,资料所属划分明显,你的就是你的,我的就是我的,人的一切行为都是为了自身利益,私利才是最终目的。在资本主义社会中,金钱成为财富和权力的象征,成为主宰资产阶级的灵魂,拜金主义成为至高无上的准则,形成了"我赚我的钱,其他一切都与我无关"的心理和习惯。马克思在揭示资本主义的金钱至上的利己主义时指出,资产阶级"使人和人之间除了赤裸裸的利害关系,除了冷酷无情的'现金交易',就再也没有任何别的联系

---

① 《马克思恩格斯全集》第 30 卷,人民出版社 1995 年版,第 106 页。
② 《马克思恩格斯文集》第 2 卷,人民出版社 2009 年版,第 48 页。

了。它把宗教虔诚、骑士热忱、小市民伤感这些情感的神圣发作，淹没在利己主义打算的冰水之中。它把人的尊严变成了交换价值，用一种没有良心的贸易自由代替了无数特许的和自力挣得的自由。"①所以，资本主义的主要特征就是为一己私利而获取金钱，为了获得利益可以践踏一切。这种以获取金钱为特征的利己主义，成为资产阶级一切思想和行动的出发点和最终归宿。资本主义私有制是利己性生成的根源，导致你我利益隔阂，但是利己本性的展现需要一个适宜的空间，在此空间里，每位成员都以"原子式"的个人存在，尽情展现利己主义的特征。

市场经济是利己主义盛行的场所。市场经济的发展与市民社会中私利主义的产生和盛行有着密切的关系。在市场经济中，人们通过有形商品和无形商品的交换保证自己利益的实现，这样的方式在人们的交往行为中逐渐普遍，市场主体双方互惠互利，社会的资源也得到了有效配置。随着市场的发展壮大，传统的社会关系逐渐瓦解，以市场为基础的依赖和联系关系得以建立，从封建社会的人身依附关系转变为自由独立的个体成为市场交换关系网中的一员，"在市场关系中，个人之间表现为全面的依赖关系；每个人的生产，依赖于其他一切人的生产；每个人的消费依赖于其他人的一切消费"②。这样，在市场中，每个主体都是私利的代表，充满着对自己切身物质利益的追求，这样的私利是可以通过市场交换来实现的，每个成员也同样成为其他成员实现利益的"跳板"。但是，在市场经济的交往活动中，每个人都是独立的个体，每个人都具有单个的利益，这种具有理性的个人具有对理性的算计和对私人利益的推崇，每个人都在认真地进行精细的盘算。市场中的交换在很大程度上都是服务于个人利益，市场经济活动将私人利益分离甚至冲突的"原子式的相互敌对的个人"③绑在一起。当然，市场经济中虽以"契约"形式建立经济交往关系，交易双方以公平、诚信交换保证私利通过"他者"实现，但是并不排除有这样的情况：作为人化的私利-利己主义者，在实现个人利益的同时违反交换中的公平、诚信原则而损害"他者"利益，甚至占有他人所属而利己。总之，市场中的人虽然需要相互联系的对方来保证私利实现，但是人与人之间又潜伏着私利的对立、混乱的危机，相互之间的不信任程度加剧。

（三）市民社会原则全球扩张

利己主义本身就藏匿于资本与市场机制之中，在资本主义发展的整个历史阶

---

① 《马克思恩格斯文集》第 2 卷，人民出版社 2009 年版，第 34 页。

② 郗戈：《超越资本主义现代性—马克思现代性思想与当代社会发展》，中国人民大学出版社 2014 年版，第 119 页。

③ 《马克思恩格斯全集》第 3 卷，人民出版社 2002 年版，第 196 页。

段都是私利控制的阶段。从资本的原始积累开始，资本就唯利是图，为了能在更广阔的场域进行剩余价值的生产，采取军事殖民等暴力手段；到自由资本主义阶段，扩张的形式已经转变为商品输出手段；帝国主义阶段的资本主义采取的是资本输出的手段；当今，资本主义的扩张手段具有多样性与隐秘性。但是，无论资本主义扩张的方式如何变化、隐匿，究其根本，资本仍然遵循利己主义。就是为了一己私利获取金钱，这种以获取金钱为特征的利己主义成为资本主义一切思想和行动的出发点和最终归宿。

资本主义经济领域的扩张是市民社会原则在全球领域规划的基本条件。全球化中最为根本的是资本，资本的流动也将市民社会的利己主义原则带到了全世界。资本本身是能"结果实"的东西，利润是它的直接产物，资本的这种魅力足以令资本家对它深深迷恋。资本不囿于安定，无时无刻不散发出增殖的欲望。流动不羁的资本，将人类卷入一个所谓"文明的时代"，然而，用理性判断，这样的"文明时代"却是饱含私利的时代，是为私利而冲突的时代。因此，资本流动到何处，利己主义就在何处落地生根。在资本开创的世界历史中，资本成为一切事物的存在尺度，为资本谋利成为普遍遵循。当然，资本归私人所有，任何一种资本扩张活动都带有明显的利己性。资本具有"肉身化"和"人格化"的存在形态。资本的"人格化"就是资本家个人和资产阶级，所以资本家和资产阶级本身也就是利己主义的代表，是资本的虔诚信徒，对资本的无限增殖的嗜好趋之若鹜，这种资本带来的观念上的利己主义在资本家的任何一个行为中都有展现，并使得利己主义在各地扩散。同样，资本所推动的生产方式以及世界市场也成为利己主义扩散的有力帮手。资本主义现代性全球化实质就是资本主义生产方式的全球扩张。资本增殖的本性推动资产阶级在全世界范围内的政治经济运动，其主要任务就是资本主义现代生产方式的全球扩张。这样"资本的必然趋势是在一切地点使生产方式从属自己，使它们受资本的统治。在一定的民族社会内部，从资本把所有劳动变为雇佣劳动这一点上可以看出，这种情况是必然的……在国外市场方面，资本通过国际竞争来强制传播自己的生产方式"①。资本主义的生产方式革新了落后民族的生产方式从而使自己的生产方式处于支配的地位，并由此成为世界范围中占据主导作用的生产方式，蕴含在资本主义生产方式内部的利己主义原则也随着资本主义生产方式的扩张进入全球场域。由资本推动的世界市场成为市民社会原则全球化的现实基础。资本要在全世

① 《马克思恩格斯全集》第 31 卷，人民出版社 1998 年版，第 128 页。

界范围内持续积累,就必须在全球推广资本主义的生产方式,必然不会局限于单一民族国家内部的有限市场,而渴望突破国家限制并开拓更广泛的世界市场。以世界市场的建立为基础所形成的世界性的社会交往和利益依赖,为市民社会利己主义原则的进一步扩张搭建了坚实的桥梁,使得利己主义的拓展及其效能在空间上被无限放大。简单来说就是,资本的带动、资本主义生产方式的推广以及世界市场的扩张构成了市民社会原则扩展的催化剂和加速器。

资本主义国家是市民社会原则扩张的主体。在黑格尔法哲学中,市民社会成员对私利的无限追求导致道德败坏、社会冲突频发,国家能够克服市民社会这一缺陷,是因为它代表了市民社会的共同利益。马克思则是从现实基础出发,纠正市民社会与国家倒置的关系,他认为国家并不代表贫苦人民的利益,并不代表全社会的共同利益,国家只是为部分人谋利益,实质上就是私利的工具。"由此看来,国家本质上并不是黑格尔所说的普遍利益的代表,而是采取'虚幻共同体'形式的统治阶级国家。"①资本主义国家建立的一切联系、一切的普遍交往,都是基于资本主义自身的发展目的。世界范围的相互接洽是在资本主义的推动下得以实现的,同样,正是这些普遍联系、广泛交往满足了资本主义国家发展的现实需求。资本主义国家在同世界各国交往中,始终以自我为中心,在同其他资本主义国家、非资本主义国家一起制定交往规则时,从头到尾都充斥着维护自身利益的特点,布雷顿森林体系就是典型代表。布雷顿森林体系就是以美元为中心,其他国家的货币必须与美元挂钩,其实质就是美元金本位制,因此,呈现这种面貌的全球化就是资本主义主导的全球化。资本主义国家在同非资本主义国家交往中遵循的利己主义原则同样会使得非资本主义国家潜移默化地效仿,资本主义的私利性通过资本主义国家的世界交往传播到了全球。国家间的交往目的纯粹,遵循的唯一原则就是利用他国实现自己的目的,世界上每一处都弥散着自私的气味,显示出利己的行径,普遍联系中的每一部分都成为其他部分实现私利的工具。总之,资本主义推动的全球依赖关系,将其本身所遵循的利己主义带到了全球,使得地域内的利己主义转向世界范围的利己主义,这一普遍性的私利主义同时也在不同国家中显示出民族的特点。

资本主义文化殖民是市民社会原则扩张的文化载体。资本主义的利己性最终渗透到资产阶级意识形态的核心是利己主义,利己主义是个人主义的极端表现形

---

① 卢德友:《拉开历史"舞台"的帷幕:马克思的市民社会理论及其当代效应》,江苏人民出版社 2019 年版,第 65 页。

式。利己主义绝不像某些资产阶级思想家所宣扬的那样,是自古有之、永存不变的,是人的本性的反映。利己主义就是生长在私有制的土壤之上,是私有制商品经济关系在人们意识中的反映。为了适应资本主义这一经济关系发展的要求,资产阶级思想家们愤怒地谴责禁欲主义,并提出了"天赋人权""个性解放""自由、平等、博爱"等口号,使得资产阶级用极端的、赤裸裸的利己主义取代了过去那种受封建主义、宗法关系和宗教观念制约的个人主义,从而使利己主义走向了更为极端的表现形式。这充分地表明了资本主义制度是私有制最后的也是最完备的形态,因而利己主义在资产阶级身上发展到了顶峰。资产阶级意识观念深深扎根于资本主义经济基础的土壤之中。资本主义在经济上的本性便是索取和掠夺,这种本性决定了资产阶级的意识观念必然是利己主义。资产阶级利己主义认为,人的本性生来就是自私的。它宣扬自我是至高无上的,强调个人利益高于社会利益,把个人幸福看作一切行动的目的。在资产阶级看来,只有自我是至高无上的,社会关系与社会结合的各种形式只是实现个人利益的途径和手段,追求个人利益和满足私欲是衡量人们行动的出发点和归宿。源于私有制的利己主义价值观在资本主义的文化殖民中得到渗透,这种利己主义的扩张并不像由资本带动的利己性扩张那样直截了当,更多的是通过资本主义意识形态的殖民来塑造私利意识,形成了以利己主义为原则的价值、知识、文化和世界观。

但值得注意的是,其他民族国家对现代性的追求使得市民社会的原则伴随着资本主义得以渗透,让利己主义在某国或者某地区有了可乘之机。我们可以看到,任何一个国家都不会在某个阶段静止,而是不断发展的,都是在不断追求现代性的发展方式,在现代性发展的价值指引下,不断向现代性的历史向度前进,这样的环境恰好为市民社会利己主义原则的渗透提供了有益的空间。一旦资本主义为扩张、为利己主义提供载体,利己原则就会利用机会作出规划。当然,利己主义原则并不只是在某一国家内存在,其他国家现代性发展的内部本身也带有市民社会原则的萌芽,只是由于这些国家的社会制度不同于资本主义制度,因此,它们对市民社会原则的规约程度会有所不同,然而这并不能否定市民社会原则的存在,只要有点燃的"导火线",市民社会原则就会显现。因此,市民社会的利己性原则在全球的布控不是单方面的作用,而是资本主义现代性的扩张与他国为利己主义原则的扩张提供了"土壤"的共同作用所产生的结果。

利己主义原则是市民社会历来的价值遵循,它在市民社会发展到资本主义现代性全球化的今天愈加明显,也愈加受到追捧因而盛行,而私有制就是市民社会原则的根源。在资本主义全球运转中,资本扮演着关键角色,它为了取得高额利润四处奔走,资本主义的利己性场域拓展得也就更为宽广,利己原则也暴露得更加彻底。而资本主义国家和资本主义文化殖民是利己主义从国家范围内转向世界的载体,它们帮助利己主义摆脱区域限制,在全世界凡是能落地的角落中展开。其结果是,一方面促进了资本主义现代性全球化带动利己主义全球化,同时利己主义也为资本主义现代性全球化铲平了障碍;另一方面利己主义的全球扩张带来了生态经济文化的矛盾,成为世界发展的重要难题。

## 第三节　全球现代性的矛盾张力

以资本为根本动力,资本主义将市民社会的原则扩张到世界范围,打造出了以资本主义为制度特征的现代性在世界的蔓延,逐渐形成了全球现代性的系列规定。但不论是作为动力的资本,还是作为原则的市民社会,都是发达资本主义国家在全球谋利的工具,这势必造成“全球分裂”与人类命运分化,以致今天全球现代性酿成的真实图景是:在全球贸易的增长下所掩盖的实则是消费租值、政治诉讼、分配失衡等危险,在金融崛起背后所隐藏的实则是剥削租值和社会风险的加剧,在财产私有和自由市场之中所暗含的实则是沟壑难填的物质欲望,在全球一体化背后所折射的实则是不平等的鸿沟。[①] 面对这样的全球危机,变革全球治理秩序,重塑全球现代性发展方式便成为亟须解决的时代课题,而这构成了人类命运共同体的出场语境。

### 一、地缘政治风险与全球政治冲突

在资本主义现代性全球化的进程中,国家壁垒、民族界限与地域限制不断被突破,一个国家的发展越来越离不开其他国家,国际交流与合作日益频繁,其中既包括经济贸易交流,也包括政治观念、文化价值交流,频繁的交流与合作不可避免地导致利益纠纷与观念冲突,最终导致不同程度的政治矛盾。与此同时,一国的矛盾

---

① 　[美]米格尔·森特诺、约瑟夫·科恩:《全球资本主义》,郑方、徐菲译,中国青年出版社2013年版,第29页。

危机也不可避免地随着全球化而转移至他国,特别是一些西方发达资本主义国家日益依赖通过全球化来克服其难以解决的内部矛盾,在霸权主义价值观的引导下对外施行干涉主义,对他国乃至全球的政治稳定注入了不和谐因素。不仅如此,资本主义现代性还为恐怖主义的滋生准备了物质与技术条件,并在全球化的进程中将恐怖主义的活动范围从一国、一地引向全球。总的来说,资本主义现代性全球化加速了既定世界和平体系的崩溃过程,在一定程度上造成了全球政治动荡的形势与局面。

(一)利益与观念冲突下的国际争端

资本主义现代性全球化使各国之间的联系日益紧密,为各国发展特别是一些发展中国家提供了相比以往更加有利的发展条件。但与此同时,共处于全球化中的世界各国在频繁的交流与合作中,也不可避免地产生了相比以往更多的矛盾。例如,各种利益纷争、贫富差距问题日益突显,以及不同宗教信仰、意识形态、民族文化在交流与碰撞中矛盾重重,并最终引发不同国家与地区间的冲突,给国际安全带来了一定程度的负面影响。

1. 利益纷争与发展失衡

经济是政治的基础,政治是经济的集中表现,政治冲突从根本上来说就是经济矛盾与纠纷在政治领域的表现形式。从当今世界经济发展来看,不同国家间的矛盾相比以往更加严峻,这种矛盾既源于利益纠纷(如邻国之间对自然资源、人才资源、市场资源的争夺),也源于发展失衡(如发达国家与发展中国家在经济发展、国民贫富等方面的巨大差距)。在利益纷争与发展失衡的境况下,不同国家间的经济矛盾日益演变为政治冲突。

一是利益纠纷引发矛盾。从利益纠纷上来看,这一矛盾主要集中于邻国之间,如中东、北非、东北亚地区等。中东、北非地区是世界上石油资源最为丰富的地区,不同国家在经济利益的驱动下往往会为争夺资源占有权而展开激烈的纷争,而在资本主义现代性全球化的驱使下,一些西方资本主义国家为了自己的资本利益,也纷纷在这一地区寻求自己的代理人。例如,美国极力扶持以色列,或明或暗地支持以色列与其他邻国间的争斗,使得这一地区本就存在的激烈矛盾冲突更加复杂化、尖锐化,最终造成频繁的地区冲突。再如,东北亚地区的中国、俄罗斯与日本,在市场资源、人力资源以及科学技术发展上都有各自的优势,一方面,中国和俄罗斯在领土面积、人力资源等方面具有日本不可比拟的优势;另一方面,日本在科学、技术、产业发展上又领先于中国和俄罗斯,使中国、日本、俄罗斯在东北亚地区形成了既相互依赖又相互制约更相互竞争的均势格局，构成了利益与矛盾交织的复杂空间。

二是发展失衡引发冲突。从发展失衡来看，这一矛盾主要集中于发达国家与发展中国家之间，如南北差距等。在资本主义现代性全球化的推动下，世界各国的现代化水平快速提升，但发展差距也越来越大。由于资本主义全球化体系是由以美国为核心的西方发达国家一手构建的，因此其行事规则也不可避免地为西方国家所主导，市场竞争、全球贸易等纷纷倾向于西方国家，造成了日益严重的发展失衡境况。由于不同国家经济发展水平的不平衡，政治交流不可避免地失去了平等性与交互性，在相当程度上呈现出不对等与单向度渗透趋势。例如，以美国为首的西方国家借机通过世界银行、国际货币基金组织向一些贫穷落后的国家提供各种经济援助，通过跨国公司控制落后国各大经济产业，并乘机推销其政治价值观与民主化模式，要求各受援国不断扩大民主、开放党禁，实行所谓的"政治多元化"以"促进民主与人权"，试图控制这些国家的政治民主化发展方向，由此不可避免遭到一些国家的抵触与反抗，造成一定程度的矛盾与冲突。

2. 宗教信仰与文化冲突

文化是经济和政治的反映，由一定的经济、政治所决定，同时又反作用于政治、经济，给予政治、经济以重大影响。从当今世界文化发展来看，各种信仰、意识、文化在全球范围内广泛交流，既引发了相互借鉴与吸收，使不同文化在吸收其他文化合理成分的基础上实现新发展，又无法避免碰撞与摩擦，全球政治冲突中很大一部分正是源于不同的宗教信仰、意识形态与民族文化的矛盾与冲突。

一是由宗教信仰导致的冲突。这一冲突主要发生于中东、北非地区。该地区是以伊斯兰宗教文化为核心的传统社会，在伊斯兰文化中，安拉是一切权力的源泉，宗教法规就是国家的法律基础，一切经济、政治、文化活动都应处于伊斯兰教的绝对支配下。而资本主义现代性的全球化强烈冲击着这种宗教文化传统社会，对穆斯林民众崇尚的伊斯兰传统价值观构成了严重威胁，甚至超越了他们的心理承受能力，使他们长期以来的社会文化与信仰体系面临瓦解的风险，不可避免地造成广大民众对现代化的抗拒，在这一地区引发了不同程度的动乱。

二是由文化观念引发的冲突。在资本主义现代性全球化浪潮中，"现代化的生活方式、思想文化和价值观念主要存在于城市，尤其是有产阶级和知识阶层中；而传统的生活方式、思想文化和价值观念主要存在于农民、手工业者和城市贫民中，由此出现了两个文化集团的对立"①,主要表现为城市与农村、发达地区与落后地区、发达国家与发展中国家间的文化对立,随着这种对立的加深,最终将引发一定程度的社会矛盾与冲突。与此同时,在现代性全球化中,不同民族、国家间的文化交流和对话日益频繁,但西方发达国家一直试图在全球推广其所谓的"普世价值",打着"人权高于主权"的旗号施行"文化入侵",在这种情况下,"西方文化价值"与"传统文化价值"往往在同一地域内频繁碰撞,地区冲突与局部动荡由此生成。

三是由意识形态引发的冲突。从当今世界发展来看,资本主义意识形态与社会主义意识形态共同存在,相互对立的两种意识形态的矛盾与冲突不可避免。冷战结束以后,苏联解体,两极对峙体系消失,国际社会进入以美国为主导的霸权体系状态,美国对前社会主义体系国家进行了深入的和平演变;但是在当今世界,以中国、朝鲜、越南、老挝、古巴为代表的社会主义阵营仍然存在,特别是中国在社会主义意识形态的指引下实现了史无前例的快速发展并一跃成为世界第二大经济体,使得美国等西方资本主义国家在全球的权威与霸主地位遭遇前所未有的挑战,为此以美国为首的资本主义阵营对中国等社会主义国家采取各种敌对政策,从而造成了一定程度的政治矛盾与冲突。

(二)霸权主义下的世界冲突

冷战结束以后,全球步入以美国为首的"一超多强"的发展格局,美国凭借其强大的经济、科技、军事权力成为世界唯一的超级大国。在全球化的驱动下,世界各国日益连成一体,一国的发展越来越离不开其他国家,特别是一些第三世界国家,在发展资金、技术等各个方面严重依赖西方发达资本主义国家,由此使得以美国为主要代表的西方发达国家不再依赖殖民战争就能实现资本积累与扩张,通过对全球经济规则的控制、对发展中国家的经济援助构建起新形势下的经济殖民主义,肆无忌惮地推行霸权主义与强权政治,造成了日益严峻的世界冲突。

1. 建立广泛的"政治联盟"

在霸权主义价值观念的指引下,以美国为首的西方资本主义国家不断谋求领导世界的战略目标,试图在世界范围内不断扩展其经济、政治、文化制度。为确保这一战略目标的顺利实现,他们逐步建立起了日益广泛的"政治联盟",如北约、美日安保同盟等,并不断扩张联盟范围、增强联盟实力,企图依托强大有力的"政治同盟"构筑起由资本主义国家主导的全球安全体系,在全球范围内进一步实施霸权行

---

① 彭树智:《文明交往论》,陕西人民出版社 2002 年版,第 321 页。

动、推行强权政治。

首先,不断扩张北约组织。北约即"北大西洋公约组织",成立于 1949 年 4 月,是冷战时期以美国为首的资本主义阵营与以苏联为首的社会主义阵营斗争较量的产物,首批成员国包括美国、加拿大、英国、法国、意大利、荷兰、比利时、卢森堡、葡萄牙、丹麦、挪威和冰岛 12 个国家,其后希腊、土耳其、联邦德国、西班牙又陆续加入。随着苏联解体,冷战结束,社会主义阵营的军事联盟组织——华约解散,北约非但没有退出历史舞台,反而在美国的主导下不断向东扩张。1999 年,在原有 16 个成员国的基础上,匈牙利、波兰、捷克三国为北约新成员国;2004 年,北约实行第二波东扩决定,接纳爱沙尼亚、拉脱维亚、立陶宛、斯洛伐克、斯洛文尼亚、罗马尼亚和保加利亚 7 国的加入申请,使北约成员国从 21 世纪初的 19 个扩大到 26 个;2009 年,克罗地亚和阿尔巴尼亚正式加入北约;2017 年,黑山加入北约;2020 年,北马其顿正式成为北约的第三十个成员国。北约的不断东扩,实质上是以美国为首的资本主义霸权势力试图巩固冷战胜利成果的战略手段之一,通过日益广泛的战略同盟来实现其控制欧洲进而控制全球的战略意图。

其次,不断强化美日、美韩同盟。美国在欧洲不断强化北约联盟的同时,在亚洲也不断强化美日、美韩等战略同盟。美日同盟初建于 1951 年 9 月,起源于第二次世界大战后战胜国对战败国的改造安排。冷战时期,为了更有力地对抗苏联,美国逐步将对日本的"占领"转化为"同盟关系"。冷战结束后,美国为了强化其在亚太地区的地位,与日本共同出台了《防卫合作指针》,不断拓展合作领域并加强非传统安全领域的合作,逐步构建同盟合作的军事构架。2015 年,双方共同修订《防卫合作指针》,将美日同盟协调设定为"同盟协调机制、加强日常业务协调、双边规划"三大形式,不断拓展和深化合作内容,将合作领域延伸至地区安全合作、太空合作、网络安全合作、双边企业合作等各个方面,使美日同盟成为美国在亚太地区最核心、最有力的战略同盟。与美日同盟类似,美韩同盟初建于 1953 年,也是冷战时期美国对以苏联为首的社会主义阵营实施遏制战略的产物。经过几十年的建设,美韩同盟已成为历史上和世界范围内机制化水平较高的同盟之一,双方合作领域也不断拓宽与深化。此外,美国还进一步密切了美澳、美泰、美新等军事合作关系,不断向大洋洲、东南亚等全球各个地区渗透,试图将同盟建到全球各个角落,最终实现其称霸全球的战略目标。

2. 对外实施"新干涉主义"

冷战结束以后,美国凭借其在全球经济、科技、军事等方面的强大实力,成为全球唯一的超级大国,世界政治版图转变为以美国为唯一主导的单极秩序。在此基础上,美国大肆推行霸权主义政策。与冷战时期"反苏""反共"旗号不同,冷战后美国的霸权主义更具隐秘性、迷惑性,其往往以人道主义和捍卫人权为借口,通过经济制裁、政治施压、军事制裁等手段干涉别国内政,即"新干涉主义",试图在全球范围内构建一种以美国意愿、价值观念、利益追求为核心的全球经济政治新秩序,从而维护并拓展自己的利益。

首先,侵犯他国主权,干涉别国内政。自20世纪90年代以来,以美国和欧洲为主要代表的西方资本主义国家以"人权""民主""自由"等为标榜,打着"保护人权""打击恐怖活动""维护世界和平"等旗号,大肆干涉别国内政、侵犯他国主权,使原本比较稳定的国家陷于危难之中。1991年,美国以恢复科威特主权、独立与领土完整为名,无视许多国家和平解决海湾危机的建议与呼声,执意发动海湾战争;1993年,美国又以拯救人道主义灾难和重建国家为名,大肆进军索马里;1998年,美国以保护在伊美军和库尔德人为名,发动了伊拉克战争;1999年,美国以制止民族清洗运动和拯救人道主义为名,发动了科索沃战争。自21世纪以来,美国还以反对恐怖主义、维护世界和平为由先后发起或参与了阿富汗战争、伊拉克战争、利比亚战争、叙利亚战争等。然而实际上,在所谓"人道主义"的背后,其行动逻辑深刻彰显着资本主义利益趋向,由此不仅没有解决各国国内矛盾,反而制造了更为悲惨的人道主义灾难,使这些国家的平民伤亡惨重、老百姓流离失所,严重威胁了世界和平与稳定。

其次,破坏世界多极格局,抗拒其他国际力量。冷战结束后,美国的"新干涉主义"不仅侵犯他国主权、干涉别国内政,而且采取各种手段与方式破坏世界多极化进程,扼杀任何可能对美国霸权产生制约的力量,以维持自己的全球霸主地位。从当今世界格局来看,可能对美国霸权产生影响与制约的主要包括中国、俄罗斯、日本、欧盟等力量,对这些力量的发展,美国采取各种干涉手段与措施。其一,对于与美国有着共同价值观念与利益的欧盟、日本等力量,美国通过北约联盟、美日联盟等将其牢牢束缚,以达到既充分利用又处处限制的目的,使其成为美国霸权的附庸者;其二,对于与美国有着不同价值观念和利益的俄罗斯、中国,美国采取坚决压制、遏制等政治手段,不断挤压这两国在全球的战略生存空间,如通过北约东扩来压缩俄罗斯的战略发展空间,通过插手中国台湾问题、中国南沙与西沙群岛问题、中日钓鱼岛问题来干扰和牵制中国。在这些干涉手段与措施的施行下,世界多极化进程不可避免地受到一定程度的牵绊与破坏,世界和平与稳定遭遇严重威胁。

（三）恐怖主义下的全球乱局

恐怖主义是一定阶级、阶层或集团为了实现自身利益所采取的一种极端特别手段，往往表现为暴力、破坏、恐吓等形式，是自古至今人类社会稳定面临的巨大威胁之一。在资本主义现代性全球化的驱动下，恐怖主义的危害性越来越强，传统恐怖主义演变成现代恐怖主义，给国际政治社会增添了更多的不稳定因素。一方面，全球化造成了全球范围内财富与资本的进一步集中，扩大了不同国家、地区、群体之间的贫富差距，经济利益的严重失衡加剧了少数群体和个人的绝望与仇恨情绪，为恐怖主义滋生埋下了祸根；另一方面，资本主义现代性全球化加速了资本、科技、信息等的发展与全球流动，客观上为恐怖主义的滋生准备了物质与技术条件。在此背景下，恐怖主义不再限于少数国家和个别地区的安全威胁，而是在全球范围内扩散，成为世界乱局的重要影响因素之一。

1. 极端民族主义的恐怖活动

民族主义是伴随现代化进程而出现的主要社会思潮之一，从当今世界发展来看，民族主义在不同民族间有着不同甚至完全对立的发展态势：一是强调国家统一、反对分裂的民族主义，二是谋求民族独立、主张分离的民族主义。后者往往与恐怖主义相勾结，并逐步发展为激进的、极端的民族主义，继而引发恐怖主义活动，可以说"民族主义是恐怖主义的最持久的根源之一"[①]。据不完全统计，目前世界上的恐怖组织约有 1/3 是民族主义恐怖组织，其组织的恐怖主义活动在全球范围内呈蔓延与泛滥之势，对世界和平与稳定构成了严重威胁。

中东地区是极端民族主义发展最为严重的地区，也是世界恐怖主义活动的主要发生地。自 20 世纪 60 年代以来，巴勒斯坦民族与以色列开展了旷日持久的民族斗争，特别是 1967 年"六·五战争"以后，巴以之间的恐怖活动发展为世界民族主义恐怖活动的最典型案例。从以色列方面看，除了政府对巴勒斯坦的军事打击外，还组织了一系列针对巴勒斯坦人的暗杀活动；从巴勒斯坦方面看，除反抗以色列的军事斗争外，同样也采取了各种针对以色列人的恐怖活动，如暗杀、绑架、制造爆炸等，持续不断的恐怖主义活动给中东地区乃至全球政治安全带来了不稳定因素。自 20 世纪 90 年代以来，随着东欧剧变、苏联解体，苏联与东欧地区的民族主义恐怖活动也逐渐滋生、蔓延并泛滥。例如，在俄罗斯，一些车臣极端分子为了建立独立的车臣国，不断制造绑架人质、暗杀、爆炸等各种恐怖活动，不仅严重危及车臣地区

---

① 胡联合：《当代世界恐怖主义与对策》，东方出版社 2001 年版，第 29 页。

的安全与稳定,而且对车臣以外的俄罗斯其他地区与人民的生命安全造成了严重威胁,又如,在前南斯拉夫,科索沃民族分离主义极端分子为了脱离南斯拉夫联盟以建立独立民族国家,大肆制造各种恐怖活动,严重危害了南联盟的国家安全。此外,在欧洲、亚洲等地区,民族主义恐怖活动也经常发生,如英国的北爱尔兰地区、西班牙的巴斯克地区、斯里兰卡的泰米尔地区、土耳其的亚美尼亚地区、土耳其的库尔德斯坦地区等都频频发生民族主义激进分子为谋求民族独立、分裂国家而进行的各种恐怖主义活动。

2. 宗教极端主义的恐怖活动

宗教极端主义是一种打着宗教旗号出现的极端主义思潮,其目的是恢复神权统治,建立政教合一国家。自 20 世纪 80 年代后期开始,宗教恐怖主义逐渐成为世界恐怖主义活动的主流,在全球恐怖活动中所占的比重越来越大。据不完全统计,在全球活跃的国际恐怖组织中,至少有 1/4 是具有宗教狂热性质的,而由宗教极端分子发动的恐怖活动的比例甚至更高,这使其成为当今世界最为普遍也最为严重的恐怖活动之一。

在当今世界,伊斯兰宗教激进主义极端分子发动的恐怖主义活动是发生频率最高、危害最严重的恐怖主义活动之一,他们将伊斯兰教奉为圭臬却对世俗世界有着强烈不满情绪,竭力要建立“最纯洁”的伊斯兰政教合一的神权国家,为此他们不断发动各种恐怖主义活动以对抗现存政府,甚至不惜以身殉教施行自杀式爆炸恐怖活动,由此导致了中东地区的长期不稳定。从当前全球各国遭遇恐怖袭击的频次来看,伊拉克、阿富汗、巴基斯坦、叙利亚、土耳其、索马里等中东地区国家长期位居前位。在全球化的背景下,伊斯兰宗教激进主义极端分子的目标已从在中东地区建立极端组织“伊斯兰国”逐步转向在整个伊斯兰世界乃至全球范围内实现其野心,为此他们不断向外线转移兵力,在中东核心区以外主动开辟新战场,由此导致这一类型的恐怖主义活动不仅在中东地区频繁发生,而且在一些西方发达国家也时有发生,如 1998 年基地组织针对美国驻坦桑尼亚和肯尼亚大使馆发动的汽车炸弹袭击事件、2001 年爆发的规模空前的“9·11”事件、2016 年在费城爆发的枪击事件、2017 年在纽约发动恐怖袭击等。近年来,伊斯兰宗教激进主义极端分子又将活动领域向中西非、西欧、东南亚等地区拓展,如 2016 年在新加坡使用火箭弹开展恐怖袭击,2017 年极端组织甚至攻占了菲律宾南部城市马拉维。

## 二、金融风暴席卷与全球经济动荡

资本主义现代性全球化引发的矛盾危机突出表现为全球经济发展的动荡与滞缓。在资本主义现代性全球拓展过程中，各国经济联系交织错杂，金融资产的流动性加强，促使金融的国际性加强，金融的全球扩展促使世界经济融为一体。可金融危机的阴霾不散，带来的隐患也在不断加大，致使一个国家的经济甚至连带全球经济蒙受一定的损失，同时日渐损害实体经济，衍生威胁国家安全的状况。金融危机造成社会经济萧条的局面，毫无疑问加剧了社会各种矛盾的激化，由此甚至引起政治动荡，加剧国际关系恶化。就当前的全球经济发展而言，资本主义现代性全球化所导致的全球金融危机主要表现为货币危机、信用危机和银行危机等。

（一）买卖脱节与货币危机

商品流通过程中，货币作为流通手段、支付手段，成为买卖环节中的一个媒介。在人类日常经济活动中，既有生产也有消费，当生产大于消费时，就出现资本积累，慢慢产生了金融。以货币和资本为核心的金融活动主要围绕"生产"与"消费"展开。随着人类的进步、经济的发展，金融市场成形且不断完善，现今金融市场发展到比较发达阶段，日益成为经济活动的中心平台，而货币则是金融市场的重要因素之一。在货币产生前，人们通过物物交换方式完成商品交易，尽管生产与消费两环节直接循环承接，但是商品交换极其不便，交易效率极其低下。自物物交换的媒介——货币产生后，商品交换的效率得到大幅度的提升，但买与卖两个环节出现了脱节现象。因为在流通过程中，生产的商品在卖出后没有得到对应的有效消费，没有得到继续购买的承接，就会引起其他商品生产者生产的商品难以售出，也就是说，买与卖两个环节未得到快速的循环承接就会产生"空档期"，而这种买卖脱节累积到一定程度则会引发货币危机。近年来，货币危机频现，2018 年土耳其、阿根廷、南非均爆发了货币危机。[①] 2000—2018 年，全球 60 个主要经济体中有 51 个累计发生 167 次货币危机。[②] 资本主义现代性全球拓展过程中，货币危机呈现频发的特点与态势。而买卖脱节导致的货币危机一方面由于买卖媒介的壮大，表现为金融与

① 国家外汇管理局外汇研究中心课题组：《新世纪以来 60 个经济体货币危机研究》，《中国外汇》2020 年第 1 期。

② 国家外汇管理局外汇研究中心课题组：《新世纪以来 60 个经济体货币危机研究》，《中国外汇》2020 年第 1 期。

实体经济的脱离,相对实体经济的受轻视,虚拟经济的发展与壮大加深了买卖脱节的程度和效力;另一方面由于买卖环节的全球化分布,表现为发达国家与发展中国家经济发展不平衡,国际分工的大生产与世界市场的大运转放大了买卖脱节的影响与作用。

　　金融作为实体经济的一个衍生物,与实体经济有着密不可分的联系,金融业本质上可谓服务业,金融应始终为实体经济的发展服务,但当下存在大量的资金融通于虚拟经济领域的现象。习近平总书记指出,"经济是肌体,金融是血脉,两者共生共荣"①。当金融市场过于脱离实体经济时,金融市场存量增加,金融领域发生混乱,金融未能有效发挥满足经济社会发展和人民群众需要的作用,出现货币危机,进而衍生出金融危机。虚拟经济与实体经济可谓标与本的关系。在实体经济与虚拟经济共同发展的过程中,为追求货币资本收益,货币被视作目的本身。随着虚拟经济的迅速发展,货币资本被大量投入到钱生钱的虚拟经济活动中,与此同时,投入实体经济中的货币资本则相对减少。货币在其媒介环节中运转,流向商品生产与消费两个环节的流量减少、流速减缓,致使买卖脱节程度不断加深,货币的循环断裂,形成货币危机。另外,新兴网络技术的发展使网络媒体的感染效果被前所未有地放大。在此背景下,直播带货等方式直接展现了货币资本收益显著的特点,从而引发大量群体性的趋向——投身于虚拟经济活动而不愿从事实体经济劳动。蓬勃发展的虚拟经济越发脱离实体经济,社会就越缺少从事生产的劳动者,同时商品生产不平衡不充分、货币资本大量积累所引发的物价飞涨越发使群众的实际需求增大但有效需求不足、实际购买能力不足,从而导致生产过剩、货币贬值,进而引发通货膨胀。如此造成商品消费得不到充分满足,生产与消费之间的循环滞缓,从而引起货币危机高发。

　　资本主义现代性全球化下,经济活动的国际性特点日益凸显,经济收益提高的同时经济风险也相应攀升,在不公正不平衡的国际经济秩序与经济结构中,国际分工大生产与世界市场大运转促使货币危机的国际影响日渐加大。资本主义世界经济体系下各国经济发展不平衡,尤其表现为发达国家与发展中国家的不平衡。世界经济结构仍以少数发达资本主义国家为中心,广大发展中国家为外围。一旦一国发生货币危机、金融危机,特别是美国等主要发达国家发生金融危机,其冲击往

---

　　① 习近平:《深化金融供给侧结构性改革 增强金融服务实体经济能力》,http://www.xinhuanet.com/2019-02/23/c_1124153936.htm.

往会波及全球,进而形成全球经济的总体性衰退局面。2008 年金融危机将此表现得淋漓尽致。经济全球化过程中发达国家的工业生产普遍向经济落后的发展中国家转移,通过货币资本投入,对其进行金融渗透以控制其经济与金融。大量的金融投机活动给发达国家带来了显著的货币资本收益,可一旦贸易恶化,在货币危机前,资本主义逻辑内在矛盾显现的发达国家为化解国内危机,就会以国际经济秩序为代价转嫁危机,而处于不利的国际分工地位的发展中国家则往往因为经济落后需要引进外资而出卖廉价资源以推动本国经济发展。西方资本流入助推经济发展的同时也引入了导致生产与金融失控的可能,成为货币危机的隐患。基础物资生产倾向集中于落后发展中国家,发达国家和发展中国家同时存有其市场且其主要商品倾向于出口发达国家;同时发达国家掌握高新核心技术产品的生产,中国等发展中国家的市场又是其重要的出口市场,如此,连接不同商品的生产与消费具有国际性大幅度的跨越,买卖环节越发显示国际化分布状态。在此态势下,各国经济关系存在普遍联系,随着货币资本的不断积累,国际性的投机活动产生了,但在市场的无序竞争下,它无法及时实现商品与货币间的互相转化。当一国货币极不稳定时,为保护本国经济,通常会牺牲全球金融市场的稳定与经济的平稳运行,而货币危机又引起全球金融市场反复震荡,造成各国家间交叉感染。

（二）秩序模糊与信用危机

信用作为一种无形资产,是市场经济的基础,在市场经济领域中扮演着极其重要的角色,它可以不需要提供物资保证,可以不立即支付现金或进行转账,可以凭信任进行经济活动。这种商业价值使得经济交易活动更快捷高效,因而在金融领域被广泛应用,但同时经济主体所面临、所承载的风险也相应提高。良好稳定的信用可以促进经济社会正常有序运行,信用欠缺与透支、信用过度扩张则会造成信用崩溃进而导致社会经济的紊乱与衰退。随着市场经济进程的加快,信用问题变得越来越突出。因信用秩序模糊,部分利令智昏的企业在利益驱动下的不良经济行为严重扰乱了市场信用,个人往往以恶意逃债避债方式产生信用问题,企业往往因假冒伪劣产品而引起失信危机,银行往往因信用管理不善,无限制地扩大发行信用,致使信用过度扩张,从而引发信用风险陡升、资本链断裂、信用崩溃,进而导致信用危机。一方面,由于市场规则尚未完善,信用秩序尚待建立与定形,因此,秩序模糊导致的信用危机表现为在各种形式的交易活动中各种市场主体信用意识较薄弱,线上交易、国际交易的形式中信息不对称、信息流通不畅;另一方面,由于法律制度尚待健全,信用秩序难以规范与维持,因此,秩序模糊导致的信用危机表现为因信用立法体系不完善与失信惩戒机制执行不力而对市场主体行为缺乏强有力的约束,同时权威性信用监控及风险评估机构缺位导致无法全面评估信用风险而盲目跟从利益驱动。

尽管诚信是被推崇的优秀品质,但在现代性全球化过程中,经济领域不断显现出功利心超越道德心、诚信意识不足、主体间信任薄弱的现象。有关信用的市场规则不明确、未定形,信用秩序模糊的劣势在市场经济中凸显。在全球化发展态势下的市场经济中,社会竞争十分激烈,少数企业本身运行状态良好,自身实力雄厚,出于长远发展与追求长远利益,能恪守信用,于艰难过程中不断塑造企业信用;但有些企业因为本身诚信意识薄弱,为追求金钱收益或遇资金周转不灵、客观形势不利,为避免破产、被淘汰,在市场规则无效力、信用秩序缺位的情况下选择舍弃信用去追求短期利益,生产假冒伪劣产品,造成他者蒙受损失,最后也反噬自己的经济利益和阻碍企业自身的运行。更甚的是,有些企业为了增加净利润而逃税偷税,出现财务造假现象,此类信用问题直接影响国家税收。线上交易和跨境交易方式使用频繁,但信息的对称与流通并没有得到相应相配的发展。多数情况下,企业为了满足再生产,会借助赊账借贷购买生产资料。赊账借贷愈兴愈烈,织起了复杂的国内或者国际债务关系网,若网中某一主体无法完成支付,这一节点就会中断所处支线上其他环节的运行甚至破坏整个关系网的稳定,形成社会债务链,波及整个信用系统。在全球社会诚信观念淡薄的氛围下,陌生人间的交易过程中信息不对称、不流畅,相应经济往来中实际信用风险显著提高。经济活动中高风险交易、各种投机行为和对信用的滥用,易造成企业之间相互严重拖欠或者企业严重拖欠银行的情况,造成大量不良资产出现,引起信用膨胀,导致信用崩溃。

维持良好的秩序不仅需要人们约定俗成的力量,更需要法律与政府强有力的约束。信用秩序难以规范与维持在很大程度上是因为缺乏信用法律、政府规制和权威性信用监控与风险评估机构。尽管国内对于信用建设方面日趋重视,但目前我国还没有一部完整规范的针对信用的法律。国际上也没有相应公认的信用法律或者国际信用公约。出台信用法律,明晰信用秩序,既要包含守信规则方面,又要包含失信惩戒方面,可谓道阻且长。无明确法律或者公约可依,政府或者国际组织势必难以在此方面发挥完全作用,势必难以对企业信用、个人信用和银行信用发挥强有力的规范作用。针对当下市场环境,市场主体的信用状况参差不齐,商业银行对客户进行信用分析,对风险进行预估、防范和控制有其必要性。但是,由于信用记录信息不全面,且通常重视记录负面信息而轻视正面信息,因此信用评价不完整，且信用风险评估机构作用较弱，甚至权威性信用监控及评估机构缺位。国内虽存在"信用中国"网站，作为政府褒扬诚信、惩戒失信的窗口，但其作用主要侧重宣传方面，并且群众对它的熟知度不高。而国际上也缺乏全球性的信用监控及评估机构。在市场经济中，信用秩序模糊导致企业往往不够重视信用秩序而盲目跟从利益驱动，结果产生大量债务；投资者往往由于缺乏社会共享、全球共享的信用信息资源而无法全面评估信用风险，因此，其投资行为风险加大，易蒙受损失；银行往往由于不良资产增加或银行挤兑现象冲击，因此其运行困难甚至倒闭，商业信用关系遭到破坏，商业信用的需要减少，并引发市场信用混乱，金融的信用功能萎缩，引起信用危机。

（三）债务重负与银行危机

银行作为重要的金融机构，在金融业中有着举足轻重的作用，在一国社会经济生活中也具有非常重要的地位。银行的存在与运行不仅关乎国家与社会，更关系着广大的人民群众。一旦发生银行危机，其影响不限于银行破产倒闭、人民经济损失，还可能波及一国的经济、政治、社会等方方面面。保持银行的资产负债动态平衡可以促进其发展欣欣向荣，但当银行债务重负过度时，会出现资不抵债状况，引发银行挤兑现象，造成资产流动性缺乏，进而破产倒闭。从银行方面看，其主要业务可以分为资产业务、负债业务、中间业务和表外业务四大类。其中资产业务和负债业务两大类下的存款类业务、贷款类业务、投资类业务是银行最重要的三类业务。银行利用存款与贷款的利差来实现营利性目标，利用投资收益来增加利润，但当资产严重少于债务时，表现出的债务重负会严重损害银行的利益与信誉，群众对银行存款转换为货币能力失去信心，恐慌情绪蔓延，出现银行挤兑，直接拖垮银行。债务重负导致的银行危机，一方面由于贷款对象的过度借贷，表现为个人及家庭过度提前消费，无意在银行储蓄存款，或企业资金周转不灵，大量倒闭破产，私人与企业的借贷行为大量增加导致的坏账呆账提高了银行不良资产的比重；另一方面由于银行自身经营管理不善，表现为过度涉足高风险产业，高风险投资项目易失败，或银行内部人员盗款或骗贷直接损害银行的利益，冒险性行为大量增加与违法犯罪行为的出现导致的资产负债严重失衡提高了银行破产引发危机的风险。

资本主义现代性全球化过程中，理性与非理性趋向分离，表面的理性背后却是非现实性存在，私人债务累加在消费方面往往表现为冲动性消费、过度提前消费等，企业债务累加往往表现为盲目扩大规模，流动性资金不充足，以及借款后难以还款而发生债务违约。消费理念的转变促使个人及家庭乐于向银行贷款去购买商品房、汽车、高价数码产品等，部分群众对于未来预期收入呈过分乐观心态，表现在消费上即提前消费的频繁化、大众化，对于目前没有能力一次性付清的大金额商品常常使用借贷赊账形式提前享用。但同时现实社会物价上涨，消费水平提高，可工资收入并未见明显上涨，难以产生存款积蓄，使得还款十分艰难。若值经济滞缓期、下行期，银行存款利息率低，又受客观经济形势等影响，群众对银行储蓄存款意愿降低，提款兑现行动发生率提高，而银行存款准备金不足以支付，就可能陷入流动性危机。此外，在企业方面，由于国家大力支持等政策优势，市场准入门槛低，向银行借贷手续便利快捷，中小型企业纷纷冒芽。在复杂的市场经济下，企业尤其是中小型企业本身的市场淘汰率高，因其运营管理经验少，易盲目涉足新领域扩大新规模，在发展过程中易被经济风波冲击致害，一旦出现资金周转不灵的状况，便难以还款，债务违约的重负压迫下最终倒闭破产，被抵押给银行。有数据显示，近年来企业债务违约事件量大幅增加，2018 年上市公司银行欠款纠纷案件数量为 25起，约是 2016 年的 3.6 倍，仅 2019 年前 4 个月的银行债务违约纠纷案件数量就已达 13 起。① 私人债务与企业债务过度重负使银行的不良资产大幅增加，从而破坏银行的正常运营，以至于滋生银行危机。

　　资本主义现代性视域下，全球资金流动频繁，宏观经济形势和信用情况总是处在高度不确定和高风险中，在此环境中净值低的银行增加冒险性行为，会对其发展走向产生实质性影响。该类银行为了弥补经营损失和扭转呆账坏账的劣势，倾向于投资高风险产业项目以博取高收益，比如房地产项目、股票项目等。但房地产市场本身泡沫巨大，股票市场本身不稳定因素多，两者均是投资风险大于机遇，不确定性大于确定性，极易出现投资项目失败的结果。其投资失败又令银行雪上加霜，最终面临破产，诱发银行危机。此外，银行内部人员的管理也十分重要，出于某些原因急需大量资金或受金钱诱惑，银行内部人员利用职务之便以身试法，或盗款作案或骗贷舞弊，一旦涉及金额巨大，则不仅直接损害银行的短期利益，而且严重影响银行的信誉，从而引起群众在短时间内大量提款兑现，损害银行的长期利益。高风险项目投资失败或者少数银行内部人员盗款骗贷引发银行融资功能衰弱，导致资产负债失衡。债务重负使得银行运营呆滞，若运营系统崩溃，则不可避免地出现危机。而各银行间又存有复杂的债权债务往来联系，彼此间风险传播传染性强，局

---

① 程京京、李瑞晶、杨宜、李俊强：《银行干预与企业风险转移——来自创新活动的经验证据》，《金融论坛》2020 年第 10 期。

部的银行危机易演变成为信用危机、货币危机，或者伴随信用危机与货币危机联合发挥作用，强化银行危机的破坏力，进而引起全球性的金融动荡。

### 三、文化殖民主义与全球思想奴役

伴随着生产与交往活动的跨地域发展，资本主义现代性全球化的深入推进表明社会、文化和世界各国人民越来越多地相互渗透与相互依存，使得"远距离的社会事件和社会关系与地方性场景交织在一起"①成为可能。作为"现代性的根本性后果之一"，吉登斯指出全球化是包含在"全球民族-国家体系"中或"国际的劳动分工"中的真正世界性联系的发展过程，全球化的发展使得"文化相似的民族和国家走到一起，文化不同的民族和国家分道扬镳……文明的冲突正在成为全球政治冲突的中心"②。由上述内容可以看出，全球化既为文化的融合发展提供契机，也为一部分国家本土文化的传承带来挑战，为强势文化的输出与渗透创造条件。

尤其对于西方发达资本主义国家而言，它们在全球范围内进行资本扩张的同时，不遗余力地将其意识形态、政治制度以及价值观念等输出到发展中国家，企图凭借资本力量促成偶然社会关系向确定历史事实的转变并逐步把持世界文化交流体系。资本主义现代性全球化正以一种全新的方式将世界各国文化纳入资本力量统摄下的历史发展叙事中，全球生产链因此成为资本主义文化传播的节点，推动丰富多样的文明模式向全球资本主义文明加速转换。例如，在西方社会的理想情境中，西方国家将一些发展中国家视为可以随时"修剪羊毛"的地方，并且打着"人权""平等""自由"的幌子进行文化输出与殖民，大肆宣扬"世界体系论""西方中心论"，甚至在全球范围内推行"普世价值"，具有强烈的霸权性、攻击性和欺骗性，严重威胁着其他国家的文化发展和文化安全。

（一）全球信息流动不对称性与文化互动平等性的冲突

在当代全球化的背景下，资本的跨地域流动为推动文化的传播与发展提供重要的渠道、载体和工具。这一时期的文化逐渐超越社会交往的内涵与外延，呈现出包括政治、经济等多方诉求在内的融汇趋势，成为各种信息汇聚与力量博弈的舞

---

① ［英］安东尼·吉登斯：《现代性与自我认同——现代晚期的自我与社会》，赵旭东等译，生活·读书·新知三联书店 1998 年版，第 23 页。

② ［美］塞缪尔·亨廷顿：《文明的冲突与世界秩序的重建》，周琪等译，新华出版社 1999 年版，第 186 页。

台。正是由于各方力量控制下信息流动的不均衡发展趋势,文化在全球化的浪潮中不仅没有成为"一个文雅平静的领地",甚至"成为一个战场,各种力量在上面亮相,互相角逐"①,这在一定意义上为各民族之间的文化交往提供了契机,推动了不同文化之间的交流,与文化互动"走出去"的内在要求具有一致性。但就更深层次而言,信息传播方式与电子媒介的变革放大了文化背后的控制力量,因信息交流的不对等导致部分民族文学与区域文化之间的差异不断缩小甚至消失。西方发达资本主义国家不择手段地将经济领域的"剪刀差"演变为文化领域的"信息差",通过对信息、传媒、教育等的控制不断扩大资本的声音与力量,以实现其意识形态领域的统治,造成的后果则是各文化主体间本应平等开放的互动也不可避免地烙上了殖民的印迹。

就社会历史发展而言,文化并没有好坏之分与高下之见,作为一个国家综合国力的一部分,它记录着每个历史阶段人类生存与发展的状态。古印度、古埃及、古中国、古巴比伦文化都曾在历史上呈现耀眼的光芒,但不曾料到的是资本主义的萌芽与发展冲破了一切传统限制。随着资本扩张进程的深入,东方文化逐渐在西方文化的侵占与吞噬下被挤压、掩盖、遮蔽。而这一过程就是通过对文化传媒与信息流动手段的把控实现的。尤其是以美国为代表的西方资本主义国家,凭借资本力量支持下信息技术的优势占据信息传播的主导地位,利用包括新闻出版、电子产品、电影、广播、影视音像等大众传媒方式以及跨国公司、利益集团等经济手段,将文化以商品的形式输出并充斥于世界市场,比较典型的是将"好莱坞""迪士尼""肯德基""可口可乐"等大众文化传播到其他国家和地区,也夹带着其生活习惯、宗教信仰、价值取向等信息渗透到人们的日常生活中。对此,阿兰·伯努瓦曾指出:资本主义不仅出售货物、商品,而且销售图像、声音和标识,甚至倾销"社会联系"进而统治和占据着社会交往与交流空间。② 这种殖民文化作为衡量和评价其他一切文化的尺度,最终目的是消除各文化主体的文化自主性,借以同化其他民族国家的文化。值得注意的是,文化作为积淀在一个国家或民族最深处的文明成果,就像人类体内的基因传承一样,是区别于其他主体最显著的特征之一,这也是不同民族国家文化具有不可替代性的原因。文化的交流互动一方面要求传承与发扬好本民族文化,另一方面要求进行平等的交流互鉴,积极吸收其他民族优秀文化成果,抵制腐

① ［美］萨义德:《文化与帝国主义》,李琨译,生活·读书·新知三联书店 2003 年版,第 4 页。
② 参见王列、杨雪冬编译:《全球化与世界》,中央编译出版社 1998 年版,第 17 页。

朽落后文化，不断为文化注入生机与活力。但在资本主义现代性全球化的推动下，文化的互动暴露出信息交流不对等与发展平等性的冲突，循着"优胜劣汰"法则的文化互动必然导致全球范围内文化发展的不对称性、不对等性和非正义性。

(二)殖民文化特殊利益与世界文化普遍利益的矛盾

文化输出与殖民是西方资本主义国家实施新殖民主义的手段之一，不同于资本积累早期割据殖民地的军事占领、政治统治和经济依附，文化以其潜移默化的本质特征成为当代资本主义实现殖民霸权的重要途径。这些国家往往通过一定的"硬实力"威慑、统摄、控制目标国家或地区，将自己的文化看作"放之四海而皆准"的标准文化，忽略不同国家与地区文化的特殊性与差异性，以一种"优势文化"的态度对一切视为异端文化的非西方文化进行"救赎"，追求自身特殊文化的普遍化输出。而在这一过程中，一些实力弱小的国家被迫纳入资本主义发展体系，本民族文化则处于相对弱势的地位，形成西方文化的单向度传播。随着文化交流的深入，资本逻辑主导下的特殊文化在全球化时代的传播更多被赋予"普世价值"的意蕴，我们越发感受到西方发达资本主义文化模式在全世界的传播正在创造一个"普世文明"。例如，在殖民主义语境中，西方自我中心主义的全球拓展在本质上"超越了民族国家体系的西方政治经济制度和它的文化生活世界，将自己又一次并且在更大程度上'普遍化'"①。由于这里的"普遍化"只是资本主义文化特殊利益的空间延展，因此不能将其视为全人类共有精神产品，从这一本质来看，殖民文化特殊利益与全球化真正意义上的普遍利益存在矛盾。

但与此同时，这一矛盾的凸显同全球化形成过程中普遍化与特殊化的对峙一样，是不同利益主体之间对立统一的必然要求。任何文化都包含着普遍利益与特殊利益，如果说在全球化潮流兴起之前，它们之间保持着一种内在的平衡，那么西方现代性的全球化就是将这种平衡完全打破，驱使文化普遍利益与特殊利益之间的关系向着越发不平衡的方向发展。对此，我们应该明确地认识到资本力量的两面性，一方面不得不承认资本力量对打破文化交流传播封闭僵局的贡献，能够理解文化跨区域跨民族互动承载着人类文明走向融合发展新局面的使命，但也应该清楚资本将自己充满特殊性的殖民文化包装为普世文化是一个阴谋，与人类文化充分交流、和谐发展的目标背道而驰，表现为殖民文化特殊利益与世界文化普遍利益

---

① 张旭东：《全球化时代的文化认同——西方普遍主义话语的历史批判》，北京大学出版社 2006 年版，第 380 页。

的矛盾。用马克思的阶级思想来映射这一矛盾的产生过程,就是一个国家是如何通过文化斗争将其"特殊利益"合法化为"普遍利益"的过程。普遍与特殊本就是蕴含于文化中相互依存、平衡发展的两个方面,但在全球化的文化实践中,西方发达资本主义国家主导地位与其他国家参与地位的不平等造成文化普遍性与特殊性之间处于一种失衡状态,成为殖民文化特殊利益与世界文化普遍利益的矛盾根源。

(三)资本主义话语体系的全球蔓延与第三世界文化的消解

第二次世界大战后,资本主义国家大肆展开对"落后"国家与地区的文化输出与文化渗透,将侵略的手段从血腥专横的军事与政治领域转向文化领域。文化输出则成为其实施全球战略的主要方式及对外关系的显著特征。伴随着商品生产与流通时空限制的突破,资本在世界各地建立联系,其中不乏附着在商品经济与政治秩序中的价值和文化的扩散。带着"西方中心主义"的优越感与"先进文化"的盲目自信,资本主义国家的文化输出从一开始就带着殖民的色彩,从工业文明的拜金主义到超前支出的消费主义再到恶性循环的垄断资本主义,西方发达资本主义国家精确掌握着对第三世界国家和地区的文化殖民进程,一方面疯狂攫取第三世界国家的文化资源,并为之扣上资本主义的帽子;另一方面肆意践踏第三世界国家的本土文化并传播其所谓"优势文化"与"普世价值",打着支持第三世界国家民族独立的幌子,介入第三世界国家的政治、文化发展系统。而当第三世界国家开始接受这种"正义之举"的时候,就意味着它们已经陷入被剥削、被压迫和被支配的漩涡,逐渐丧失对本国文化的自主权,最终结果则可能是其本国传统文化完全被资本主义文化替代,表现为一个文化时代的结束与另一个文化时代的开启,例如西方文明对美洲文明与非洲文明的毁灭。"在现代社会中,如果在特定的文化领域中某种话语占据了决定性的地位,那么这种话语就成为普遍性的话语,它实际上约束、限制了文化创作及其传递。"①文化输出国通过雄厚的经济实力与带有霸权性质的政治手段,依托电子设备等文化传播媒介,构建出以自身为主导的话语体系,并凭借话语体系等"软实力",实现更好地服务于硬实力的目的,最终按照自己的模样创造出一个文化帝国。

在资本主义绝对的话语体系中,它们往往会将自己的文化视为最强势的一方,站在文化传播链的顶端俯视其他"低级文化",久而久之就形成一种固化的文化等级观念,并将此作为资本力量在第三世界国家战无不胜的隐形推手。第三世界国

① 金民卿:《西方文化渗透的程式与路径》,《马克思主义研究》2008年第8期。

家因长期受到强势文化的侵略和文化具有优劣之分这一环境的影响,不得不沦为西方资本主义国家的文化附庸,接受这一"现代性的诅咒"。这一结果对于世界文化的发展而言,影响显然是消极恶劣的,因为在文化互动过程中,一旦出现某种文化系统背后具有强势力量支撑的状况,这种文化就会被强行地确定为现代全球化运动的既定目标并加以强行推进。① 这种强势文化及其构建的霸权话语体系在本质上促成了文化帝国的形成。正如亨廷顿所说,"帝国主义是普世主义的必然逻辑结果"②,体现为文化帝国的话语体系虽然在表现形式上显得更加温和,但却以另一种形式加深了对第三世界国家的控制与统治,"使从前较为公开和明显的暴力转变为精巧微妙和形而上的复杂物"③。发展至今,资本主义话语体系更是加深了文化霸权程度,企图通过对东方文化的妖魔化为自己的殖民主义行径提供更加充分的论证,例如大肆宣扬"中国威胁论",将中国列为文化殖民的目标,意图使中国陷入与第三世界国家同样的文化困境。

(四)世界文化"同质化"趋势与民族文化"多元化"要求

从人类文明的演进过程来看,文化从一开始就具有鲜明的民族与地域特色,是沉淀在一个民族或国家中的最深厚的底蕴,文化的产生与发展总是最先与本地区经济、政治等条件相适应,进而伴随着社会交往的不断深入产生文化交流。从纵向来看,不同时期的文化共同构成人类文明,使文化发展呈现出丰富多样的特征;从横向来看,文化的传承与发展内在包含着多元化的诉求与趋势。近年来随着资本主义世界市场的开拓,全球各国各地区形成了一个普遍联系的整体,全球化的发展带来了文化的全球交往,不同文化之间的融合与碰撞成为文化发展过程中的常态,经济、科技等领域的飞速发展更是为文化的交流互动提供了便利条件,为世界文化发展的多元化诉求奠定了基础。但与此同时,西方资本主义发达国家也趁机向其他国家传播与扩张其意识形态、思维方式与行为准则,借以实现其文化殖民的目的,通过控制意识形态领域的同一化走向来巩固自身霸权地位。因此,全球化视域下文化发展"同质化"与"多元化"之间的矛盾逐渐显现。

就资本主义现代性全球化在推进文化输出与文化殖民过程中的要求与作用而

---

① 参见万俊人:《经济全球化与文化多元化》,《中国社会科学》2001年第2期。

② [美]塞缪尔·亨廷顿:《文明的冲突与世界秩序的重建》,周琪等译,新华出版社1999年版,第359页。

③ [美]弗雷德里克·詹姆逊:《马克思主义:后冷战时代的思索》,张京媛译,牛津大学出版社1994年版,第17页。

言,它承担着"破"与"立"的双重使命,一方面打破民族国家内部文化交流互动的壁垒,制造资本主义文化对其他民族文化的侵略与对立;另一方面促进不同文化在更大程度上的传播发展,为民族文化走向世界提供契机。但无论是何种使命,现代性在全球扩张已成为一个不争的事实。许多学者开始关注这一时代背景下世界文化的走向问题,一部分学者认为在当下不平衡的全球化进程中,资本主义极力推行"西方文化优越论",其文化殖民促使世界文化在同一标准之下朝着同质化、单一化的方向发展,同时又由于其霸权激起反抗与文化主体的自我确证,文化发展中也存在异质化的倾向。① 除此之外,在资本主义"普世价值"的背后还存在狭隘民族主义与全球主义的矛盾。另一部分学者则认为现代性全球化只是作为人类历史进程中的一个阶段,尽管人类文化交往的空间障碍正在消失,但以美国文化为"世界文化标准"的构想显得格外荒唐。全球化促进不同国家和地区间的文化交流空前增强,各民族在继承与发扬本民族文化的同时,积极借鉴并不断吸收其他民族优秀文化,在一定意义上推动了全球文化的相互融合与多元发展,但也要认识到"全球化所带来的生存时空上的不断压缩或延伸使文化主体之间的冲突正在呈日趋加剧状态,从而使民族国家的文化安全被推到突出的对立场中"②这一危机。事实上,抛开文化意识形态的职能,其在本质上属于全人类共有的精神寄托,这一内在属性决定文化全球化的过程既不会是单一与同质的深化,也不只是单纯的多元文化杂糅,而是在文化发展共同价值的基础上一元与多元的融合。

## 四、生态帝国主义与全球环境危机

19 世纪中后期,资本主义现代性全球化已经初具规模,然而,资本主义现代性全球化的过程也是资本主义基本矛盾不断积累和暴露的过程。当前,全球政治动荡、金融危机、文化输出与殖民等显性矛盾此起彼伏,影响着当今全球局势的稳定。生态问题作为隐性矛盾不仅威胁到资本主义国家的生存与发展,成为其自身内在解构的要素之一,而且随着资本主义现代性全球化的推进,生态资源问题逐步成为全球性问题,成为制约人类社会持续发展的桎梏。

(一)自然恢复速度的放缓与全球生态污染的加速

人对自然规律的认识是在改造自然的物质生产实践过程中产生的,由于实践

---

①　参见张静:《全球化过程中的文化同质化与异质化》,《教学与研究》2002 年第 5 期。

②　李金齐:《全球化时代文化安全研究》,中国社会科学出版社 2008 年版,第 3 页。

的社会历史性,这种认识也展现出一定的发展性,人们依托这种不断深化的自然认识,遵循自然规律并依照自然恢复速度来利用和改造自然,并将实践的物质成果服务于人类自身的生存和发展,进而在自然系统的补给和恢复与社会有序且持续发展之间形成良性的互动。从可持续发展的角度来看,无论社会发展处于哪个阶段,人们的实践活动都应该以自然向度规约人类行为,依照自然恢复速度来生产以满足人类自身的精神需求和物质需求。正如马克思所言:"我们统治自然界,绝不像征服者统治异族人那样,绝不是像站在自然界之外的人似的,——相反地,我们连同我们的肉、血和头脑都是属于自然界和存在于自然之中的;我们对自然界的全部统治力量,就在于我们比其他一切生物强,能够认识和正确运用自然规律。"①

　　然而,在资本主义现代性全球化的生产实践下,资本力量贯穿了整个社会再生产实践的生产、分配、交换、消费各个环节,资本主义社会的所有实践都以资本为中心,资本主义现代性工业生产作为一种全新的生产方式,不仅将原本"游离的人"拉入资本主义工业体系成为雇佣工人,而且将自然纳入其增殖的统治范畴,于是,资本主义现代化生产的不间断进行也就意味着自然参与的永不停歇。由此,资本主义现代性生产一方面为压榨出更多的剩余价值而不断缩短资本主义再生产周期,另一方面以资本增殖为目的的生产导致自然恢复速度的逐步放缓,自然的安全界限遭到资本扩张的无情侵蚀,生态也难逃资本剥削的魔爪。于是,工业的发展使得各主要资本主义国家不可避免地出现环境污染、生态破坏等问题,据世界银行(World Bank)的数据,加拿大的人均垃圾产量居世界第一,农业废物和工业废物分别达到1.81亿吨和11.2亿吨,废物的预计人均总量居世界首位。紧随其后的美国,由于工业、医疗、电子垃圾、危险废物和农业废物的特殊废物类别,美国每年产生约84亿吨废物,人均垃圾产量约26吨,是总量排名第二的国家。世界逐步淹没在生态污染之中,但各类生产垃圾、生活垃圾的产生率还会不断上升。由于现代性工业生产、人口持续增长、都市扩张,预计在2016—2050年,垃圾排放量会增加70%。与之相冲突的是,生活中常见的塑料袋的分解时间是10～10 000年,铝罐的分解时间是80～200年,电池的分解时间是100年,而有些类似于聚苯乙烯泡沫塑料这样的材质甚至不会生物分解,这就意味着当前的资本主义现代性发展模式使得环境的自我恢复力跟不上人类的破坏力,自然资源的再生周期跟不上人类的如无底洞般的消费周期,而这一切最终将导致原本良性循环的生态链条遭到无情

① 《马克思恩格斯选集》第4卷,人民出版社1995年版,第383—384页。

破坏。

但是,西方经典现代性理论偏重经济理性,追求实现经济上的现代化,主张走一条高投入、高能耗、高排放的工业化之路,现存的生态污染并未阻止其为寻求资本增殖而前进的全球扩张步伐。而在 20 世纪后半叶的"八大公害事件"之后,发达资本主义国家开始反思发展与生态之间的矛盾张力,制定严格的环保标准,并积极进行产业升级,主攻高精尖产品的技术研发,却将环境污染高、释放有害物质的企业转移到发展中国家,或者直接"出口"污染,从而把本国发展造成的生态污染的负面影响在空间上扩散至全球,加快了全球生态污染的速度。自 20 世纪 60 年代以来,日本将六成污染性强的企业转移到东南亚和拉美地区,美国将近四成高污染企业转移到海外。20 世纪 80 年代,美国联合碳化物公司设在印度的博柏尔农药厂发生严重毒气泄漏,致使 50 万人中毒,20 万人被认定严重伤害,逾 2 万人死亡,这是污染转移的典型案例。发展中国家为了获得资金和技术上的支持,促进本国产业进步,往往只有接受这些污染企业。生态马克思主义者认为这与早期的黑奴贸易以及战争时期的殖民主义无异,是新时期的"生态殖民主义"。诚如阿格尔所言:"发达资本主义国家不仅在过去的发展上欠下了生态巨债,而且今天仍以世界少数人口消耗着 75% 以上的商业能源和 80% 以上的原料,并在第三世界推行'生态殖民主义',通过转移污染严重的工业进行新的生态犯罪。"[①]

(二)自然资源的有限与对全球资源的无度掠夺

资本主义现代性全球化背景下,人类社会的整体生产力得到前所未有的提高,但是工业生产的效率提高意味着更多的自然资源需求。自然资源从性质上来说,有三大类:一是不可更新资源,如各种金属和非金属矿物、化石燃料等,需要经过漫长的地质年代才能形成;二是可更新资源,指生物、水、土地资源等,能在较短时间内再生产出来或循环再现;三是取之不尽的资源,如风力、太阳能等,被利用后不会导致贮存量减少。但是不论是可更新的还是可耗竭的自然资源,在一定时期和一定范围内都是有限的。即使是可更新资源,如果其利用速度超过其再生速度,仅依靠自然力的自我恢复更新,也无法满足经济持续发展的需要。可耗竭资源的储量是固定的,总量必然随开发利用而减少,人类必须在利用这类资源的同时,积极进行替代品的研发,以避免因资源耗竭而经济崩溃。

---

① Agger, Ben. Western Marxism—An Introduction, Santa Monica California: Goodyear Publishing company, Inc, 1979, pp. 499－509.

当前，国与国之间的经济发展状况参差不齐，国与国之间的界限由原来的自然地理划分衍生出社会经济划分，依照不同的经济发展等级可分为发达国家、发展中国家、欠发达国家。西方现代发达资本主义国家不仅在国内大规模开发利用本土自然生态资源，为其自身的资本主义工业生产寻求充裕的自然物质支撑，而且将其"魔爪"伸向世界领域。于是，在经济上处于优势的发达资本主义国家在生态领域往往占有更多的土地资源、更加充足的生产能源以及更加清洁的生活环境，而对于绝大部分的发展中国家来说，为了弥补自身的经济劣势只能被迫以牺牲生态资源来维持自身在资本主义包围中的生存。

发达国家对发展中国家的资源掠夺从殖民时代就已开始，早期以政治军事手段为主，随着资本主义全球经济权力的不断增强，20世纪以来这种资源掠夺以资本输出手段为主。以稀土资源为例，我国稀土资源约占世界总量的30%，自20世纪90年代开始，美国、日本、欧洲大量进口我国稀土资源，仅1996—2009年的14年间，我国稀土资源存量消耗37%，只剩2 700万吨。[①] 发达资本主义国家不顾人类社会发展的持续性，运用商品生产的"上游优势"大肆攫取发展中国家的各种能源、资源，在全球形成了以"资源掠夺→过度生产→异化消费→生态破坏"为循环链条的恶性发展模式。这样虽能暂时促进经济指标增长，但最终将激化自然资源有限性与资源使用及掠夺无限性之间的矛盾，成为资本主义国内国际矛盾爆发的导火索，同时也将人类的生存推向危险的边缘。当然，西方发达国家也从未放弃过军事战争这种简单粗暴的掠夺手段。如2003—2012年的伊拉克战争，使得美国扩大了在伊拉克的石油产量，强化了对世界石油资源的控制，而伊拉克在政治、经济、生态资源上都受到重创。美联储委员会前主席艾伦·格林斯潘在其回忆录中明确承认："伊拉克战争在很大程度上是为了石油。"无论是经济手段还是军事手段，其目的都指向资源掠夺，"西方资本主义国家逐渐地通过掠夺第三世界的财富来维持和'改善了'它自身并成为世界的羡慕目标"[②]。法国乔治·拉比卡愤慨地指出，不发达国家和地区生态环境恶化的根本原因在于发达国家对不发达国家的掠夺和剥削，生态殖民主义本质上是一种新欧洲中心论。

（三）生态治理实践的应然在场与现实责任空缺的窘境

以美国为首的西方发达资本主义国家是资本主义现代工业进步的受益者，但

---

① 贾根良、刘琳：《中国稀土问题的经济史透视与演化经济学分析》，《北京大学学报》（哲学社会科学版）2011年第4期。

② ［美］戴维·佩珀：《生态社会主义：从深生态学到社会正义》，刘颖译，山东大学出版社2012年版，第111页。

是工业生产却使得各主要资本主义国家不可避免地出现了环境污染、资源枯竭等生态问题,生态治理成为当今世界迫切需要面对的难题。为了维护本国生产力的快速发展、保存本国资源、维护本国环境、缓解相关矛盾,各资本主义国家在相应的生态责任和义务问题上一致采取回避态度,企图推卸掉自己本应该承担的生态责任与义务,并纷纷将生态问题推向全球尤其是第三世界国家,造成了全球生态治理责任空缺,而现有的生态问题非但未得到有效遏制,还愈演愈烈,且新的生态问题不断涌现,从而给全球经济社会的发展带来诸多负担。

美国对待全球气候问题的"帝国主义"立场和态度,便是发达资本主义国家全球生态责任缺位的真实写照与最好例证。20世纪90年代末,国际社会为了实现温室气体减排目标而推出《京都协议书》(1997年),却遭到了美国布什政府的百般阻挠。布什公开指责该协议书存在两个缺陷:(1)减少温室气体排放意味着关闭部分工厂,从而导致美国工人下岗、物价上涨,进而威胁美国经济。(2)该协议没有包括像中国和印度这样的发展中国家,而这两者也是导致全球变暖的主要责任者。于是,美国政府企图以此为由逃避该协议的签订。实际上,1997年美国政府虽在《京都议定书》上签字,但由于参议院不利的政治构成,克林顿并未将其交付参议院表决。2001年,小布什政府又以全球气候变化与温室气体排放的关系"还不清楚"和发展中国家未承担减排义务为由,直接退出《京都议定书》。2016年4月,各国领导人在联合国总部正式签署《巴黎协定》后,2017年6月,美国特朗普政府就宣布停止落实不具有约束力的《巴黎协定》,2019年11月其正式提出退出《巴黎协定》,其退约将于2026年1月27日生效。如此一来,美国既不承担减排义务,也不再向发展中国家提供气候资金,这使得本来就有所欠缺的全球减排目标雪上加霜,进一步扩大了全球气候治理的缺口。美国面对《京都议定书》和《巴黎协定》的表现,无疑显示出其赤裸裸的"帝国式"傲慢态度,这也是发达资本主义国家对待全球环境资源总体态度的折射,遵循的是"有利则来,无利则散"的思维原则。但是我们可以看到,美国目前年人均5.6吨矿物燃料二氧化碳排放量,德国的人均排放量是美国的一半,法国则为1.8吨。主要资本主义国家,即七国集团年人均二氧化碳排放量为3.8吨,与此形成鲜明对比的是,世界其他国家年人均二氧化碳排放量只有0.7吨。而全世界人均二氧化碳的排放量则是1吨。美国人均二氧化碳的排放量差不多是全世界人均二氧化碳的排放量的6倍,是发展中国家的人均二氧化碳的排放量的8倍。类似美国这样的发达国家是全球环境污染、气候问题以及资源短缺的主要制造者,却拒绝承担相应的生态责任和义务,将容易造成环境污染和生态破坏的相关低端产业转移给发展中国家，并运用商品生产的"上游优势"大肆攫取发展中国家的各种能源、资源，或者直接"出口"污染，从而把本国发展造成的生态成本转移给发展中国家，导致全球生态环境治理的责任空缺，给全球生态治理带来了全新的挑战。

总之，在资本主义现代性全球化的背景下，自然恢复速度的放缓与全球生态污染加速的矛盾、自然资源的有限与对全球资源无度掠夺的冲突、生态治理实践的应然在场与现实责任空缺的窘境等难题已经成为全球生态瓶颈。在人类命运休戚与共的今天，生态问题不是一个国家、一部分人群关注的问题，而是整个世界、整个人类社会都应该及时反思的问题。"人类命运共同体"最早作为外交理念提出，却包含了丰富的全球现代性发展思想，实质是全球治理的中国智慧与中国方案，它所蕴含的全球治理价值观正是对当今全球现代性发展的价值重塑，同时为全球发展空间格局和生态格局的重塑提供了重要引领。这就要求我们必须重视人类命运共同体的当代价值，溯源其背后深厚的理论基础，寻找对全球现代性现实重塑的实践路径，探寻解决全球现代性发展难题的新出路。

### 五、世界危机呼吁新的全球现代性发展形式

资本主义现代性全球化的矛盾困境，表明以资本增殖为核心目的的资本主义世界体系正成为异己力量统治着世界，它"就像古典古代的命运之神一样，遨游于寰球之上，用看不见的手把幸福和灾难分配给人们，把一些王国创造出来，又把它们毁掉，使一些民族产生，又使它们衰亡"[1]。在世界市场与资本主义世界体系建立之后，个人甚至民族国家都失去了自我性，越发成为一种附属的支配物，"受到日益扩大的、归根结底表现为世界市场的力量的支配，这种情况在迄今为止的历史中当然也是经验事实"[2]。所谓经验事实，便是资本主义现代性全球化的内在矛盾所造成的"全球分裂"与"全球混沌"。

全球现代化进程中，日益严重的全球性问题使得寻求更好的全球现代性方案成为我们时代的重要议题。在本书"导论"的理论背景中，我们提出过思想家们对这些问题的思索，即全球现代性的"自我修复论""外在断裂论"与"内在扬弃论"，这

---

① 《马克思恩格斯文集》第 1 卷，人民出版社 2009 年版，第 539 页。
② 《马克思恩格斯文集》第 1 卷，人民出版社 2009 年版，第 541 页。

一系列的思想方案在全球治理的制度安排与政策实践中,具体外化为依附论、世界体系论及马克思主义等政策理论。

依附论兴起于20世纪60年代的拉丁美洲,主要是发展中国家"通过对世界资本积累进程中依附性生产关系与交换关系的分析,来说明不发达的问题"①。依附论者发现,造成世界成为不平等的两极的重要原因在于资本积累的"中心-外围"机制,"外围"的剩余不断被剥夺而流向"中心","外围"永远是按照"中心"的需求而被整合进世界资本主义体系中。这种理论框架具有一定的解释力,但由于理论分析的简单化,其实践操作的两条策略——自主发展(进口替代工业化战略)与依附性发展(初级产品出口战略)并未取得成功。因此,依附论后来被"世界体系论"所代替。

"世界体系论"进一步将世界分为"中心-半边缘-边缘",它超越了依附论的"一国"分析,而从世界体系加以分析,认为自16世纪以来,每一个国家都已不可能成为一个自足的经济主体,而是世界体系中的一个有机组成部分,其发展受世界体系规律的制约。无论是西方国家的发达还是非西方国家的不发达,都是世界体系规律作用的结果。世界体系论确实有它的长处,但也未能在世界发展理论中确立起主导地位,原因一方面是其过于追求一种理论风格,缺少应用性和可操作性,另一方面是这一理论被认为有明显的"左翼"色彩。

不论是站在民族国家内部,还是立足于世界体系,依附论与世界体系论都没有很好地解决资本主义现代性所带来的"全球混沌"问题。值得注意的是,两者在各自的理论探索过程中,都不同程度地涉及马克思的相关理论,这就启示我们解决问题必然要回归马克思的观点。在现代思想史上,马克思较早地看到了资本主义现代性全球化造成的全球性问题,并指出其根源在于全球化进程中资本积累的不平衡:(1)积累中心之间的竞争性敌对关系;(2)积累中心与积累边缘之间的统治-依附关系。马克思指出要解决全球性问题,首先就要克服民族国家内部的阶级对立关系,只有这样才能超越民族国家间的对立关系:"人对人的剥削一消灭,民族对民族的剥削就会随之消灭。民族内部的阶级对立一消灭,民族之间的敌对关系就会随之消失。"②马克思提出以"自由人联合体"超越民族国家内部的阶级对立,并由此解决民族国家间的矛盾。不过,"自由人联合体"的实现需要很高的前提条件,如生

---

① ［德］弗兰克:《依附性积累与不发达》,高戈等译,译林出版社1999年版,"序言"第1页。
② 《马克思恩格斯文集》第2卷,人民出版社2009年版,第50页。

产力的高度发达、生产资料的共同占有等。然而，当前生产力发展尚不高度发达，贫富差距仍在不断拉大，分工与私有制仍然存在，故"自由人联合体"的建立尚不具备条件。那么，当今该如何解决资本主义全球化带来的全球困境，或者说"必然的现实世界"与"自由的未来世界"之间的通道何在？要阐释、回应这些问题，还必须先深入解读马克思关于全球现代性批判与重建的相关理论，而这将构成我们今天分析全球现代性问题的重要理论基础与思想依据。

第二章

# 马克思对全球现代性的理论分析：
# 人类命运共同体的思想基础

马克思生活的时代正是现代社会形成、资本主义制度确立并开始全球扩张的时代，他的全部思想正是对现代社会实际的反映，是对资本主义现代性的批判与重建。马克思对资本主义现代性的探究虽然是以英国为典例的，但其一直具有全球化的理论视野，这也是其对现代历史本质即历史转变为"世界历史"的深刻把握。故马克思对资本主义现代性的批判有一个重要的维度便是着眼于全球现代性，这一维度正是我们今天从现代性的角度思考人类命运共同体构建应把握的核心方面。马克思在历史唯物论与历史辩证法的高度上，阐明了资本逻辑对全球现代性开辟的历史作用及矛盾困境，指明了超越资本逻辑，构建新的全球现代性发展形式的原则方法，这些都为我们从现代性的角度思索人类命运共同体的构建提供了思想依据。

## 第一节　马克思对全球现代性分析的文本考察、
## 　　　　方法特征与阐释思路

在对马克思思想理论的探究中，"现代性""全球化""世界历史"这些主题词为我们在当代打开马克思的思想视域起到过非常关键的历史作用，马克思的思想理论必然要在当代不同的历史时期和实践环境中不断创新与发展。现代性是这个时代最为本质的特征,全球化(世界历史)是这个时代最为深刻的场域变革,我们若对两者加以研究,就可以把握时代特征与马克思思想的核心精髓,但目前将两者联系起来加以探究的却比较鲜见,也就是亟须加强关于马克思对全球现代性问题研究的相关理论分析。因为在我们这个时代现代性与全球化是密不可分的,"要讨论全球化,就不可避免地要讨论现代性的话语,哪怕是对那些竭力要躲避现代性的理论符咒的人来说,也在所难免"①。那么,马克思到底有没有探讨过全球现代性问题? 如果有,其对全球现代性的分析有何独特之处? 这些问题成为我们分析马克思全球现代性思想的理论前提,也就是首先要解答好马克思对全球现代性考察的文本依据、方法特征与阐释思路。

## 一、马克思对全球现代性分析的文本考察

实际上,无论是现代性、全球化抑或是全球现代性,这些概念马克思都没有直接提出过,也没有专门进行论述,但不等于马克思没有这一方面的思想。概括地说,马克思对全球现代性问题的分析是指他站在历史唯物论与历史辩证法的高度,以资本主义打造全球现代性的生成发展、矛盾困境的历史过程为依据,对资本逻辑构建的全球虚幻共同体进行反思、批判与重建而形成的思想理论。在马克思的相关文本中,我们能看出其对全球现代性问题的相关分析。下面我们将从马克思的相关文本出发,一方面为其全球现代性思想确立理论依据,另一方面对其全球现代性思想的形成过程进行脉络梳理。

(一)第一阶段:从启蒙现代性的视角思索全球现代性问题

这一阶段主要是在 1841 年之前,涵盖马克思中学和大学时期的相关思想,涉及马克思的主要文本包括《青年在选择职业时的考虑》《德谟克里特的自然哲学和伊壁鸠鲁的自然哲学的差别》等,此时马克思主要是从启蒙理性的视角思索全球现代性问题。

马克思在中学时期的世界观主要受到父辈老师们的影响,承袭康德-费希特开辟的理路,表现为对法德启蒙思想的追随。目前可考察的中学时期的三篇作文,尤其是在《青年在选择职业时的考虑》中我们能明显看到其思想中的全人类意识,思索的正是全球现代性的最终走向问题。在《青年在选择职业时的考虑》中,马克思

---

① [英]约翰·汤姆林森:《全球化与文化》,郭英剑译,南京大学出版社 2002 年版,第 46 页。

旗帜鲜明地宣扬了一种为全人类的福利而工作的高尚情怀。一方面，我们还不能将高尚情怀认定为共产主义的理论起源，因为青年马克思这番悲天悯人的情怀毕竟是站在理性主义道德神学的立场上抒发出来的，将之与共产主义混淆起来，势必滑入伦理共产主义的错误立场。但另一方面，我们也必须看到，在青年马克思此时的全人类意识中，已经具有一种民粹主义和浪漫主义的色彩，其字里行间饱含着对贫苦大众日益恶化的生活状况的深切同情和对资本主义丑恶现实自发的无情批判，马克思已然开始思索人类未来的问题。

在大学时期，马克思逐渐与理想主义世界观告别："帷幕降下来了，我最神圣的东西已经毁了！"[①]马克思由此开始转向黑格尔哲学，从理性主义的视角思考全球现代性问题的解决与人类的未来走向。黑格尔对全球现代性问题的分析主要集中在理性与自由的张力上，在他看来，全球现代性无论是起点还是目的都是为了实现自由，而自由的实现必须依靠理性。此时，马克思虽然已经看到德国现实社会存在的问题，但其主要承继黑格尔的思想，依据理性的进步意义来思考问题，以此批判德国封建专制的落后性，其思想特点仍然是弘扬理性、自由和批判封建专制。但马克思对德国现状的思考绝不局限于地域的民族性，而是以此来思考人类未来的问题。在马克思的著作中，其博士论文《德谟克里特的自然哲学与伊壁鸠鲁的自然哲学的差别》显然是直接受黑格尔哲学影响而写作的，其中他以观念形式表达了人类获取普遍自由的现代性思想，他对原子偏离的推崇体现了其摆脱束缚、实现解放的坚定信念。但这种从理性主义来思考与解决全球现代性问题的主张，在接触到社会现实后，立刻变为只是能够"震撼世界的词句"而对现实问题的解决却于事无补。要解决问题，就必须深入社会历史的现实，去找寻真正符合社会历史发展规律的方法论。

（二）第二阶段：以历史唯物主义为根本方法论思索全球现代性问题

这一阶段主要是在《资本论》问世前，在唯物史观探索与创建的过程中，马克思站在历史唯物论与历史辩证法的高度对全球现代性问题的审视，涉及的文本包括《评普鲁士最近的书报检查令》《克罗茨纳赫笔记》《德意志意识形态》《共产党宣言》等，此时他对全球现代性问题的分析已然走向科学，其思想体系基本形成。下面按照文本顺序对此阶段马克思关于全球现代性的分析做纵向梳理。

走出大学的马克思首先来到的是《莱茵报》编辑部工作，《莱茵报》时期是马克

---

① 《马克思恩格斯全集》第 40 卷，人民出版社 1982 年版，第 14 页。

思思想发展史上的重要阶段。列宁曾敏锐地指出,从《莱茵报》时期的文章可以看出,马克思已从唯心主义阵营转向唯物主义立场,从革命民主主义转向共产主义。在《莱茵报》时期,马克思遇到了针对物质利益发表意见的问题,这本是没有多大困难的事情却令马克思十分作难,因为马克思从黑格尔那里继承的理性主义无法回答这些现实难题。在马克思的理想中,现代国家彰显的应该是人民的理性,强调的应该是人类的自由,而现实中的书报检查令、林木盗窃法案都与之相悖,那么人类社会的未来到底在哪里? 由于《莱茵报》的查封,马克思前往克罗茨纳赫,又由社会重新转入书斋,从对欧洲社会历史的研究中反思理性主义世界观。可以说,《克罗茨纳赫笔记》与《巴黎笔记》开启了马克思从唯物史观出发理解全球现代性问题的萌芽。在《克罗茨纳赫笔记》与《巴黎笔记》中,马克思初步探索了全球现代性生成与发展的客观基础,以及无产阶级在全球现代性未来走向中的历史作用。马克思通过对不同国家历史的深入研究,发现在历史观上黑格尔将主语与宾语的位置颠倒了,从而将现实的历史过程神秘化,所以他要在现实的历史过程中直接去寻找问题的答案。通过对世界历史的梳理研究,马克思发现围绕财产的所有制才是社会历史发展的真正基础,而现代社会与全球化的开启都与资本主义历史时代的经济关系紧密相连。他指出:"工业的历史和工业的已经产生的对象性存在,是一本打开了的关于人的本质力量的书。"①这就指明了全球现代性与工业文明、资本主义经济之间的关系,开启了从社会存在维度思考全球现代性问题的先驱。在《巴黎笔记》中,马克思还初步探讨了无产阶级在全球现代性历史转向中的关键作用,他认为全球现代性的发展过程是从异化到异化扬弃的否定之否定过程,而在这一过程中无产阶级是引领其走向共产主义历史发展阶段的关键力量。

　　真正将对全球现代性的历史分析置于唯物史观的框架之中的,还是从《德意志意识形态》与《共产党宣言》开始的。《德意志意识形态》是马克思科学历史观的高度概括,其中马克思高度概括了资本主义现代性全球化的本质及其历史过程、发展趋势。马克思开始抛弃从精神维度思索社会历史发展的规律,从现实的经验层面,即物质劳动生产方式去思考现代社会的生成及人类社会走向世界历史的过程。在前资本主义社会,由于生产力的相对落后,人们间的交往尚未普遍,因此人们一直生活于传统社会之中。而资本主义生产关系的出现改变了这一切,科技的创新、资本的增殖欲望促进了生产力发展、世界市场形成,历史开始往现代历史、世界历史

---

　　① 《马克思恩格斯全集》第 42 卷,人民出版社 1979 年版,第 127 页。

转变,全球现代性开始生成与发展。在《共产党宣言》中,马克思也强调了资本主义、资产阶级对于全球现代性开辟的作用,"资产阶级……迫使一切民族……采用资产阶级的生产方式;它迫使它们在自己那里推行所谓的文明,即变成资产者。一句话,它按照自己的面貌为自己创造出一个世界"①。同样,马克思也指出了全球现代性的矛盾困境:"一切封建的、宗法的和田园诗般的关系都被破坏了""一切等级的和固定的东西都烟消云散了,一切神圣的东西都被亵渎了""发生一种在过去一切时代看来都好像是荒唐现象的社会瘟疫,即生产过剩的瘟疫"②等。在马克思看来,全球现代性的未来走向便是共产主义社会,而无产阶级的历史使命便是完成这一转变,最后人类社会进入一种全新的历史状态:"代替那存在着阶级和阶级对立的资产阶级旧社会的,将是这样一个联合体,在那里,每个人的自由发展是一切人的自由发展的条件。"③

(三)第三阶段:深入具体社会现实进一步分析全球现代性问题

这一阶段主要是以《资本论》的出版为标志,是马克思从资本主义的现实存在出发,探索资本主义制度与全球现代性之间的辩证张力,从而使全球现代性理论得以具体展开。

在《德意志意识形态》与《共产党宣言》中,马克思仍是从社会历史发展的一般层面揭示全球现代性的产生前提、发展过程、矛盾困境与趋势走向等问题;在《资本论》中,马克思从资本主义发展的本质规律出发,探寻其与全球现代性问题的本质关联。在《资本论》中,马克思揭示了全球现代性形成与发展的根本动力,即资本逻辑的作用。资本主义的生产方式推动了现代社会的产生,孕育出现代性的资本主义实现形式,即资本主义现代性。这种现代性的实现形式一经产生就注定不会局限于民族国家内部,因为资本主义生产受资本逻辑支配,它必然要求扫清一切资本增殖的限制,逾越民族国家的内部界限而扩展到全球范围。同时,由于资本逻辑的作用,全球现代性必然蕴含着危机。在《资本论》的前三卷,马克思谈到资本的逐利本性使得资本与劳动的矛盾愈发突出,集中表现为生产过剩与消费不足的经济危机,从而引发资本主义国家向海外进行商品输出与资本输出,并导致了"普遍的世界市场危机"("普遍危机")。至于全球现代性危机的克服,马克思认为与资本主义现代性的灭亡紧密关联,而资本主义现代性的灭亡则取决于社会生产力的发挥程

① 《马克思恩格斯文集》第 2 卷,人民出版社 2009 年版,第 35 页。
② 《马克思恩格斯文集》第 2 卷,人民出版社 2009 年版,第 37 页。
③ 《马克思恩格斯文集》第 10 卷,人民出版社 2009 年版,第 666 页。

度。当然,马克思在《资本论》中也预言,由资本主义推动的全球现代性必然被人类联合体所取代,世界性危机"越来越尖锐地发展起来,并且包含着这种关系的解体"①,随之"社会化的人,联合起来的生产者,将合理地调节他们和自然之间的物质变换,把它置于他们的共同控制之下,而不让它作为一种盲目的力量来统治自己;靠消耗最小的力量,在最无愧于和最适合他们人类本性的条件下来进行这种物质变换"②。

从上述内容我们可以看出,对于全球现代性或资本主义现代性的全球化问题,马克思虽无直接的概念表达,但有很深入的思想洞察。马克思对全球现代性的分析经历了世界观与方法论的转化,从开始的启蒙主义立场,站在理想主义的角度思索人类的幸福与自由,到后来寻求到科学的方法论,站在历史唯物论与历史辩证法的角度思索资本主义开辟的全球现代性的生成、发展、矛盾、超越的历史过程与规律,从而科学地揭示出全球现代性的未来走向。

## 二、马克思对全球现代性分析的方法特征

黑格尔曾言,方法并不是外在形式,而是内容的灵魂与概念。可见,方法之于思想理论具有极其重要的意义,而马克思关于全球现代性问题考察的独到与深刻之处首先便体现在方法论的变革上。从宏观的角度来看,西方流行的各种现代性话语,如德里达、德勒兹、施特劳斯等人对全球现代性问题的考察与探究大多停留在"观念论"的层面,停留在"社会意识"层面,而与之不同的是,马克思关于全球现代性问题的考察则完全建立在唯物史观的根基之上,立足"社会存在"的维度深刻揭示了全球现代性问题产生的存在论基础。换句话说,马克思是在社会实践与社会关系的视野中来定位和把握全球现代性问题的,将全球现代性问题与人的现实生存和发展状况紧密联系起来加以思考,这构成了马克思考察全球现代性问题的根本方法论特征。在这一根本方法论下,具体又包括了总体性思维方法、辩证性思维方法、历史性思维方法、全人类的视角等方法。正是这种方法上的独特性与创新性,使得马克思在对全球现代性问题的分析上全面超越了西方流行的各种现代性话语,并为全球现代性问题的解决提供了可行思路。

---

① 《马克思恩格斯文集》第 7 卷,人民出版社 2009 年版,第 294 页。
② 《马克思恩格斯文集》第 7 卷,人民出版社 2009 年版,第 928—929 页。

(一)以总体性思维方法分析全球现代性问题

现代性对人类社会的发展和世界文明的进步具有明显的两面性：一方面,由现代性所带来的观念与制度层面的进步使得人类社会得到前所未有的长足发展,但另一方面,社会的快速发展与剧烈变化也使全世界陷入一种严重的不稳定、不平衡甚至是撕裂的状态。面对这种情况,思想理论家从各自不同的出发点对现代性加以了分析和批判,以求进一步发挥其进步作用,同时规避其不利影响。但不得不说的是,在马克思之前,思想理论家们无论是对全球现代性问题的考量,还是对导致这些问题的现代性背景的考察,大多集中于价值诊断、文化诊断式的观念论领域。而马克思对全球现代性问题的思考采取的则是"制度诊断"的方法,这比从价值观念、精神气质、文化意识等方面来理解现代性中人的自由问题要深刻得多,因为上述所有都根植于社会制度的土壤。正是基于这一点,海德格尔说,马克思的理论真正"深入到历史的本质性的一度"中,而这是包括现象学、存在主义等其他理论所根本无法达到的。不仅如此,马克思的制度批判不单单是对某种特定规章制度(如经济制度、法律制度、教育制度等)的批判,它并不局限于某一特定的领域,而且是对"社会有机体"的总体性诊断。之所以这样,是因为在马克思看来,以资本主义为特征的全球现代性"是一个能够变化并且经常处于变化过程中的有机体"①,是一个统摄着政治、经济、文化等全部社会生活内容的总体性结构。在这一结构中,所有要素、内容之间绝不是处于一种离散的或机械堆积的状态,而是有机地统一在一起,有着极其丰富的内在联系和互相作用。

对于全球现代性的孕育和发展而言,经济要素作为物质生产方式的表达,它构成了其最本质的内容和最根本的动力。在马克思的理论视域中,资本主义推动全球现代性发展的内核是资本,一切都是围绕着资本运转并展开的,正是为了满足资本对廉价原材料、市场以及剩余价值的强烈渴望,资本主义要求不断突破民族国家的限制并走向全球性扩张,"开始卷入了一个长期大量投资于征服空间的难以置信的阶段"②,它要求全世界各国都必须按照它的生产方式和运行模式来塑造自身,根据它的要求和指派进行生产,从而成为资本主义全球生产体系的一部分,为它自己创造剩余价值。随着这一过程的持续展开,资本主义这一代表现代性的生产方式在全世界范围得到迅速扩展,它到处生根发芽、建立起联系,人类社会也加速从传

---

① 《马克思恩格斯文集》第5卷,人民出版社2009年版,第10页。
② [英]大卫·哈维:《后现代的状况》,阎嘉译,商务印书馆2003年版,第329页。

统走向现代。但需要说明的是，由于资本主义推动的全球现代性根本上是服务于资本的逐利需要的，因此自它来到世上的那天起，就呈现出一种严重的剥削与被剥削、从属与被从属、依附与被依附的不平等格局。在由资本主义全球化所塑造的现代性体系中，世界各国都受发达资本主义国家的指派而在全球分工中获得一定的经济角色，整个世界"表现为具有不同生产能力层次的一种等级结构"①。在发达国家和发展中国家之间形成了一种从资本输出、技术输出到商品输出再到原材料输出的不同分工等级，整个全球产业链被牢牢控制在发达资本主义国家手中，它们决定着生产什么、生产多少、价格多少，并拿走绝大部分的利润，获取超额剩余价值，这使得发达资本主义国家与发展中国家的差距越来越大，不平等的全球现代性格局日益加剧。

为了不断巩固和加强自身在全球现代性格局中的优势地位，资本主义国家还通过一系列的制度安排将这种不平等的世界秩序固定化，从而使全球现代性从经济领域拓展到政治领域，关于这一点，哈维就指出，"资本的无限积累进程需要政治结构拥有'权力的无限积累进程'"②。随着政治权力的不断介入和再生产出来，资本主义将自身所内含的剥削与被剥削关系复制拓展到全世界，构建起一套符合自身利益要求的政治霸权格局，并取得了对其他民族国家和世界秩序的支配权，从而通过政治权力上的持续增强来获得财富上的增长，在全世界范围构建起一种"你输我赢""赢者通吃"的霸权秩序，使广大发展中国家成为资本主义国家增进自身利益的"踏脚石"和"牺牲品"。正是基于这一点，我们说资本主义所塑造的全球现代性完全是服务于发达国家控制和剥削发展中国家的，在这一格局中，政治和资本交织并形成一种相互支撑、相互拱卫之势，一同为资本的全球扩张开辟道路。更进一步地，在政治和经济的这种联体运作的基础上，文化等因素也被卷入全球现代性的运行中，从而使现代性渗透到人们的社会生活领域，并借助人们的日常行为、价值取向和思想观念来加以表达和彰显。在资本主义全球化过程中，人逐渐从封建的、血缘的、礼法的关系中走了出来，原本存在于人和人之间的那种"含情脉脉"的温情变得不复存在，取而代之的则是理性的狡黠和互相的算计，正如马克思所指出的，一切都被浸泡在了利益的冰水之中，利益原则上升为全部社会生活的首要原则。至此，以资本主义为代表的现代制度开始成为人们生活的新的地平线和舞台，而现代

---

① ［美］爱德华·W.苏贾:《后现代地理学》，王文斌译，商务印书馆 2004 年版，第 142 页。
② ［英］大卫·哈维:《新帝国主义》，初立忠、沈晓雷译，社会科学文献出版社 2009 年版，第 29 页。

个人的思想和行为方式则集中贯彻着现代性的法则,这一方面把全世界前所未有地紧密整合在一起,另一方面却因为其强烈的等级化和排他性使得整个世界陷入严重的失衡和撕裂当中。

综上所述,在资本主义推动全球现代性孕育和发展的过程中,经济、政治、文化等要素相互交织在一起,并共同发挥作用,"一切关系在其中同时存在而又互相依存"①,从而共同塑造了当前全球现代性的总体性结构。所以,要想全面理解和剖析全球现代性,并解决其所造成的失衡和断裂问题,就必须采取总体性批判的方案,对整个资本主义"社会有机体"进行总体性诊断,并且对资本主义的经济基础和上层建筑进行总体性的改造——只有这样,才能克服全球现代性所带来的种种弊病,才能推动人类的现代性事业朝着健康可持续的方向发展。

(二)以辩证性思维方法审视全球现代性问题

马克思对全球现代性的分析,以及在探索如何突破既有的现代性形式以推动人类社会的长足发展的过程中,都具有明显的矛盾分析的辩证立场。马克思这种辩证态度的关键在于:他不是在一般抽象意义上谈论现代性中人类社会应当达到一种什么样的状态,而是进入具体的历史情境,深入全人类的社会实践与社会关系中去把握由资本主义推动的全球现代性所带来的文明与野蛮、进步与倒退、自由与奴役等矛盾关系,从而揭示出人类社会发展的辩证规律。也就是说,从现代性行进的内在矛盾探究全球现代性问题,因为"对于这个世俗基础本身应当在自身中、从它的矛盾中去理解"②,从中发现哪些因素是要保持与发扬的,哪些因素是对人的自由不利而亟须规避的。也正是这种矛盾分析的辩证立场,使得马克思提出了以"内在扬弃"的方法来对待全球现代性,为人类社会的发展和文明的进步提供更好的现代性实现形式。肖恩就指出:马克思的批判方法是"内在的、历史的,其理论前提是要在现存的社会条件本身中为其批判的观点寻找根据"③。马克思在这种"内在扬弃"方法的支撑下,遵循资本主义现代性的演化方向与客观趋势来批判资本主义对人的发展的不利因素,逐渐探寻出资本主义现代性全球化过程中暗藏的"解放潜能"。

伊格尔顿曾指出,面对资本主义现代性的全球拓展与矛盾丛生,"现代激进思想往往在整体上分为怀旧(倒退的)和技术(进步的)两种倾向",而"唯独马克思主

---

①　《马克思恩格斯文集》第1卷,人民出版社2009年版,第604页。
②　《马克思恩格斯文集》第1卷,人民出版社2009年版,第500页。
③　[英]肖恩·塞耶斯:《马克思主义与人性》,冯颜利译,东方出版社2008年版,第168页。

义鲜明地坚持了辩证法思想，就是说，现代历史是文明和野蛮不可分割的历史"①。这就意味着，在对待资本主义全球现代性的态度上，马克思既不同于各种反现代性思潮所持的"浪漫主义的怀旧立场"，也不像其他现代主义思潮那样迷失于现代性的自鸣得意之中，他采取的是一种基于矛盾分析的辩证的扬弃。一方面，对于资本主义全球现代性所带来的进步、文明、发展性的一面，马克思给予了积极的肯定，正如他在《共产党宣言》中所描述的那样："资产阶级在它不到一百年的阶级统治中所创造的生产力，比过去一切时代创造的全部生产力还要多，还要大。""自然力的征服，机器的采用，化学在工业和农业中的应用，轮船的行驶，铁路的通行，电报的使用，整个大陆的开垦，河川的通航，仿佛用法术从地下呼唤出来的大量人口——过去哪一个世纪能够料想到有这样的生产力潜伏在社会劳动里呢？"②从这里我们可以看出，由资本主义现代性所带来的科学的发展、技术的进步以及生产方式的变革在推动人类社会发展方面确实发挥了"伟大的文明作用"，它不仅使大量的社会财富涌现，更使世界范围内的各国关系得到强化，世界各国在经济、政治、文化等方面相互依赖、相互影响的关系不断被拓展和加深，从而推动人类社会进入一个全新发展阶段，在这一点上马克思是给予充分褒扬和赞美的。但是，这些巨大发展成就的取得绝不意味着资本主义推动的全球现代性就是无可挑剔、至善至美的，也不意味着它是人类现代性事业发展的唯一之选，更不意味着人类"历史的终结"。之所以这么说，是因为它同时也给人类社会带来了诸多弊病和困境。从美国次贷危机、希腊主权债务危机到欧债危机等，全球性经济危机频发；从基地组织、"伊斯兰国"到欧洲恐袭事件，国际恐怖主义、宗教极端主义在全球蔓延；全球气候变暖、生物多样性减少、能源危机发生，生态资源瓶颈日益凸显。不管是贫富分化还是难民危机，不管是地缘冲突还是生态恶化，这些都是资本主义全球现代性所造成的负面溢出效益，都直指资本主义现代性全球化造成的全球困境和混沌状况。正是基于这一点，我们说资本主义全球现代性包含着其难以克服的内在矛盾，有其对抗和分裂性的另一面，而马克思正是在全面剖析由资本主义全球现代性所带来的文明与野蛮、进步与倒退、理性与异化的矛盾局面的基础上来对其加以审视的，把它放在其"自身中，从它的矛盾中去理解"③的。

---

① [英]伊格尔顿：《历史中的政治、哲学、爱欲》，马海良译，中国社会科学出版社1999年版，第108页。
② 《马克思恩格斯文集》第2卷，人民出版社2009年版，第36页。
③ 《马克思恩格斯文集》第1卷，人民出版社2009年版，第500页。

　　马克思对全球现代性的辩证理解不仅仅表现在对它的两面性的把握上,而且体现在对它的超越和扬弃方式上。马克思批判全球现代性,力求克服其弊端和不足,以为人类现代性事业的发展找寻新的出路,但他并没有对资本主义推动的全球现代性加以全盘否定和完全拒绝,也没有预设一种外在的、先验的、带有浓厚浪漫主义色彩的理想标准。马克思扎根于全球现代性本身,从它的自我扬弃的趋势出发,从它所蕴含的异化形式和解放潜能出发,进而一方面继承和保留其所包含的进步因素,另一方面则对其不合理之处加以规制和舍弃。这样一来,马克思对全球现代性的扬弃和超越就走上了一条"内在超越"之路。换句话说,他不是以理论抽象的方式从社会历史外部来探索资本主义推动的全球现代性的超越之道,而是从其内部出发,寻找那已经潜藏着的、孕育着它自己的历史掘墓人的"潜能"因素,寻找"新现代性"的萌芽。马克思坚持的是"在批判旧世界中发现新世界",从而克服资本主义现代性的失衡、畸形和片面化特征,开创一种更加健康、完整、可持续的"新现代性",推动世界发展由"全球混沌"走向"全球共融"。正因为马克思是以一种辩证思维来审视全球现代性的,所以它才为"新现代性"的构建提供了坚实的基础,如果不对资本主义推动的全球现代性的解放潜能和不平衡特性加以区分,不加辨别地混为一谈,那么新现代性的构建就会变得无根无据,变成毫无可能性与现实性的乌托邦。

　　(三)以历史性思维方法分析全球现代性问题

　　除了总体性与辩证性思维方法以外,马克思对全球现代性的分析还具有一种历史性的视野。具体来说,当马克思对资本主义推动的全球现代性加以分析时,他并不是在某个特定时间点上兜圈子,而是在历史发展和不断演进的过程中不断深化认识的。从这个立场上来说,马克思与一切唯心主义和实证主义的历史观有着明显的区别。实证主义从客观经验出发来检视全球现代性问题,而唯心主义则从纯粹理性出发来审视全球现代性,两者看似对立,但实际上都具有排斥现实历史过程的缺陷。这样会导致对全球现代性问题的探究走向机械性与虚幻性,从而无法为问题的解决找到出路。在马克思看来,要克服实证主义和唯心主义的弊端,就必须将历史理解为"能动的生活过程"①。也就是说,对社会历史问题的分析既不能像经验论者那样从感性直观出发去把握僵死的"经验事实",也不能像唯理论者那样全凭思辨来获得"抽象范畴",而必须从人类现实的活动过程出发,以一种历史视野

---

① 《马克思恩格斯文集》第1卷,人民出版社2009年版,第525页。

的过程分析去解决问题。全球现代性问题正是如此,要从历史发展的脉络出发去理解它,这样才能看清其进步性的一面,同时认清它终将被取代的历史趋势,而不是抽象的谈论。

在马克思看来,全球现代性归根结底属于人类社会的发展问题,而由于人类社会本身是连续性和阶段性的统一,因而全球现代性也不是开天辟地以来就直接存在的,当然也不会是始终如一的东西,它从传统社会中脱胎而生,最终又必然随着人类历史的发展而跃上更高层次。因此,必须将全球现代性置于大历史视野中加以理解和把握,只有这样才能理解全球现代性的生成、矛盾和超越这些关系。在论及人类社会的发展规律时,马克思曾指出:"新的生产力和生产关系不是从无中发展起来的,也不是从空中,也不是从自己设定自己的那种观念的母胎中发展起来的,而是在现有的生产发展过程内部和流传下来的、传统的所有制关系内部,并且与它们相对立而发展起来的。"①资本主义现代性作为一种相对高级、成熟和复杂的人类文明实现形式,它同样是首先从传统社会中孕育和生长起来的,并日益跳出特定国家、特定地域和特定民族的限制并最终成为一个全球范围内的世界历史性存在,对内主宰整个社会,对外则主宰全世界。由此,就全球现代性的生成和确立而言,它与传统社会有着无法割断的继承和发展关系,它不是与传统社会的一刀两断,而是基于历史连续性的转化和进步。从人类历史的视野来看,马克思实现了对全球现代性的"建构主义"的理解,这与崇尚凝固不变的实证主义者和崇尚本质主义的唯心主义者是有着本质性的差别的。

从人类历史的视野来看,全球现代性既不是历来就有的,当然也不会永远地存续下去,因而那种将资本主义推动的全球现代性形式永恒化、自然化与绝对合理化的做法也是站不住脚的。正如马克思所言,既然"资产阶级前的阶段表现为仅仅是历史的,即已经被扬弃的前提,那么,现在的生产条件就表现为正在扬弃自身,从而正在为新社会制度创造历史前提的生产条件"②。在人类社会历史的发展过程中,始终贯穿着一种历史的辩证法,而这一核心便是人类社会历史发展所展现出的矛盾性本性,具体来说就是生产力与生产关系、经济基础与上层建筑的矛盾运动,它们不断展开并扩展,从而使人类社会历史表现为一个背靠过去、面向现在、走向未来的过程,过去、现在和未来在社会历史的视域中实现了统一。正是从这种宏观的

---

① 《马克思恩格斯全集》第 30 卷,人民出版社 1995 年版,第 236 页。
② 《马克思恩格斯文集》第 8 卷,人民出版社 2009 年版,第 110 页。

大历史视野来看,资本主义推动的全球现代性的发展和自我扬弃变得更易被理解,全球现代性的运动和发展趋势得以明晰,其弊端也得以被提出和解决,从而极大拓宽了马克思审视和批判全球现代性的思想空间,丰富了其诊断和治疗全球现代性的可能性。与此同时,它也使得共产主义这一新的现代性实现形式的到来变得具有无比的现实性,因为"共产主义——它的事业——只有作为'世界历史性的'存在才有可能实现"①。如果不站在历史性的维度上,共产主义的内涵和实质就是无法把握的,一旦脱离了由全球现代性所开创的生产和交往的普遍化趋势,共产主义所提倡的普遍利益、平衡发展就都会变成空洞的概念,因此共产主义这一新的现代性实现形式只有随着历史的不断发展和进步才能得到实现,只有在变革资本主义推动的全球现代性的实践中才能得到丰富和确立。

（四）以全人类的立场分析全球现代性问题

现代性作为在全世界范围内不断生成和展开的世界历史性存在,它绝不是局限在特定国家、特定区域、特定社会内部的区域性事件,而是直接关系着全人类的生存与发展。因此,对于现代性,不管是资本主义推动的全球现代性还是其他现代性的实现形式,我们都必须以一种超越民族国家的全球性目光和全人类视角来审视。就资本主义推动的全球现代性而言,它之所以表现出问题重重、矛盾丛生的发展态势,其中至关重要的一点就在于资本主义在发展理念上坚持的是以"物"为本,它所要实现的是少数发达资本主义国家或少数人的物质贪欲。在这种发展理念下,人只是创造价值的"活的工具",一切他者都只是资本主义控制和驱使的对象,而这恰恰构成资本主义全球化无序扩张的动力和不平衡发展的根源。诚然,物的丰裕是全球化的重要目标之一,但如果把它奉为至高无上的准则,那就只能说明人类的全球化事业尚处在一种追求"原始的丰富"的不成熟状态,处于"从狭隘的观点来看的满足"状态,最终只会在无休止的利益算计和倾轧中造成全球收入不平等、发展空间不平衡。正是基于这一点,马克思才尖锐地指出,资本主义推动的全球现代性只解放了生产力却并没有解放人,它所创造出来的一切财富和一切发展成就"本身是建立在贫困的基础上的"②。

针对资本主义制度造成的物对人的僭越,马克思强调,现代性发展的根本的目的绝不在于纯粹的物质累积,更不在于以一种挤压他人、剥削他人的方式来换取自

---

① 《马克思恩格斯文集》第 1 卷,人民出版社 2009 年版,第 539 页。

② 《马克思恩格斯文集》第 8 卷,人民出版社 2009 年版,第 200 页。

身的发展,如果这样的话,资本主义推动的全球现代性最终定将走向畸变,变成"单向度的全球化"和"排他主义的现代性"。恰恰相反,现代性作为全人类的事业,它的根本着眼点应该是实现全人类利益的普遍增进和共同发展,在于人类文明的长足进步,正因如此,所以必须实现现代性发展目的从物到人的根本性转换。马克思站在"全人类"的立场,指出要想超越资本主义推动的全球现代性,就必须重新树立"以人类为本"的价值原则,进而把整个人类作为全球现代性发展的根本目的和评价指标。一方面,全球现代性发展的目标是人,而不是资本或其他物,离开人的发展,现代性就会失去方向和意义;另一方面,全球现代性发展的目标指向的必须是整个人类而不是个别国家和地区的利益,以全局和长远眼光来实现全世界各国的互惠互利。只有这样,人类的全球化事业才不会变成个人和民族国家的"小我"个体价值无限扩张的场域,才能成为以"人的自由全面发展和人类解放"的"大我"人类价值为着眼点的伟大事业,才能最终使世界各国走向共同发展、共同受益。

### 三、马克思分析全球现代性的阐释思路

针对资本主义推动的全球现代性带来的"全球混沌"现象,思想家从不同的维度展开了理论思考,但马克思在历史唯物主义方法论基础上,运用总体性思维、辩证性思维、历史性思维与全人类意识,达到了对全球现代性问题解答的科学性与价值性统一的高度。在坚持科学方法论的基础上,马克思对全球现代性问题的分析遵循了在"批判旧世界中发现新世界"的阐释思路,也就是"批判"与"建构"相统一的阐释原则。

（一）批判由资本推动的全球现代性是"虚幻共同体"

马克思非常明确地宣称:"我们不想教条地预期未来,而只是想通过批判旧世界发现新世界。"[1]"批判旧世界"恰恰构成了"发现新世界"的根基。在对全球现代性问题的分析上,马克思将矛头对准了推动其产生与发展的资本主义制度,通过对资本主义现代性的深刻剖析、批判来指出其全球化所产生的问题的根源。马克思对资本主义现代性矛盾困境表征的揭示集中在对内和对外两个层面上。就对内关系而言,主要体现为人与自然、人与人关系的异化:一是对自然的掠夺性开发所产生的环境资源瓶颈,二是对人的奴役与控制所导致的物化与单向度等。就对外关

---

[1]　《马克思恩格斯文集》第10卷,人民出版社2009年版,第7页。

系而言,资本主义现代性在全球拓展的过程中,将人与自然、人与人的异化带到了世界范围,而且通过殖民主义、霸权主义等手段引发出国家与国家的矛盾。所以说,资本主义现代性在其全球化的过程中,不仅将资本主义内在矛盾复刻到世界范围,而且制造出新的矛盾,要分析全球现代性问题,必然要从对资本主义现代性的深刻剖析开始。

对资本主义现代性的批判,马克思最重要的超越之处就在于从社会存在的根本入手,揭示资本逻辑、资本主义制度的根本弊端。不同于其他思想家从价值判断、文化诊断等形式入手对现代性加以观念论批判,马克思是从社会存在的制度论维度入手来诊断现代性问题。针对资本主义的制度弊端,马克思以"资本逻辑"为抓手进行深刻的批判。从根本上说,资本逻辑决定着现代性的逻辑。现代社会就是"资本处于支配地位的社会形式""资本是资产阶级社会的支配一切的经济权力"[①]。马克思认为现代性逻辑主要是由资本逻辑决定的观点,并不排斥资本以外的政治、文化和社会因素的作用,但仅仅将它们理解为较为次要的因素。相较于主要从精神气质、思想观念和文化心理角度把握现代性逻辑的经典理性主义和非理性主义,马克思的资本逻辑观点更加关注生产方式、经济关系等社会存在层面的因素对于现代性的存在与运行的基础性作用,从而将对现代性的理解从传统思辨哲学拓展到了社会理论的深度。而相较于具有社会理论特征的批判理论、制度论和系统论,马克思的资本观点则更为集中:资本观点既能够包容上述观点对现代性的制度形式的解释,又能兼顾对其精神理念的解释,因而具有其他理论不可替代的独特优势。

另外,我们必须看到马克思对现代性矛盾的分析并不仅限于民族国家内部,而且包括资本主义现代性总体历史进程和全球性困境。马克思首先指出物质生产劳动在现代性社会中产生了异化,伴随着对资本主义社会关系的深入解剖,他直指整个资本主义的生产制度和全球化逻辑。在资本主义的现代性进程中,资本在追逐利益的过程中极力开拓世界市场,推动社会生产力的世界范围扩张,不断聚敛全球范围的有利资源,同时,资本逻辑同一的"全球化抽象"统治势必造成人们置身于"商品-货币-资本"的符号式现代性生活图景,使资本主义现代性的基本矛盾在全球范围内激化。

总之,资本的逐利本性使其走向普遍的社会联系并致力于全球普遍现代性的

---

① 《马克思恩格斯全集》,第 30 卷,人民出版社 1995 年版,第 49 页。

实现，但也造成现代化过程中全球范围内的问题和风险。全球现代性不再是"欧洲中心主义"时期的普遍的统一进程，而是一个蕴含着各种矛盾、张力和冲突的历史进程。随着世界历史和各国普遍交往的发展，全球化时代的民族国家将会越来越深地镶嵌到全球资本发展和市场活动的过程中，越来越受制于全球"资本-市场"关系的结构性矛盾。现代性的全球化也引发了一系列全球性问题，这些问题涉及全球经济、政治、文化和生态等各个领域，其主要表现为"单向度现代性的全球化扩张"所引发的社会形态变迁、文明冲突和结构失衡。传统现代性中的一致性和秩序已经让位于各种各样的混沌和无序，全球现代性的界限与缺陷已开始显现。发达资本主义国家在世界范围内争夺市场与原料产地，形成了以发达资本主义为中心区，对其他不发达国家和地区不平等的世界分工与剥削体系，建立了一套以强欺弱、推行霸权主义的国际政治秩序。其他民族国家的权力显著被弱化，单一民族国家的政府组织不但在日益频繁的国际政治活动面前显得束手无策，甚至对国际活动所引发的国内事务也日益丧失完全意义上的支配力。

发展问题关乎全球的生态平衡与人类的可持续发展。由于现代社会结构制度日趋技术理性、价值秩序日益功利化以及消费社会的生存状态被异化和物化，全球现代性的危机逐渐体现为对能源开采的无节制性与环境破坏的不可逆性之间的矛盾，以及科学技术发展的无边界性与伦理规范的无底线性之间的矛盾。在资本逻辑的作用下，现代性在全球化时代不但未能实现其启蒙理想，反而在日益分化与断裂的社会结构中禁锢了其解放潜能。现代性在全球化进程中的内在张力和冲突日益明显和激烈，加剧了人类社会的风险性和不确定性。

马克思从全球现代性问题中看到了资本自身限制生产力全面发展的狭隘性及其局限性，他指出："尽管按照资本的本性来说，它本身是狭隘的，但它力求全面地发展生产力……这种趋势是资本所具有的，但同时又是同资本这种狭隘的生产形式相矛盾的，因而把资本推向解体。"①资本的这种历史局限性、狭隘性集中表现为，资本推动的社会发展是在对抗分裂的社会形式中进行的："资本的限制就在于：这一切发展都是对立地进行的……但是这种对立的形式本身是暂时的，它产生出消灭它自身的现实条件。"②资本一方面具有追求社会全面发展的"积极本质"，另一方面也有造成社会发展残缺化的"消灭片面性"，这两个互相矛盾的方面注定了资本

①　《马克思恩格斯文集》第 8 卷，人民出版社 2009 年版，第 169－170 页。
②　《马克思恩格斯全集》第 46 卷(下)，人民出版社 1980 年版，第 36 页。

终究要被历史所扬弃的命运。

（二）建构真正共同体促进新全球现代性的良序发展

马克思意识到批判现代性和寻求其现实解决路径的重要性，他希望通过政治经济学来分析资本主义社会的深层问题，以揭示现代性的矛盾真相。马克思指出，在资本主义社会，人们"共同活动和共同享受"的载体并非在政治国家层面获得承认的共同体，而应当是受物质利益和生产劳动把持的市民生活共同体，是当下资本主义现代性阶段的生产条件。

马克思认为，资本的逐利本性使其走向普遍的社会联系并致力于全球普遍现代性的实现，人类社会从"区域性的互动"和"区域性共同体"发展成为"世界范围互动"和"世界共同体"，整个世界日益成为"一荣俱荣，一损俱损"的共同体，同时造成现代化进程中全球范围内的共同体迷失。资本主义社会中的"共同体"已经把人与人之间的血缘、道义等结成的社会关系变成赤裸裸的金钱关系，从以前的以血缘、地缘和身份等纽带联结的"自然共同体"和"等级共同体"中摆脱出来。但资本的本质规定就是以最小的投入谋取最大的盈利，这使得其逐利过程具有扩张性、竞争性和不道德性，并直接导致各种内在的结构性矛盾。各种社会矛盾随着资本的全球化扩张而熏染着全球现代化进程。现代性的全球化构造出整个人类的社会"共同体"，但这种共同体不是"真正的共同体"，而是马克思所说的"抽象的共同体"或"虚假的共同体"，这种"共同体"和"联合"本质上是为了寻求利益最大化，为其商品寻找销售市场，为资本寻找投资的对象。其结果往往是许多落后国家和民族在资本的高歌猛进中陷入更加沉重的经济危机、生态危机和单向度的人的危机。也就是说，资本逻辑所产生的生产关系及其社会关系具有对抗性的本性，不仅在国内导致激烈的阶级对立和冲突，而且将对抗性的社会关系、阶级冲突延伸到国际关系的生产体系，塑造全新的社会权力结构，诱发全球范围内不同阶级之间的反抗和对立。而且"虚幻共同体"使人受到阶级利益的约束与物的支配，从而成为"畸形"的人、片面的人，成为人发展的桎梏。"由于这种共同体是一个阶级反对另一个阶级的联合，因此对于被统治的阶级来说，它不仅是完全虚幻的共同体，而且是新的桎梏。"[①]所以，资本逻辑及其内在矛盾将会阻碍世界历史的开放与公平，并导致人随着其活动扩大为世界历史性的就越来越受异己力量的支配，而不可能走向"人类真正的联合和解放"。而国家间斗争和阶级内部斗争的交锋则推动"真正共同体"即"自由人

①　《马克思恩格斯文集》第 1 卷，人民出版社 2009 年版，第 571 页。

联合体"这一世界图景的来临。

基于资本主义社会及全球现代性"虚幻共同体"的非正义现象，马克思构想了"真正共同体"的理想状态，它的目标是消灭剥削压迫、实现人的自由全面发展和世界协调发展。马克思针对当时社会状况，揭示资本主义社会中的阶级和民族压迫，要从"虚幻共同体"发展出"真正的共同体"即"自由人联合体"。马克思认为，只有消灭私有制、消灭一切阶级、消除旧的分工和消灭异化，全体社会成员得到自由全面的发展时，才可褪去"共同体"虚假的外衣，才能构建这样一个联合体。它不仅能够满足全体成员共同发展的需求，而且能满足每个个体自由发展的需要，同时人们的普遍交往也更加平等、自由。个人特殊利益与社会共同利益本质上是和谐的、一致的，使整个人类社会的"普遍利益"得到实现。这种联合体是没有剥削、没有压迫的，消除了社会中的各种形式的冲突和对抗。人对人的剥削一消灭，民族对民族的剥削就会随之消灭。"民族内部的阶级对立一消失，民族之间的敌对关系就会随之消失。"①正如马克思所说："只有在共同体中，个人才能获得全面发展其才能的手段，也就是说，只有在共同体中才可能有个人自由。"②在真正的共同体中，每个人的自由发展是一切人的自由发展的条件。

马克思具体从经济基础、社会关系、价值取向等方面论述了"真正共同体"的实现路径。在经济方面，要实现生产力的高度发展。在马克思看来，"真正的共同体"是在资本主义社会创造的巨大生产力的基础上发展起来的，"因为如果没有这种发展，那就只会有贫穷、极端贫困的普遍化；而在极端贫困的情况下，必须重新开始争取必需品的斗争，全部陈腐污浊的东西又要死灰复燃"③。在社会关系方面，要实现个人与共同体间关系的总体变革。人们在生产中会结成一定的生产关系和社会关系，但在资本主义"虚幻共同体"中，这种关系是异化的、虚幻的。这种使人异化的"虚幻共同体"产生的根源是资本主义私有制，它因隶属于资产阶级所有制范围而无法实现"经济正义"，虽然资本主义为世界历史的最终形成提供了充足的物质资料，但当其内部矛盾达到无法调节的状态时，"当生产资料的集中和劳动的社会化达到了同它们的资本主义外壳不能相容的地步时，这个外壳就要炸毁了，资本主义私有制的丧钟就要响了，剥夺者就要被剥夺了"④。

---

① 《马克思恩格斯文集》第 2 卷，人民出版社 2009 年版，第 50 页。
② 《马克思恩格斯文集》第 1 卷，人民出版社 2009 年版，第 571 页。
③ 《马克思恩格斯文集》第 1 卷，人民出版社 2009 年版，第 538 页。
④ 《马克思恩格斯文集》第 5 卷，人民出版社 2009 年版，第 874 页。

　　总之,在马克思看来,资本发展和世界市场的形成和发展造就了虚幻的共同体,同时也造就了消灭这种虚幻共同体的物质力量。这种物质力量和革命的主体就是无产阶级。"资产阶级不仅锻造了置自身于死地的武器;它还产生了将要运用这种武器的人——现代的工人,即无产者。"①无产阶级是在资本主义社会中产生的,并且随着资本主义的发展而逐渐壮大,他们利用资产阶级所创造的物质基础来推翻其统治,最终彻底消除私有制、消灭资本主义,他们不仅扬弃了资本主义国家的"抽象和虚伪",而且实现了对人"异化状态"的扬弃,通过他们的现实的"革命化"运动来构建"真正共同体"。只有剥离世界市场中的资本力量,才能克服世界市场对生产力发展和人的自由个性发展的两重障碍;只有用伟大的革命支配市场,人才能实现自由而全面的发展并走向"真正共同体"。

　　马克思所讲的"真正的共同体"是协调个人之间及个人与共同体之间的关系,使其更有利于人的自由全面发展。人的自由全面发展离不开"真正共同体"的建构,"真正共同体"以人与人的普遍交往为基础,以个人利益与共同利益的统一为价值取向,为促进人自由全面发展提供根本保障,使"人以一种全面的方式,就是说,作为一个完整的人,占有自己的全面的本质"②。每个人的自由都是建立在他人自由的前提下的,所有人的共同利益至上是基本原则,这种共生的人类社会关系超越了民族、国家和意识形态的界限。马克思通过对资本逻辑运行境况的考察,强调人类要摆脱被奴役的命运,使任何阶级都摆脱被支配的状况,只有从作为"偶然的个人"转为"世界历史性的、经验上普遍的个人",然后成为"有个性的个人",并摆脱物资匮乏和交往异化,才能真正实现人的解放和自由全面发展。

## 第二节　"虚幻共同体"批判:马克思全球现代性<br>分析的否定之维

　　青年时代的马克思曾受黑格尔影响,站在青年黑格尔派的立场上思索现实问题,而当他接触到现实的物质利益问题时,他发现黑格尔的伦理实体国家观所宣称的国家是代表普遍利益的共同体彻底"破产"了,实质上资本主义国家代表的是特

---

① 《马克思恩格斯文集》第 2 卷,人民出版社 2009 年版,第 38 页。
② 《马克思恩格斯文集》第 1 卷,人民出版社 2009 年版,第 189 页。

殊者的特殊利益,是一个"虚幻共同体"。马克思深刻剖析了资本主义国家运行的内在机理,分析了作为其社会基础的市民社会和社会运行法则的资本逻辑在资本主义现代性运行中的根本作用,并以市民社会、资本逻辑为核心靶点批判了"虚幻共同体"。同样,在马克思看来,资本主义推动的全球现代性之所以会造成全球断裂失衡,就是因为它将市民社会原则与资本逻辑推向了全球,在文明同化的同时,市民社会的利己本性与资本的"消极片面性"使全球断裂失衡,人类命运走向分化。故要探究马克思对全球现代性的批判,就要紧紧抓住市民社会批判与资本逻辑批判这两个核心要素,唯有这样,才能感受到马克思对"虚幻共同体"批判的深刻性。

## 一、意识形态批判:剖析全球现代性话语的虚幻本质

资本主义推动的全球现代性,将一种所谓的现代"文明"话语传播到世界各地。现代"文明"概念源自近代欧洲,起初它是一个彰显资产阶级社会地位的"礼貌"和"礼仪"的概念,随着资本主义发展的需要,逐渐衍生出一种彰显资本主义制度优越性的"进步"和"开化"的意涵。当然,这与西方现代文明的历史贡献分不开,正如马克思所言:"它第一个证明了,人的活动能够取得什么样的成就。它创造了完全不同于埃及金字塔、罗马水道和哥特式教堂的奇迹;它完成了完全不同于民族大迁徙和十字军征讨的远征。"①但与客观成就相比,文明的"进步"与"开化"的意涵更多的是一种意识形态伪装,是服务于资本主义殖民扩张活动的话语陷阱。西方资本主义国家为了最大限度地获取剩余价值,推行帝国主义殖民扩张策略,在全球表现出强烈的掠夺性和扩张性,导致西方资本主义国家与其殖民地以及其他非西方国家的冲突日趋激烈。为了消解与其殖民地及其他非西方国家的矛盾并获取更大的利益,西方资本主义国家披上了传递"文明"的外衣来赋予其殖民活动合理性和合法性。由此,西方资本主义国家制造了"文明等级论""文明使命论""文明冲突论"等意识形态说辞,看似合理,实则反映了资本主义的殖民主义意识形态和资产阶级利益诉求,欲将殖民活动合理合法化,从而塑造由西方资本主义国家主导的国际秩序,进一步实现资产阶级自身的特殊利益。

西方资本主义国家以"文明等级论"的谬说建立了一套基于"文明的标准"的国际法,以强化其支配、统治他国的国际政治秩序。在"文明等级论"的话语表达中,

①　《马克思恩格斯文集》第2卷,人民出版社2009年版,第34页。

西方资本主义国家以资产阶级文明为标准来判定一个社会的文明程度,进而将人类社会分为"文明""野蛮""半文明"三个等级。西方资本主义国家赋予了自己"文明"的定性,认为自己处于"文明之梯"的顶端。与此相反,由于非西方国家尚未达到西方资本主义国家所预设的"文明标准",因此它们被定义为"野蛮"的或"半文明"的,被排斥在"文明梯队"之外。那么这套"文明标准"究竟是什么? 西方资本主义国家将其外化为"国际法",各国在国际社会中是否遵守"国际法",成为划分"文明国家"与"野蛮国家"的唯一标准。非西方国家若想被纳入文明社会成员的圈子,获得西方国家的"承认"及在国际社会中的权利,就必须接受"国际法"要求的行为规范。非西方国家如若通过接受和遵守"国际法"来获取西方资本主义国家的"认可",那便会陷入西方文明话语所设定的等级制陷阱,把自己置于西方"话语权力"的统治之下。正如马克思所指出的:"它使未开化和半开化的国家从属于文明的国家。"[1]这是因为西方资本主义国家掌握着"文明标准"的定义权和"国际法"的制定权,其打着"规则"的旗号,能够让自己永远处在国际政治权力的中心地带,而非西方国家则处于国际政治权力的边缘地带,长期遭受西方资本主义国家的殖民统治。可见,所谓依照"文明的标准"而制定的"国际法",虽然给非西方国家进入文明世界打开了通道,但却助长了国际社会的不平等,西方资本主义国家正是通过这种无形的方式统治着现代世界。这势必导致国家之间的矛盾越来越突出,并且陷入地缘政治冲突和世界性战争危机,严重威胁人类安全。

西方以"文明使命论"的名义赋予自己"教化""开化"的责任和义务,维护其剥削、掠夺他国的国际经济秩序。"文明使命论"将西方定位为"稳固的'文明'的提供者"与"向外界传递'文明'的旗手"。[2] 按照这一论调,为了"帮助"非西方国家脱离"野蛮"状态,西方资本主义国家不得不承担起"监护"和"开化"的责任与义务,引导非西方国家进入"文明化"进程。正如孔多塞指出的,那些缺乏文明因素的非西方地区,"仿佛就只是在期待着接受我们的办法来使自己文明化"[3],如果没有获得西方文明的"教化"和"开化",他们在不久的未来就会不知不觉地消亡。由此,西方资本主义国家打着传播现代文明的高尚旗帜,大力推广"新自由主义"和"华盛顿共

---

① 《马克思恩格斯文集》第 2 卷,人民出版社 2009 年版,第 36 页。
② ［德］诺贝特·埃利亚斯:《文明的进程:文明的社会起源和心理起源的研究》第 1 卷,王佩莉译,生活·读书·新知三联书店 1998 年版,第 116 页。
③ ［法］孔多塞:《人类精神进步史表纲要》,何兆武、何冰译,生活·读书·新知三联书店 1998 年版,第 180 页。

识”，要求非西方国家照搬它们的制度模式，实行私有化、自由化和市场化。这种做法看似在帮助非西方国家摆脱"野蛮"状态、建立"文明"秩序，实则发挥着美化西方殖民扩张活动的作用，以此达到合理侵占土地、掠夺资源和转移财富的殖民主义目的。时至今日，为西方殖民主义、霸权主义辩护的"文明使命论"仍以各种形式沉渣泛起，肆意侵夺发展中国家的利益。这正是由于西方资本主义国家率先实现了现代化，其掌握着全球生产和贸易平衡的主动权，于是非西方国家仅能成为西方资本主义国家的原料产地、商品市场和投资场所，致使国际经济秩序呈现出一种被剥削与剥削的依附式关系。不仅如此，西方资本主义国家还以"国际发展援助"的名义为非西方国家提供捐款、优惠借贷和借款等形式的国际援助。他们将此看作对非西方国家的一种恩赐，但事实上西方资本主义国家提出的"国际发展援助"往往是利己而非利他的，其通过"债务陷阱"实现对非西方国家的全面掌控和财富掠夺。可见，所谓"文明使命论"不过是西方资本主义国家对非西方国家殖民掠夺的意识形态说辞，最终只会造成全球的经济动荡，加剧世界两极分化的发展格局。

西方资本主义国家以"文明冲突论"的说辞夸大"文化差异"和"文明差异"的影响，维系其侵蚀、渗透他国的国际文化秩序。"文明冲突论"强调不同文明体之间的文化差异在不断扩大，未来人类社会文明间冲突的根本原因不再是国家利益的问题，而是由文明的内在属性——文化差异性决定的。西方资本主义国家以此认定，不同文明体内在的文化差异性是战争的根源，进而否定了文明的共存性及其意义，而这将导致价值观念和意识形态的冲突日益增多。在西方资本主义国家看来，其他文明只有接受西方的传统文化、价值观念与制度模式等文明因素，才能最大限度地降低冲突风险和规避战争危险，而那些不愿受西方传统文化、价值观念与制度模式"同化"的非西方国家则被其列入"异质文明"的行列，并打上"文明冲突"隐患的标签。我们不难发现，"文明冲突论"延续了零和博弈的冷战思维，并在一定程度上反映了西方资本主义国家在国际政治中的战略和政策需求。为应对新兴国家崛起带来的压力和文化多样化的浪潮，西方资本主义国家更注重以文化优势来巩固其在国际社会中的霸权地位，维持由其主导的国际格局和世界秩序，由此将"文明冲突论"奉为圭臬。西方资本主义国家通过对非西方国家进行全面的思想渗透，瓦解"他者"民族特性、异化"他者"政治思想以及同化"他者"意识形态，诱使非西方国家对西方文化形成依赖并逐渐认同其主导的世界秩序。在"文明冲突论"的掩饰下，西方资本主义国家便可以借助消除冲突隐患的幌子，光明正大地宣扬"普世价值"、策动"颜色革命"、推行"和平演变"，进而迫使非西方国家形成与西方文明特质相符的思维方式、意识形态、价值观念和宗教思想。由此可见，"文明冲突论"不仅是文化霸权主义，更是穿上"文明"外衣的文化殖民，它执意改造甚至取代其他文明，严重阻碍人类文明交往、威胁全球文化安全。

从以上论述可以看出，西方文明所制造出的"文明等级论""文明使命论""文明冲突论"等话语具有浓厚的意识形态色彩，且在话语伪装下全球发展格局被不断形塑。正如福柯所指出的，"话语即权力"，话语不仅是"辞达而已"——以"不同的方式解释世界"，而且具有构建社会现实的功能，可以通过特定的实践来"改变世界"①。西方给予文明话语意识形态伪装，其目的不只在于论证文明的优越性、殖民的合法性以及冲突的合理性，更重要的是塑造以西方为主导的殖民主义国际秩序，从而进一步实现资产阶级自身的特殊利益。在马克思看来，西方资本主义这种"文明的和精巧的剥削手段"②，"给卷入资本主义生产方式所统治的世界市场"的民族带来了极其严重的"文明暴行"③。对全球现代性的批判必须首要看到其文明的意识形态性，再深入内在的社会运行机理加以分析。

## 二、市民社会批判：剖析全球现代性生成的社会基础

在马克思看来，市民社会是现代社会生成与发展的社会基础："真正的市民社会只是随同资产阶级发展起来的；但是市民社会这个名称始终标志着直接从生产和交往中发展起来的社会组织，这种社会组织在一切时代都构成国家的基础以及任何其他观念的上层建筑的基础。"④可见，市民社会为资本主义现代性提供了生长发育的社会土壤。市民社会既然是资本主义现代性生成和发展的社会基础，资本主义现代性内涵的矛盾冲突就必然内在于其中，所以马克思认为要对资本主义现代性加以批判审视，就必然要针对市民社会的"原本"，而不应停留在哲学、宗教、国家这些"副本"上，要直指社会现实。

在西方思想史上，对市民社会的理解经历了一个历史过程：最初是以洛克为代表的政治思想家们从政治生活的角度理解市民社会，这是从古希腊城邦政治继承的相关思想传统，将市民社会与"自然状态"区别开来意味着一种政治社会或公民

---

① ［法］米歇尔·福柯：《知识考古学》，谢强、马月译，生活·读书·新知三联书店 1998 年版，第 136 页。
② 《马克思恩格斯文集》第 5 卷，人民出版社 2009 年版，第 422 页。
③ 《马克思恩格斯文集》第 5 卷，人民出版社 2009 年版，第 273 页。
④ 《马克思恩格斯选集》第 1 卷，人民出版社 1995 年版，第 130—131 页。

社会①,此时市民社会仍与政治国家难以分离;其次是以斯密为代表的古典经济学家开始从经济学的视域来观察社会,认为社会应是无须政治干预、通过市场自我调节的独立领域,由此将市民社会与政治国家作了初步分离,赋予了市民社会独立地位;最后对市民社会与政治国家作出严格区分,将市民社会定位于经济领域的是黑格尔,在其看来市民社会的准则是市场交换机制,是为特殊利益服务的,而政治国家则是以政治权力服务于普遍利益。从对市民社会的理解的发展过程来看,市民社会逐步与政治社会即国家分离开来,前者是整个社会系统的经济领域。与主流思想一致,马克思也是从经济角度来界定市民社会的:"市民社会包括各个人在生产力发展的一定阶段上的一切物质交往。它包括该阶段的整个商业生活和工业生活⋯⋯市民社会这一名称始终标志着直接从生产和交往中发展起来的社会组织。"②从这段话中我们可以看出,实际上在马克思看来市民社会指代的是"物质的生活关系的总和"③。因此,资本主义的经济活动、经济关系、经济组织等构成市民社会的基本内涵,而资本主导的市场机制构成市民社会的内核。这就决定了经济理性是市民社会生活的精神核心和运行原则,正如马克思所言:"实际需要、利己主义是市民社会的原则。"④

　　资本主义在推动全球现代性生成的历史过程中,也将市民社会的原则推向全球,全球现代性之所以具有整合与分裂世界的矛盾,正是因为市民社会的自我分裂。根据黑格尔所言,贯穿市民社会的是两个基本原则即"特殊性"与"普遍性"⑤,其内在矛盾也正源于这两个原则的分裂。从市民社会的内涵与内核来看,资本与市场不断推动与生成普遍的经济联系与市场关系,使得社会的基本结构、社会关系在不断地生产与再生产,而这一切都在对民族国家甚至全世界做普遍性的整合。但同时我们也意识到,市民社会不仅具有整合世界的能力,其内部也不断滋生出分裂世界的力量,使得普遍性与特殊性的缝隙越拉越大。问题的关键就在于,"资本-市场"机制所缔造的现代经济联系、利益依赖和社会聚合并不是积极意义上的"社会整合"或"社会团结",而是一种工具理性意义上的相互利用关系。"在市民社会中,每个人都以自身为目的,其他一切在他看来都是虚无。⋯⋯其他人便成为特殊

---

①　参见［英］洛克:《政府论》下篇,商务印书馆 1964 年版,第 48—58 页。

②　《马克思恩格斯选集》第 1 卷,人民出版社 1995 年版,第 130—131 页。

③　《马克思恩格斯全集》第 31 卷,人民出版社 1998 年版,第 412 页。

④　《马克思恩格斯全集》第 3 卷,人民出版社 2002 年版,第 194 页。

⑤　参见［德］黑格尔:《法哲学原理》,范扬、张企泰译,商务印书馆 1961 年版,第 197 页。

的人达到目的的手段。"①"资本-市场"机制在将个人组织到生产和消费体系中的同时,并没有创造出合理的、符合人性的社会关系;被经济活动强行捆绑在一起的恰恰是在私人利益上彼此分隔甚至相互冲突的"原子式的相互敌对的个人"②:"以交换价值和货币为中介的交换,诚然以生产者相互间的全面依赖为前提,但同时又以生产者的私人利益完全隔离和社会分工为前提,而这种社会分工的统一和互相补充,仿佛是一种自然关系,存在于个人之外并且不以个人为转移。普遍的需求和供给互相产生的压力,作为中介使漠不关心的人们发生联系。"③人类社会之所以分裂为"人对人是狼"的"战场",是因为个人之间的社会关系不是合理的、人性的关系,而是一种异己的、强制的关系。虽然分工协作机制在人与人之间形成了一种联系,但人与人之间是分裂的、对抗的,于是这种联系便不受其支配,反倒成为一种支配他们的异己联系。所以,市民社会的原则也在不断分裂着现代社会,产生社会的结构性断裂,这种原则在全球现代性发展中仍居基础性地位,这就决定了全球现代性的矛盾困境。而要进一步说明市民社会原则是如何制造全球现代性的矛盾分裂的,就必然要深入这一原则更为核心的内里,看看作为其内核的资本逻辑是如何运转的。

### 三、资本逻辑批判:剖析全球现代性矛盾的内在机制

资本构成市民社会的运行内核,市民社会的利己主义原则根植于资本逻辑,要理解市民社会原则带来的全球现代性分裂,必然要把握资本逻辑的"二重性"与全球发展的悖论。那么何谓资本逻辑?简言之,"资本作为占统治地位的现代生产关系,成为一种主体性的存在,其活动历程具有辩证性的内在联系、运动轨迹和发展规律,这便是资本逻辑"④。从这样一个定义中我们可以看出,资本发展为资本逻辑的关键在于资本变为一种主体性的存在,那么我们要掌握资本逻辑就必须了解资本如何变为一种主体性的存在或主体性的逻辑,也就是要明晰资本如何由"自行增殖的物"到"社会关系",最终发展为"主体"主宰全球。

---

① [德]黑格尔:《法哲学原理》,范扬、张企泰译,商务印书馆1961年版,第197页。
② 《马克思恩格斯全集》第3卷,人民出版社2002年版,第196页。
③ 《马克思恩格斯全集》第30卷,人民出版社1995年版,第108页。
④ 郗戈:《超越资本主义现代性——马克思现代性思想与当代社会发展》,中国人民大学出版社2014年版,第148页。

　　在中世纪的拉丁文本中，"资本"（capital）一词原指牛羊等家畜。众所周知，家畜一方面成本低廉、容易饲养，另一方面在饲养过程中其价值会不断上升。可以看出，"资本"这个词在原初意义上就具有两层含义：资产（家畜）的物质存在与创造剩余价值的能力。① 在马克思之前，对资本较为关注的主要是以亚当·斯密为代表的古典经济学家。斯密把资本看作为了继续生产而储备的物质财富，他将人的财富分为两个部分，并指出：一个人的"所有的资财，如足够维持他数月或数年的生活，他自然就希望这笔资财中有一大部分可以提供收入；他将仅保留一适当部分，作为未曾取得收入以前的消费，以维持他的生活。他的全部资财于是被分为两部分。他希望从中取得收入的部分，称为资本。另一部分，则供目前消费"②。可见，在古典经济学家的视野中，资本只是作为一种"生产资料"而存在，是一种"自行增殖的物"。马克思对古典经济学家们对资本的指认提出了批判，他指出如果仅仅将资本的本质规定为一种"物"，那么资本就变得与劳动无关了，这显然缺乏了资本应有的"社会关系"维度。马克思指出："现在物中的一定的社会生产关系当作这些物本身的物质自然属性，这是我们在打开随便一本优秀的经济学手册时一眼就可以看到的一种颠倒。"③但古典经济学家们却对其忽略，是因为他们想把资本变为一种通用于一切社会形式的物，这样"资产阶级关系就被乘机当作社会一般的颠扑不破的自然规律偷偷地塞了进来"④。

　　马克思在对古典经济学家将资本"物质化"的批判的基础上，提出了资本主义社会中资本的真正本质，即"资本不是一种物，而是一种以物为中介的人和人之间的社会关系"⑤。这为我们理解资本何以能掌控现代社会乃至全球发展打开了正确的理论视野。马克思通过一系列形象的比喻来说明资本在本质上体现的是社会关系，他指出："黑人就是黑人。只有在一定的关系下，他才成为奴隶。纺纱机是纺棉花的机器。只有在一定的关系下，它才成为资本。脱离了这种关系，它也就不是资本了，就像黄金本身并不是货币，砂糖并不是砂糖的价格一样。"⑥也就是说，只有在一定的社会关系中这种物才成为资本，否则它仍是一种存在物。在《1857—1858 年

　　① ［秘鲁］赫尔南多·德·索托：《资本的秘密》，王晓冬译，江苏人民出版社 2005 年版，第 28—29 页。
　　② ［英］亚当·斯密：《国民财富的性质和原因的研究》（上卷），郭大力、王亚南译，商务印书馆 2008 年版，第 254 页。
　　③ 《马克思恩格斯文集》第 8 卷，人民出版社 2009 年版，第 476 页。
　　④ 《马克思恩格斯文集》第 8 卷，人民出版社 2009 年版，第 11 页。
　　⑤ 《马克思恩格斯文集》第 5 卷，人民出版社 2009 年版，第 877 页。
　　⑥ 《马克思恩格斯文集》第 1 卷，人民出版社 2009 年版，第 723 页。

经济学手稿》中，马克思进一步将资本明确为生产关系，他强调："资本显然是关系，而且只能是生产关系。"①更为重要的是，这种生产关系只能是资本主义的生产关系，因为只有在资本主义社会的生产关系中，过去的、积累起来的、物化的劳动才能支配活的、直接的劳动，这时积累起来的劳动才能成为资本。也就是说，只有在作为死劳动的物支配活劳动的人的资本主义社会关系中，资本才能真正存在。可见，从某种意义上说，资本就是一种"颠倒"的社会关系。也正是在这种"颠倒"中，资本实现了人格化，成为一种"主体性"的存在。在资本主义社会的颠倒的社会关系中，资本变为一种"普照的光"与"特殊的以太"，它既是事物存在的尺度，也是事物不存在的尺度。这样一来，资本变为现代社会中的强大权力，起着"抽象成为统治"的作用，这一作用一直伴随着资本主义现代性全球化在全球扩张开来。

资本由"自行增殖的物"发展为一种"颠倒"的社会关系，最终成为资本主义社会和全球发展中凌驾于国家与社会之上的"主体性"存在，这一过程显示出资本成为一种具有支配作用的、拥有强大"同一性"的力量——资本逻辑。在马克思看来，资本逻辑实质是一种主体性的辩证逻辑：资本既是矛盾运动的主体，又是这种矛盾运动过程本身。在《资本论》的写作过程中，马克思受到了黑格尔《逻辑学》体系的影响。这不仅体现在逻辑体系的构建等外在形式上，更表现为思维方式等内在实质层面。马克思的"资本"概念与黑格尔的"绝对精神"概念在建构原则上显示出某种一致性，同样表现为一种绝对化的"主体"的自我生成、演化和实现的过程。马克思对资本成为一种主体作了多种表述，如资本是"能动的主体""过程的主体"②。他的用意在于指出整个现代社会生产的运动主体便是作为生产关系的资本。资本逻辑从其最普遍的形式上看，首先就是这样一种主体性的逻辑。这种主体性的逻辑主要表现在资本的绝对性与同一性上，通过这两点资本实现了在以资本主义为代表的现代社会中的统治地位，也使得资本逻辑成为现代性的主导性逻辑。

资本逻辑体现在资本成为资本主义推动的全球现代性的"普照的光"与"特殊的以太"，是现代社会中的最高标准与价值。资本构成了现代世界得以存在的重要支柱，现代世界"初始地说来并且本质上重要地说来，是由资本为其奠定基础并制定方向的"③。资本在资产阶级社会中真正做到了"至大无外"与"至小无内"，没有任何事物能够摆脱资本的力量实现自存，也没有任何事物能够幸免于资本的侵蚀

---

①　《马克思恩格斯文集》第 8 卷，人民出版社 2009 年版，第 168 页。

②　《马克思恩格斯全集》第 31 卷，人民出版社 1998 年版，第 145 页。

③　吴晓明：《论马克思对现代性的双重批判》，《学术月刊》2006 年第 2 期。

而表现出自为的合理性。① 从这个意义上说，资本成为终极的"绝对存在"：它是万物存在的尺度，也是万物不存在的尺度。马克思和恩格斯曾在《共产党宣言》中明确指出了资本逻辑控制一切的手段：资本逻辑"迫使一切民族——如果他们不想灭亡的话——采用资产阶级的生产方式；它迫使它们在自己那里推行所谓的文明，即变成资产者。一句话，它按照自己的面貌为自己创造出一个世界"②。可见，资本构成了资本主义推动的全球现代性的终极的"绝对存在"和"绝对价值"，一切存在都必须服从于资本增殖的原则和目的。

资本逻辑体现在它具有"总体化"的控制力量和吞噬一切的"同一性"，是全球现代性的主导性逻辑。资本成为资本主义推动的全球现代性的"普照的光"与"特殊的以太"，使得资本成为一切存在的立法者与评判者。在此基础上，资本拥有了控制社会上一切的"总体化"与"同一性"力量。一方面，它将社会生活中的一切丰富内容与现实关系都还原和等同于"交换价值"。在资本占据统治地位的条件下，人的生命的一切丰富因素、社会生活中的一切内容，其存在"价值"的唯一衡量标准就是它们的"交换价值"，它们必须到市场中，被贴上价格标签。这就说明按照资本逻辑，只要是可以"买来"的，就是有"价值"的；只要支付货币，一切便都是可能的，"它把人的尊严变成了交换价值，用一种没有良心的贸易自由代替了无数特许的和自力挣得的自由"③。这样，衡量一切的标准就变为"交换价值"，正如赫勒所指，资本逻辑在全世界扩张——它吞噬世界，使世界同质化。④ 另一方面，资本逻辑的"同一性"与"总体化"力量还表现在它能够使一切发生混淆与颠倒。"它把坚贞变成背叛，把爱变成恨，把德行变成恶行，把恶行变成德行，把奴隶变成主人，把主人变成奴隶，把愚蠢变成明智，把明智变成愚蠢"，它把一切事物都混淆和颠倒了，"它是一切事物的普遍的混淆和替换，从而是颠倒的世界，是一切自然的品质和人的品质的混淆和替换"⑤。这样一来，社会中的一切存在都要服从于资本，资本逻辑成为一种"同一性"的、"总体化"的社会控制力量，变为全球现代性的主导性逻辑。

资本逻辑作为现代社会的终极存在，是现代性的主导性逻辑，由此我们显然可以看出资本逻辑体现的是一种主体性的逻辑。但这种主体性的逻辑从根本上说是

---

① 参见贺来：《"后形而上学"视域与辩证法的批判本性》，《吉林大学社会科学学报》2007 年第 2 期。
② 《马克思恩格斯文集》第 2 卷，人民出版社 2009 年版，第 35 页。
③ 《马克思恩格斯文集》第 2 卷，人民出版社 2009 年版，第 34 页。
④ 参见［匈］阿格尼丝·赫勒：《现代性理论》，李瑞华译，商务印书馆 2005 年版，第 52 页。
⑤ 《马克思恩格斯文集》第 1 卷，人民出版社 2009 年版，第 249 页。

一种"颠倒的"主体性逻辑。首先,个人与资本的关系中发生了"物的人格化和人格的物化"①。在活劳动与资本的关系中,"主客体是颠倒过来的"②,"有些人证明说,归于资本的一切生产力是劳动生产力的倒置、换位,这些人恰恰忘记了,资本本身在本质上就是这种倒置、这种换位"③。也就是说,资本挪用、盗取了现实个人的主体性,僭越于个人生存之上,而个人的主体性仅仅表现为资本增殖的作用性。更进一步而言,由个人及其社会关系联结而成的社会也仅仅表现为资本增殖的手段和工具:"生产力和社会关系——这二者是社会个人的发展的不同方面——对于资本来说仅仅表现为手段,仅仅是资本用来从它有限的基础出发进行生产的手段。"④可见,无论是对个人还是对社会来说,资本逻辑都是一种"颠倒的"主体性逻辑,它以一种控制的力量宰制着以资本主义为代表的现代社会。当然,资本主义现代性在其全球拓展的过程中,也就将资本逻辑的统治力量扩张到全球范围,使得全球被织入资本主义的制度布控之中。

从上述内容可以看出,资本作为占统治地位的现代生产关系,其经历了一系列运动而成为一种主体性存在,这一活动过程具有辩证性的内在联系、发展规律与运动轨迹,这便构成了一种资本的逻辑。当然,只是从这种抽象的意义上对资本逻辑作出界定,还不能使我们充分了解资本逻辑与全球发展之间到底存在着怎样的关系。因此,我们还必须深入资本逻辑的运行过程,探究资本逻辑的丰富矛盾本性,也就是揭示出资本逻辑的"二重性"。只有理解了资本逻辑的"二重性",才能明白资本逻辑与全球发展之间的辩证关系,才能明晰马克思对资本逻辑批判的辩证性与深刻性。

马克思对资本逻辑的"二重性"的揭示是从对"商品的二重性"与"劳动的二重性"的探究开始的。马克思指出:"每个商品表现出使用价值和交换价值两个方面。"⑤由此引发出劳动具有具体劳动和抽象劳动的两重性,具体有用劳动生产使用价值,抽象劳动形成价值。劳动的这两重性,在商品生产过程中,表现为生产过程的两重性:劳动过程与价值形成过程。而在资本主义生产中,它又表现为资本主义生产的两重性:劳动过程与价值增殖过程。就一般的劳动过程而言,劳动"是制造

① 《马克思恩格斯文集》第 8 卷,人民出版社 2009 年版,第 393 页。
② 《马克思恩格斯全集》第 48 卷,人民出版社 1985 年版,第 258 页。
③ 《马克思恩格斯全集》第 30 卷,人民出版社 1995 年版,第 268 页。
④ 《马克思恩格斯文集》第 8 卷,人民出版社 2009 年版,第 197 页。
⑤ 《马克思恩格斯全集》第 31 卷,人民出版社 1998 年版,第 419 页。

使用价值的有目的的活动……是人和自然之间的物质变换的一般条件"①。在资本主义社会中，其劳动过程表现为资本购买劳动力、劳动对象和劳动资料等一切劳动因素，并用它们进行生产。就这一点而言，它与一般的劳动过程的性质是无异的。但问题的关键是用于购买劳动要素的资本是属于资本家的，这就造成了资本主义劳动过程具有自身的特点。第一个特点是劳动属于资本家。因为一切劳动因素，包括劳动力都是资本购买的物，属于资本家，所以劳动过程也属于资本家。在劳动过程中，资本家监督工人劳动，迫使工人按照资本家的要求劳动。第二个特点是劳动产品属于资本家。因为一切劳动因素、劳动过程都属于资本家，所以劳动的结果即劳动产品必然也属于资本家。从劳动与劳动产品都属于资本家我们可以看出，在资本主义社会中劳动是从属于资本的。虽然劳动过程和劳动产品都属于资本家，但是，资本家的生产目的既不在于劳动过程，也不在于劳动产品——使用价值，而在于价值增殖，在于剩余价值。他们生产使用价值，只是因为使用价值是价值的承担者，进而是剩余价值的承担者。这就说明了资本主义的生产过程实际是劳动过程和价值增殖过程的统一，体现出生产过程的二重性。

　　资本主义生产过程的这种二重性实质是根源于资本的内在矛盾。马克思在《资本论》及其手稿中多次指出"资本本身就是矛盾"②，"资本是一个活生生的矛盾"③。资本的内在矛盾就是资本的"物"的属性与"社会关系"的属性的矛盾，表现在商品中便是使用价值与价值的对立统一，表现在生产商品的劳动中便是具体劳动与抽象劳动的对立统一，表现在生产过程中便是劳动过程与价值增殖过程的对立统一。所谓资本的"物"的属性，指的是以资本为基础的商品生产首先是人与自然的互动过程，是具体劳动创造商品的使用价值的过程，也就是制造出商品的物质属性的过程，这一过程的核心便是劳动的具体化与物化。而所谓资本的"社会关系"属性，指的是以资本为基础的商品生产还要以抽象劳动生产出商品的价值，价值正是商品的社会属性的表现。造成资本的"物"的属性与"社会关系"属性的矛盾的主要原因在于资本主义生产过程的目的是追求价值增殖，而不是商品的使用。这就使得价值增殖过程支配并制约劳动过程的发生与发展，而劳动过程则相应地服从于价值增殖的目的。这一矛盾在资本主义社会中最为突出的表现便是资本主

---

① 《马克思恩格斯文集》第 5 卷，人民出版社 2009 年版，第 215 页。
② 《马克思恩格斯全集》第 30 卷，人民出版社 1995 年版，第 542 页。
③ 《马克思恩格斯全集》第 30 卷，人民出版社 1995 年版，第 405 页。

义生产方式的基本矛盾,即社会化大生产与生产资料的私人占有之间的矛盾。随着社会化大生产的日益发展,生产资料的私有制逐渐成为生产力发展的桎梏,这必然导致更高级的所有制形式的出现,会造成资本主义制度的灭亡。

资本的这种内在矛盾使得资本逻辑具有了"二重性",即资本逻辑具有创造文明的"积极本质"与追逐价值增殖的"消极片面性"的双重属性。资本逻辑的"二重性"体现的实质就是资本生产的普遍物质内容与特殊社会形式的内在矛盾。这样的"二重性"使得资本逻辑与全球发展之间具有了一种辩证关系:一方面,资本逻辑在客观上具有创造伟大物质文明的"积极本质",能够为全球发展提供充足的物质基础与技术支撑;另一方面,资本逻辑的主观意图是追逐价值增殖,这造成了社会的片面化与人的畸形化发展及全球的断裂失衡,不利于全球发展。

(一)资本逻辑的"积极本质"促进全球发展

现代性在制度存在维度上的主导性逻辑是一种具有宰制性的资本逻辑。马克思对资本逻辑的分析并不是一味地否定与批判,他的高明之处就在于,在分析与批判资本逻辑的同时,首先看到的是资本逻辑有着促进全球发展的"积极本质",也就是看到了资本的"伟大文明作用"。马克思指出:"以资本为基础的生产,一方面创造出普遍的产业,——即剩余劳动,创造价值的劳动,——那么,另一方面也创造出一个普遍利用自然属性和人的属性的体系,创造出一个普遍有用性的体系……只有资本才创造出资产阶级社会,并创造出社会成员对自然界和社会联系本身的普遍占有。由此产生了资本的伟大文明作用。"①可见,资本逻辑促进全球发展的"积极本质"主要表现在资本的"伟大文明作用"上,而这一作用又体现在全球对自然属性和人的属性的普遍利用。

从全球发展中人与自然关系的维度来看,作为现代性在制度存在维度上占主导地位的资本逻辑改变了人与自然的关系,促进了生产力的巨大发展,形成了庞大的商品堆积,为全球发展奠定了必要的物质基础。现代工业社会的出现,资本逻辑的大肆横行,使得自然为资本所控制,成为资本增殖的材料。这样人对自然就不再是动物本能性的适应,人成为自然的主人,开始充分利用与操控自然。随着人们认识自然与改造自然能力的不断提升,生产力获得了巨大的解放与发展。资本主义在生产力发展方面具有巨大成就,而这些都应归功于资本的"伟大文明作用"。马克思曾指出:"资本的文明面之一是,它榨取这种剩余劳动的方式和条件,同以前的

---

① 《马克思恩格斯文集》第 8 卷,人民出版社 2009 年版,第 90 页。

奴隶制、农奴制等形式相比，都更有利于生产力的发展。"①正是在这种巨大生产力的作用下，资本主义社会中产生了大量的物质财富，表现为"庞大的商品堆积"②。这些社会财富不断满足着人们的各类物质需求，为全球发展奠定了一定的物质基础。可以说，生产力的巨大发展与"庞大的商品堆积"是资本逻辑的"积极本质"中最醒目、重大与引人关注的特点，也是促进全球发展的最直接的一面。

从全球发展中人与社会关系的维度来看，作为现代性在制度存在维度上占主导地位的资本逻辑创造出了不同于以往任何社会阶段的全新的社会关系，使人的社会关系得以全面充分地形成与发展，为全球发展提供了全面的关系保证。由于人总是处在一定的社会关系之中，人的生存与发展都离不开其所处的社会关系，因此"社会关系实际上决定着一个人能够发展到什么程度"③。随着资本主义社会的到来，人们的各类社会关系发生了前所未有的变化，这种变化首先源于资本带来的生产关系的变革。马克思指出："资本也是一种社会生产关系。"④它是一种历史的生产关系。这种生产关系与以往的任何生产关系相比都有着质的和量的区别，因为资本主义社会的生产关系可以容纳比过去一切世代所创造的生产力总和还要多的生产力。在这样一种生产关系的作用下，社会的物质文明被抬升到一个前所未有的高度，资产阶级借助资本"开拓了世界市场，使一切国家的生产和消费都成为世界性的了"⑤，"把一切民族甚至最野蛮的民族都卷到文明中来了"⑥。可见，资本创造了更高阶段的社会关系文明，这种社会关系文明所展现的社会关系是全面的、复杂的与丰富的。只有在全面的社会关系中，人们才能够全面地塑造自身，也只有在复杂与丰富的社会关系中，人们才得以形成丰富多彩的个性。

从全球发展中人与自身关系的维度来看，作为现代性在制度存在维度上占主导地位的资本逻辑的运作创造了大量的自由时间，使人们能够从劳动时间中摆脱出来，充分发展自身的自由个性。从社会历史的角度来看，人们的生活时间大致可分为劳动时间和自由时间两个类别。所谓劳动时间，是指人们从事物质资料生产所耗费的时间，这主要是人们为了生存不得不去做的必要劳动。而自由时间也就是剩余时间，是指人们在必要劳动时间之外，可以按自己意愿支配的时间。这部分

①　《马克思恩格斯文集》第 7 卷，人民出版社 2009 年版，第 927 页。
②　《马克思恩格斯文集》第 5 卷，人民出版社 2009 年版，第 47 页。
③　《马克思恩格斯全集》第 3 卷，人民出版社 1960 年版，第 295 页。
④　《马克思恩格斯文集》第 1 卷，人民出版社 2009 年版，第 724 页。
⑤　《马克思恩格斯文集》第 2 卷，人民出版社 2009 年版，第 35 页。
⑥　《马克思恩格斯文集》第 2 卷，人民出版社 2009 年版，第 35 页。

时间实质上是与剩余劳动相对应的,资本创造出剩余劳动,自然也带来了剩余时间。"资本的规律是创造剩余劳动,即可以自由支配的时间……由此产生了资本要尽量多地创造劳动的趋势;同时也产生了资本要把必要劳动减少到最低限度的趋势。"①资本将必要劳动减少的同时带来的是剩余时间的不断增加,大量剩余时间的产生使得人的自由和发展成为可能。进入资本主义阶段后,人的发展由"依附性"逐渐向"独立性"转换,其中起重要作用的正是资本创造出的大量剩余时间。只有大量剩余时间存在,人们才可以按照自己的意愿和兴趣去从事艺术、科学、人文等领域的活动,才有能力促进全球发展,才有可能充分发展自由个性。"事实上,自由王国只是在必要性和外在目的规定要做的劳动终止的地方才开始;因而按照事物的本性来说,它存在于真正物质生产领域的彼岸。"②也就是说,只有充分掌握剩余时间,人的自由才有可能,全球发展才有可能,而这些都是资本逻辑的"积极本质"能够带来的。

(二)资本逻辑的"消极片面性"使全球发展断裂失衡

作为现代性在制度存在维度上占主导地位的资本逻辑具有"积极本质",即资本的"伟大文明作用"在发展生产力、丰富社会关系与创造自由时间方面都起到了积极作用,为全球发展创造了一定的条件。但马克思同样看到,"在我们这个时代,每一种事物好像都包含自己的反面。我们看到,机器具有减少人类劳动和使劳动更有成效的神奇力量,然而却引起了饥饿和过度的疲劳。财富的新源泉,由于某种奇怪的、不可思议的魔力而变成贫困的源泉……我们的一切发明和进步,似乎结果是使物质力量成为有智慧的生命,而人的生命则化为愚钝的物质力量"③。资本也是包含着自身反面的事物,它既有着"伟大文明作用",也蕴含着人的物化和异化,它能够成为统治人与社会发展的力量。

作为现代性在制度存在维度上占主导地位的资本逻辑导致了对人的剥夺以及全球发展的异化。马克思曾指出:"资本来到世间,从头到脚,每个毛孔都滴着血和肮脏的东西。"④这形象地揭示了资本的残酷和野蛮,在原始积累时期,资本靠的是对生产者的直接剥夺而发展起来的,"是用最残酷无情的野蛮手段,在最下流、最龌

---

① 《马克思恩格斯全集》第46卷(上),人民出版社1979年版,第378页。
② 《马克思恩格斯文集》第7卷,人民出版社2009年版,第928页。
③ 《马克思恩格斯文集》第2卷,人民出版社2009年版,第580页。
④ 《马克思恩格斯文集》第5卷,人民出版社2009年版,第871页。

龊、最卑鄙和最可恶的贪欲的驱使下完成的"①。在完成原始积累后资本并没有停止发展,因为资本如同"吸血鬼一样,只有吮吸活劳动才有生命,吮吸的活劳动越多,它的生命就越旺盛"②。在资本不断吮吸活劳动的过程中,也就是资本的积累与工人的劳动过程中,人与社会的发展出现了异化。马克思认为:"劳动过程……是制造使用价值的有目的的活动,是为了人类的需要而对自然物的占有,是人和自然之间的物质变换的一般条件,是人类生活的永恒的自然条件。"③可见,人们劳动是为了获得必要的生存和发展资料。但在资本主义条件下,资本家在市场上购买了生产所需的一切资料,包括物的要素和人的要素。这样,"工人在资本家的监督下劳动,他的劳动属于资本家",劳动产品是"资本家的所有物,而不是直接生产者工人的所有物",而"劳动过程是资本家购买的各种物之间的过程,是归他所有的各种物之间的过程"。④ 这就在资本积累过程中造成了人的劳动异化,也就是工人与劳动产品、劳动过程及自己类本质的异化,最终导致了人与人的异化。

作为现代性在制度存在维度上占主导地位的资本逻辑必然带来经济危机与全球发展的断裂失衡。资本的内在矛盾的核心在于:资本创造文明的"积极本质"与价值增殖的"消极片面性"之间的矛盾冲突。这一内在矛盾具体到生产力与生产关系的相互关系来看,就实际表现为资本主义生产方式的基本矛盾,也就是社会化大生产与生产资料的资本主义私人占有之间的矛盾。资本主义生产方式的基本矛盾会产生生产与流通过程结构性的脱节,从而出现生产的无政府状态和周期性的供需失衡,最终带来周期性的经济危机。社会化的大生产必然要求生产环节的整体性规划与社会性协作,但在资本主义私有制的条件下资本主义的生产过程必然被分割为生产和流通两个独立的领域,这样便提供了生产总过程内部的脱节与进入生产的无政府状态的基础。这种生产总过程内部的脱节主要源于生产与需求的盲目性、不均衡发展和结构性的冲突。由于资本主义社会的生产目的并不是促进个人与社会的全面发展,而是满足资本增殖的需要,因此资本主义生产的规模会随着资本的运作而不断扩大。生产规模的不断扩大必然造成产品数量的与日俱增,这时必然要求社会提供相应的"有效需求"。但社会的"有效需求"却因剥削率的提高和收入相对资本增长的减少而不断萎缩。这样,生产规模与有效需求之间的结构

---

① 《马克思恩格斯文集》第5卷,人民出版社2009年版,第873页。
② 《马克思恩格斯文集》第5卷,人民出版社2009年版,第269页。
③ 《马克思恩格斯文集》第5卷,人民出版社2009年版,第215页。
④ 《马克思恩格斯文集》第5卷,人民出版社2009年版,第216页。

性差距的持续扩大便造成了严重的供需失衡。① 长此以往,就会造成"产品过剩→资本过剩→劳动力过剩"等一系列的重复反应,最终造成周期性经济危机的爆发,从而使人们的生活极为困苦,全球发展日益断裂失衡。

作为现代性在制度存在维度上占主导地位的资本逻辑必然导致环境恶化,资源环境瓶颈在全球发展中日益凸显。自然资源的存在是资本得以扩张与增殖的基础。资本的扩张与增殖过程就是将外在于资本体系的自然资源不断吸收到资本体系内部,使之成为工人的剩余价值生产得以实现的载体,从而实现资本不断扩张与增殖的目的。可见,资本要扩张和增殖必然要向自然资源进发,历史也证明在资本存在的数百年间,从地表到地下、从表面到深层的自然资源不断被资本化与货币化。在资本的不断扩张和增殖过程中,越来越多的自然资源被吸纳到资本的运作体系中,在被资本吞噬后,它们便变为废水、废气、垃圾等被随意排放,再难变回以前的自然资源。对此,马克思曾深刻地指出:"资本主义生产使它汇集在各大中心的城市人口越来越占优势,这样一来,它一方面聚集着社会的历史动力,另一方面又破坏着人和土地之间的物质变换,也就是使人以衣食形式消费掉的土地的组成部分不能回归到土地,从而破坏土地持久肥力的永恒的自然条件。"② 然而,对自然资源的掠夺与破坏是持续的、不停歇的,因为资本的本性就是不断实现自身的增殖。为了这个目的,资本会不断地将最丰富且廉价的自然资源吸收到自身的生产体系中,而不考虑人类是否需要,这正如吉登斯指出的,资本"是现代社会得以运作的一种非理性方式,因为它用市场的疯狂代替了人类需要的有节制的满足"③。资本的这种疯狂就表现在它总是不顾一切地雇佣劳动力去掠夺自然资源,这只能带来资源的枯竭与生态的破坏,最终造成人类的灾难。

## 第三节　"真正共同体"建构:马克思对全球现代性的重塑之维

马克思从制度性维度剖析了现代性与全球发展的内在张力,指明了在现代性中全球发展断裂失衡的真正原因在于资本逻辑的全球布控,也就是资本主义的意

---

① 参见《马克思恩格斯文集》第 5 卷,人民出版社 2009 年版,第 188 页。
② 《马克思恩格斯文集》第 5 卷,人民出版社 2009 年版,第 579 页。
③ [英]吉登斯:《现代性的后果》,田禾译,译林出版社 2011 年版,第 122 页。

识形态与现实运作的操控。因此，要走出全球发展的现代困境，必须对作为现代性特殊实现形式的资本主义进行彻底的批判与扬弃。在对全球现代性问题批判的原则立场上，马克思与青年黑格尔派及空想社会主义者有着很大的不同，其中就立场而言，青年黑格尔派与空想社会主义者往往站在批判者的立场上而鲜有建构，马克思所持的则是现代性的"继承者""批判者"和"超越者"三者统一的辩证立场。马克思提出对资本主义制度实行"内在性"超越原则，并以现实的共产主义运动使人类进入更适合自己自由发展的社会状态——自由人联合体（真正共同体）。自由人联合体是一种新的现代性实现形式，是全人类自由发展的体制保障，在其中全人类的自由发展得以展开，这构成了马克思分析全球现代性问题的理论归宿与价值意义。

## 一、超越"资本逻辑限制全球发展"：全球现代性重塑的关键

### （一）超越"资本逻辑限制全球发展"的方法原则

现代性以资本逻辑为主导性的运行法则，资本逻辑在以资本主义为代表的现代社会中表现为一种绝对性和同一性的力量，这直接导致了全球发展"受抽象统治"的状况。因此，要恢复全球发展的有序持久状态，就必须反抗和瓦解资本逻辑。但资本逻辑是资本的"积极本质"与"消极片面性"的辩证合成，因此要克服资本逻辑对全球发展的限制，不能对其一味否定，而要在发挥资本的"伟大文明作用"的基础上，实现对资本逻辑的辩证扬弃。马克思对资本逻辑的批判走的正是这样一条"内在扬弃"的道路，正如他所指："我们不想教条地预期未来，而只是想通过批判旧世界发现新世界。"①在批判旧世界中发现新世界，意味着新世界是在旧世界的母体中孕育而生的，新世界需要依靠旧世界来奠定基础，这正是"内在扬弃"的基本原则。

1. 超越"资本逻辑限制全球发展"的原则确立

"资本逻辑是资本所呈现出来的反映资本主义客观现实活动的内在联系、运行轨迹、发展趋势。"②可见，资本逻辑是资本主义制度的真实反映，对资本逻辑的批判与瓦解实质上是对资本主义制度的否定与批判，也就是马克思所要讨论的超越资本主义的新的现代性的实现形式问题。资本主义制度的终结与超越是几百年来思

---

① 《马克思恩格斯文集》第 10 卷，人民出版社 2009 年版，第 7 页。
② 张雷声：《论资本逻辑》，《新视野》2015 年第 2 期。

想家们争论不休的议题。资本逻辑的内在矛盾导致了资本主义生产方式的基本矛盾,资本主义也正是沿着自身的矛盾规律走向发展的极限,最后也必将"终结"。因此,我们谈资本主义制度的超越问题时,关键不在于讨论资本主义制度是否将灭亡,或者何时灭亡,而是超越资本主义之后的新的社会形式(或者说是有别于资本主义的新的现代性的实现形式)与资本主义到底是什么样的联系,这种新的社会形式或者新的现代性的实现形式与资本主义是截然的断裂,还是继承的超越,这就涉及对资本逻辑超越的方法原则问题,评判这种方法原则的合理性的唯一标准自然也就是其所产生的新的社会形式对全球发展是否具有现实性。

对如何超越资本逻辑或资本主义社会的问题,思想家们进行了激烈的争论,按照方法论原则大体可分为三种代表性观点,即资本主义的"自我修复论""外在断裂论"与"内在扬弃论"。资本主义的"自我修复论"者认为,资本主义乃人类历史的终极形态,人类在资本主义的社会形态中将达到完全的自由,目前现实中全球发展的断裂失衡状态是由于制度运行的问题,可以通过制度的自我调适得以恢复。这种观点以福山的"历史终结论"最为典型。福山指出:"历史的终结并不是说生老病死这一自然循环会终结,也不是说重大事件不会再发生了或者报道重大事件的报纸销声匿迹了,确切地讲,它是指构成历史的最基本的原则和制度可能不再进步了,原因在于所有真正的大问题都已经得到了解决。"①这也就意味着历史在资本主义中终结了,"历史终结论"是关于资本主义永世长存的"神话"。与"自我修复论"相对立的是资本主义的"外在断裂论",它认为资本主义制度正在走向终结或很快将灭亡,一种与资本主义截然断裂的新的社会形式将取而代之。"自我修复论"与"外在断裂论"看似对立,实际上都已经将资本主义制度或资本逻辑的发展视作到达发展边界的封闭僵化体,要么是完美无缺的,要么是走向尽头的。两者都没有坚持辩证逻辑,未看到资本主义或资本逻辑内含的不同要素和倾向之间的矛盾运动,没有将其看作各种矛盾体的辩证合成。

马克思对资本逻辑的批判不同于"自我修复论"和"外在断裂论",他始终贯彻着一种"内在扬弃"的方法原则。马克思看到了资本逻辑内部矛盾体的辩证合成,认识到资本逻辑的积极本质即资本的"伟大文明作用"是有利于全球发展的,而资本逻辑的"消极片面性"即资本的增殖扩张却使全球发展陷入异化与断裂。那么,

---

① 〔美〕弗朗西斯·福山:《历史的终结及最后的人》,黄胜强等译,中国社会科学出版社2003年,"代序"第3页。

对资本逻辑的批判必须深植于资本逻辑的二重性辩证法,在继承资本的"伟大文明作用"的同时规避掉资本的"消极片面性",这便是对资本逻辑的"内在扬弃"。

"内在性"超越原则内生于资本逻辑本身的自反性。对资本逻辑的超越主要是以劳动过程突破价值增殖过程、用生产力炸毁生产关系,但这种"突破"和"炸毁"不是通过外力来完成的,而是要依据资本逻辑矛盾运行的自我克服、自我扬弃与自我超越。资本追求全面发展生产力的"积极本质"与自身的"消极片面性"和"局限性"之间具有深刻的矛盾,从而不断地推动着资本的自我克服与自我扬弃:"资本不可遏止地追求的普遍性,在资本本身的性质上遇到了限制,这些限制在资本发展到一定阶段时,会使人们认识到资本本身就是这种趋势的最大限制,因而驱使人们利用资本本身来消灭资本。"①也就是说,资本的自我增殖必然引起自我贬值,资本的克服限制必然伴生着自我限制,资本的自我实现也预示着自我灭亡,这便是资本本身的矛盾运动。马克思对资本逻辑的批判依据的正是内在于资本逻辑本身的矛盾运动趋势,"这是资本主义生产方式在资本主义生产方式本身范围内的扬弃,因而是一个自行扬弃的矛盾,这个矛盾明显地表现为通向一种新的生产形式的单纯过渡点。它作为这样的矛盾在现象上也会表现出来"②。资本逻辑的克服要依据资本逻辑本身的矛盾运动趋势,要通过资本的自我克服、自我扬弃和自我消灭来实现。

"内在性"超越原则的确立根本取决于社会基本矛盾的运动规律。对资本逻辑的内在扬弃说到底就是要实现社会历史的新旧社会形态的更替,也就是生产关系与生产方式的新旧更替。那么,这种超越所依据的基本规律便是生产力与生产关系的矛盾运动规律。从历史唯物主义的基本原理来看,生产力与生产关系的矛盾运动规律内在于整个人类社会发展的历史进程之中,也正是二者的矛盾运动决定了生产力的新旧发展形式即新旧生产关系之间的更迭。在特定社会结构中,当生产关系与生产力相适应时,生产关系必然不断促进生产力的发展,而当生产关系不适应生产力发展时,也即生产关系不能给生产力带来动力,甚至成为生产力的阻力时,一种新的生产关系必然从既有的生产方式中逐渐孕育与成长起来,并且会日益强大直至取代既有的生产关系。对资本逻辑超越的内在性便集中体现在这种新的生产关系、发展形式是在旧的社会形态内部孕育和成长的。在这一过程中,旧的社会形式为新的生产关系的孕育提供"母胎",新的生产关系则是旧的社会形式的"产

---

① 《马克思恩格斯文集》第 8 卷,人民出版社 2009 年版,第 91 页。
② 《马克思恩格斯文集》第 7 卷,人民出版社 2009 年版,第 497 页。

儿"，"在旧社会内部已经形成了新社会的因素"①。从超越的规律来说，这种超越是具有内在性的。

2. 超越"资本逻辑限制全球发展"原则的辩证审视

资本逻辑与全球发展之间存在着辩证的矛盾性。一方面，资本逻辑的"积极本质"能够创造巨大的物质财富、丰富的社会关系等，这些都促进着全球发展；另一方面，资本逻辑的"消极片面性"使得人和社会都变为资本扩张与增殖的目的和手段，全球发展始终处于物化与异化状态。正是由于这种辩证的矛盾性，马克思在对资本逻辑的批判上选择了一条"内在扬弃"的道路。而要进一步理解对资本逻辑的"内在扬弃"，就必须搞清楚这种扬弃在内容和形式上的辩证性，也就是明晰超越哪些、保留哪些。从马克思主义的基本立场和观点来看，需要超越的是价值增殖过程乃至作为生产力特定发展形式的资本主义，需要保留的则是劳动过程及资本主义创造的、对全球发展有益的文明成果。也就是说，"内在扬弃"是要超越资本运行的"特殊的社会形式"，而必须保留的是资本创造的"普遍的物质内容"。

是否需要超越从根本上说是由是否有利于全球发展的标准来衡量的。以此来评判，作为资本所依附的社会发展形式的资本主义因其有剥削人、限制全球发展的一面而必须加以超越；而作为资本创造的普遍物质文明因其有利于人及全球发展的另一面则必须继承和发展，是必须保留的。我们从中可以看出，马克思对资本逻辑的"内在扬弃"的关键就在于在资本主义的矛盾困境中充分利用高度发展的文明成果，以为全球发展奠定基础。而解决这样一个问题的前提和基础则是要理解作为资本所依附的社会发展形式的资本主义与高度发展的文明成果有着怎样的关联。只有解决了这一前提问题，我们才能知道"内在扬弃"是否具有现实性，也即明晰能否在资本主义矛盾发展的历史进程中将资本主义这一"社会形式"与现代文明创造的"物质内容"加以"分割"。从马克思的基本观点出发，我们可以看出作为资本发展特殊社会形式的资本主义与现代社会的积极文明成果之间存在着历史性的辩证联系。资本主义作为资本得以运行和发展的特殊的"社会形式"而存在，有利于全球发展的积极成果作为"物质内容"正是在这一特殊的社会形式中诞生的，因此，在一定的历史条件下这二者是统一的。而随着历史的发展，特殊社会形式与普遍物质内容之间的矛盾将会不断加剧，它们的互相分离也具有历史的必然性。

作为资本运行与发展的特殊社会实现形式的资本主义孕育现代社会文明成果

---

① 《马克思恩格斯文集》第 2 卷，人民出版社 2009 年版，第 51 页。

具有历史性,在一定历史阶段不断促进着全球发展。资本运行所依附的资本主义是一种特殊的社会发展形式,是人类社会发展的诸多社会形态之一,生产关系是其本质,而资本所创造的高度文明体现的是生产力的发展水平。因而,资本主义的"社会形式"与现代社会的"物质内容"构成了矛盾的统一体,决定其运行的是生产力与生产关系的基本矛盾。资本主义从其本质上来看就是与物质生产力发展的一定阶段相适应的生产关系,资本所属的"社会形式"与所创的"物质内容"的结合是生产力与生产关系在历史的一定发展阶段相适应的必然产物。在二者的统一与适应阶段,资本主义的生产关系对生产力发展起到了巨大的促进作用,"资产阶级在它的不到一百年的阶级统治中所创造的生产力,比过去一切世代创造的全部生产力还要多,还要大"①。生产力的巨大发展所创造出的文明成果为全球发展奠定了可靠的基础,这是我们需要加以继承与利用的。但这种适应性并不具有绝对性,当生产关系不再适应生产力发展时,二者就会发生对抗性矛盾,"社会的物质生产力发展到一定阶段,便同它们一直在其中运动的现存生产关系或财产关系(这只是生产关系的法律用语)发生矛盾。于是这些关系便由生产力的发展形式变成生产力的桎梏。那时社会革命的时代就到来了"②。也只有到了这时,特殊的"社会形式"才必须被剥离与抛弃。

作为资本运行与发展的特殊的"社会形式"的资本主义与现代社会文明的脱离也具有历史的必然性——为的是更进一步促进全球发展。正是由于生产力与生产关系在一定时期的适应性,资本主义这一特殊的社会形态得以成为现代文明成果的历史性"外壳",而其也必然随着矛盾的发展而被淘汰。社会形式的"外壳"与文明的"物质内容"将随着历史的矛盾进程发展而逐渐分裂与脱离,"资本的垄断成了与这种垄断一起并在这种垄断之下繁盛起来的生产方式的桎梏。生产资料的集中和劳动的社会化,达到了同它们的资本主义外壳不能相容的地步。这个外壳就要炸毁了"③。也就是说,随着历史的发展,作为"外壳"的资本主义必然不再能容纳生产力所释放出的全部"物质内容",不再能给生产力发展带来活力,不再能不断创造有利于全球发展的文明成果。这时必然需要一种新的社会发展形式来取代资本主义,使得"物质内容"能在更大的程度上得到释放。因此,特定"社会形式"与普遍"物质内容"的脱离也具有历史的必然性——为的是更进一步促进全球发展。

---

① 《马克思恩格斯文集》第 2 卷,人民出版社 2009 年版,第 36 页。
② 《马克思恩格斯文集》第 2 卷,人民出版社 2009 年版,第 591 页。
③ 《马克思恩格斯文集》第 5 卷,人民出版社 2009 年版,第 874 页。

在厘清资本所依附的社会发展形式的资本主义与高度发展的文明成果的历史辩证关联之后,我们得以更为清楚地认识到"内在扬弃"有其历史的必然性。不同于资本主义发展的"自我修复"与"外在断裂","内在扬弃"是一种辩证的扬弃,存在着超越与保留的辩证性。这种超越的本质就是在资本主义矛盾发展的历史进程中将资本主义这一"社会形式"与现代文明创造的"物质内容"加以"剥离"。而"社会形式"与"物质内容"的历史辩证性为这一剥离提供了现实的必然性。

3. 超越"资本逻辑限制全球发展"原则的可能性分析

按照全球发展的原则要求,马克思对资本逻辑的超越采取了"内在性"的方法原则:既有需要超越的资本主义"社会形式",又有需要保留的人类文明的"物质内容"。从马克思的立场、观点出发,资本主义的发展有其辩证性,它在生产片面的、扭曲的发展形式同时也在异化发展形式,并且成为未来历史发展的工具,为未来的社会形式准备了物质基础。"资本的限制就在于:这一切发展都是对立地进行的……但是这种对立的形式本身是暂时的,它产生出消灭它自身的现实条件。"①这种消灭自身的现实条件便是在资本主义发展过程中积聚的"解放潜能",这便构成了"内在性"超越的可能性。

资本主义社会的物质基础为更适合全球发展的新的社会形式的出现提供了条件,构成了"内在性"超越的重要可能性。正如马克思所言:"共产主义只有作为占统治地位的各个民族'一下子'同时发生的行动,在经验上才是可能的,而这是以生产力的普遍发展和与此相联系的世界交往为前提的。"②资本主义社会最为自豪的便是带来了生产力的巨大发展,虽然说生产力的发展加剧了社会关系的对抗性矛盾,但其创造的巨大社会物质财富为劳动的科学化、主体化,及异化劳动的解放、阶级对抗的克服准备了充分的物质条件。马克思指出,资本主义生产的"这种'异化'只有在具备了两个实际前提之后才会消灭。要使这种异化成为一种'不堪忍受的'力量,即成为革命所要反对的力量,就必须让它把人类的大多数变成完全'没有财产的'人,同时这些人又同现存的有钱有教养的世界相对立,而这两个条件都是以生产力的巨大增长和高度发展为前提的"③。与生产力的发展相同,交往的普遍发展也构成了超越的"内在性"的重要物质基础与前提。交往的普遍化创造出更多的财富交换场地,促进了社会的普遍物质交换,不断推动着历史向世界历史发展。同

① 《马克思恩格斯文集》第 8 卷,人民出版社 2009 年版,第 171 页。
② 《马克思恩格斯文集》第 1 卷,人民出版社 2009 年版,第 538 页。
③ 《马克思恩格斯文集》第 1 卷,人民出版社 2009 年版,第 538 页。

样，交往的普遍化也构成了共产主义运动的前提，"普遍交往……可以产生一切民族中同时都存在着'没有财产的'群众这一现象（普遍竞争），使每一民族都依赖于其他民族的变革"①。共产主义也只有具有了世界历史性的意义才会存在与发展下去。

资本逻辑从"无限扩张"到"自我克服"的内在走向决定着"内在扬弃"有着本质规律上的可能性。资本逻辑的演化趋势是由"无限扩张"到"自我克服"："资本不可遏止地追求的普遍性，在资本本身的性质上遇到了限制，这些限制在资本发展到一定阶段时，会使人们认识到资本本身就是这种趋势的最大限制，因而驱使人们利用资本本身来消灭资本。"②所以，对资本逻辑的超越的"内在性"必须把握资本逻辑的自我超越趋势，"超越现实存在之路只有通过对现实存在的彻底理解，反过来说要达到对这个世界的正确理解就必须牢牢抓住它所不是的事物，它的'否定'，即抓住超越本身"③。要理解这种不断的自我超越趋势还得从生产力和交往的普遍发展谈起，因为超越趋势正是物质基础的不断成熟所汇聚而成的。资本主义发展所产生的物质基础构成了超越趋势的现实内容，而超越趋势则为物质基础的进一步发展提供了前进方向。生产力的不断发展孕育着超越趋势。生产力的普遍发展尤其是生产社会化与生产资料的集中化程度不断提高，使得"内在性"的超越趋势不断孕育。生产的社会化表现为生产的社会劳动逐渐脱离资本主义的"外壳"，生产资料的使用也日益趋向社会化和公共化。而当"生产资料的集中和劳动的社会化，达到了同它们的资本主义外壳不能相容的地步时，这个外壳就要炸毁了，资本主义私有制的丧钟就要响了，剥夺者就要被剥夺了"④。在生产力发展的基础上，交往的普遍化使得生产力发展所带来的超越趋势具有了全球性。这种全球性得以弥补资本发展在全球范围内所导致的失衡与断裂，为资本逻辑的超越的"内在性"提供了条件，为全球发展奠定了基础。

（二）超越"资本逻辑限制全球发展"的历史途径

马克思在《资本论》中阐明了资本的运行规律及其对全球的统治，并指出"每一个个人"的自由全面发展是历史的必然走向。也就是说，超越资本主义社会形态的

---

① 《马克思恩格斯文集》第 1 卷，人民出版社 2009 年版，第 538 页。
② 《马克思恩格斯文集》第 8 卷，人民出版社 2009 年版，第 91 页。
③ ［英］伯尔基：《马克思主义的起源》，伍庆、王文杨译，华东师范大学出版社 2007 年版，第 179－180 页。
④ 《马克思恩格斯文集》第 5 卷，人民出版社 2009 年版，第 874 页。

共产主义的到来具有历史的必然性。但历史并不是直线式发展的,共产主义社会的到来更不是水到渠成,而是要经历现实的共产主义运动,以一种革命的形式推翻资本逻辑的统治。正如恩格斯所言:"马克思首先是一个革命家。他毕生的真正使命,就是以这种或那种方式参加推翻资本主义社会及其所建立的国家设施的事业,参加现代无产阶级的解放事业。"①只有以现实的共产主义运动推翻资本逻辑的统治,才能为全球发展开辟现实道路,因为"共产主义革命……本身就是个人自由发展的共同条件"②。

1. 促进全人类的自由发展是共产主义运动的目标与实质

瓦解资本逻辑、推翻资本主义制度、促进全球持续健康发展的现实途径便是共产主义运动。按照马克思的基本观点,现实的共产主义运动的实质就是克服资本主义社会发展中的诸多矛盾,在更高的历史发展阶段实现全人类的自由全面发展。通过现实的共产主义运动而到达的共产主义社会表现为一切分裂与矛盾的解决,"这种共产主义……它是人和自然界之间、人和人之间的矛盾的真正解决,是存在和本质、对象化和自我确证、自由和必然、个体和类之间的斗争的真正解决"③。可见,共产主义运动的最终目标是实现全人类的自由全面发展,而这一目标具体表现为通过共产主义运动废除资本主义私有制,消灭阶级差别和社会不公,以达到人们对资本主义社会中异己力量的重新占有与支配,从而实现全人类的自由全面发展。

共产主义运动的根本目标是颠覆导致人剥削人现象背后的资本主义私有制,为全人类的自由全面发展创造更好的制度平台。消灭资本主义私有制是共产主义运动所要达到的直接目标,这是由资本主义社会的基本矛盾所决定的。资本主义社会的基本矛盾就是生产资料私有制与社会化大生产之间的矛盾,这种矛盾呈现出不断被激化的趋势。不断发展的生产力,要求社会协作与社会分工日趋完善,这就迫切需要生产资料的使用走向社会化与公共化。这时资本主义私有制便成为生产发展的桎梏,妨碍了生产资料社会化趋势的需求,从而使生产力与生产关系之间出现严重脱节。现实的共产主义运动正是要消灭这种生产的对抗性矛盾,以经济的和政治的手段废除资本主义私有制,为社会化大生产扫清障碍,从而从根本上克服资本主义社会中的分裂与矛盾。共产主义运动对资本主义私有制的消灭不仅表现为一种生产资料所有制形式等经济关系的变革,更进一步讲,是以生产关系为基

---

① 《马克思恩格斯文集》第3卷,人民出版社2009年版,第602页。
② 《马克思恩格斯全集》第3卷,人民出版社2009年版,第516页。
③ 《马克思恩格斯文集》第1卷,人民出版社2009年版,第185页。

础的政治、文化等一系列社会关系的全面变革。马克思认为："现代的资产阶级私有制是建立在阶级对立上面、建立在一些人对另一些人的剥削上面的产品生产和占有的最后而又最完备的表现。"①可见，资本与雇佣劳动之间的对抗性矛盾，以致资产阶级与工人阶级的奴役剥削关系构成了私有制的对抗本质。反过来讲，资本主义的私有制成为资本统治与资本剥削的一个必要条件。因而，现实的共产主义运动对私有制的消灭，也就是对劳资对立和资本剥削的铲除，从而实现对整个现代的生产关系和社会关系的扬弃，最终导致社会形态的更迭。社会形态的这次更迭是具有划时代意义的，它不同于人类历史上其他社会形态的更迭，因为共产主义社会形态表现的是人类中大多数人的独立与解放。诚如马克思指出的："过去的一切运动都是少数人的，或者为少数人谋利益的运动。无产阶级的运动是绝大多数人的，为绝大多数人谋利益的独立的运动。"②因此，共产主义运动为全人类的自由全面发展创造了更好的制度平台。

共产主义运动在消灭资本主义私有制后，还要进一步改变建立于其上的政治法律制度，消灭一切阶级统治与不平等的社会关系，为全人类的自由全面发展创造更多的现实条件。马克思曾指出："随着阶级差别的消灭，一切由这些差别产生的社会的和政治的不平等也自行消失。"③也就是说，要消灭社会中的不公正、不平等、不自由，其关键是要消灭阶级差别和阶级统治。这一点是马克思的共产主义运动理论与启蒙主义思想家、空想社会主义者的重要区别所在。启蒙思想家和空想社会主义者一般是从天赋权利、自然人性等先天范畴去谈论自由与平等的问题。马克思则不同，他将自由、平等的观念与社会的特定生产方式、阶级属性、社会关系等联系起来，主要在社会历史进程中通过对不自由、不平等的消灭来理解全人类的自由全面发展，这就实现了对启蒙思想家和空想社会主义者从"天赋的"和"自然的"抽象的价值悬设来讨论自由问题的全面超越。人类历史上的各种"不自由"和"不平等"现象都是特定历史阶段的产物，因此也只有通过历史发展本身来解决。马克思从社会历史本身出发，发现阶级差别使得自由变为少数人的权利，而对于绝大多数人来说，他们所享受的形式自由在某种意义上而言不过是一种特定的奴役形式。而要消灭这种阶级差别还必须依靠现实的共产主义运动，要在无产阶级革命中瓦解阶级统治，从而实现社会的平等，为全人类的自由全面发展创造出更多的有利

---

① 《马克思恩格斯文集》第 2 卷，人民出版社 2009 年版，第 45 页。
② 《马克思恩格斯文集》第 2 卷，人民出版社 2009 年版，第 42 页。
③ 《马克思恩格斯文集》第 3 卷，人民出版社 2009 年版，第 442 页。

条件。

共产主义运动的目标是消灭一切阶级统治与不平等的社会关系,为全人类的自由全面发展奠定更好的制度平台。究其根本,以共产主义运动瓦解资本逻辑、恢复全球的健康有序发展,其实质不过是实现资本主义社会"颠倒"的"再颠倒",也就是实现人们对资本主义社会中异己力量的重新占有与自觉支配。这样一来,整个社会的发展都会以人的发展为核心目标,社会形态也会由"以物的依赖性为基础的人的独立性"时代向人的完全"自由个性"时代推进。由于资本逻辑在资本主义社会中的布展,现代经济活动与市场交易关系已成为社会生活的主角,成为与人相对的一种异己力量。马克思所提出的共产主义运动正是要自觉占有与支配这些关系,通过废除私有制与阶级差别等来消除其异己性质。他指出:"各个人的全面的依存关系、他们的这种自然形成的世界历史性的共同活动的最初形式,由于这种共产主义革命而转化为对下述力量的控制和自觉的驾驭,这些力量本来是由人们的相互作用产生的,但是迄今为止对他们来说都作为完全异己的力量威慑和驾驭着他们。"①这种对异己力量的控制和自觉的驾驭包含着资本主义社会中主体性逻辑的"颠倒"与"再颠倒"的过程,也就是要把资本的主体性地位重新归还于人,这就是共产主义运动的实质所在。

2. 共产主义运动的实践过程体现全人类自由的不断获取

瓦解资本逻辑的共产主义运动不会一蹴而就,更不会一次完成,而是一个持续的实践过程。正如马克思所言:"我们对未来非资本主义社会区别于现代社会的特征的看法,是从历史事实和发展过程中得出的确切结论;不结合这些事实和过程去加以阐明,就没有任何理论价值和实际价值。"②共产主义运动的目标是消灭资本主义私有制,废除阶级剥削,实现社会公正,为全人类的自由全面发展提供有利条件。这样,共产主义运动的实践过程必然是无产阶级不断奋斗的过程、生产力趋于发达的过程、阶级剥削被彻底消灭的过程与社会主义全面胜利的过程。在这一过程中,全人类的自由将被不断获取,资本逻辑也会被最终瓦解。

共产主义运动瓦解资本逻辑、实现全人类自由全面发展的过程,是无产阶级不断奋斗的过程。马克思以共产主义运动来瓦解资本逻辑、实现全人类的自由全面发展,是建立在群众史观的基础上的。过去的空想社会主义者也对资本主义的社

① 《马克思恩格斯文集》第 1 卷,人民出版社 2009 年版,第 542 页。
② 《马克思恩格斯文集》第 10 卷,人民出版社 2009 年版,第 548 页。

会现实进行了无情的批判，但这种批判往往表现为感情上的仇视和愤怒，在建构新的社会时，他们往往依靠少数天才人物的"智力游戏"来构建至善至美的王国。由于脱离社会实际与广大群众，因此空想社会主义理论最终流于空谈。马克思则从资本主义社会中广大人民群众遭受剥削和压迫的事实出发，深刻认识到无产阶级是人民群众中的革命力量，也是最能代表人民群众根本利益的阶级；认识到无产阶级是资本主义社会中最具革命性的阶级，理应成为共产主义运动的主体力量。无产阶级的不断奋斗过程内含于共产主义的运动过程，也就是实现人类自由发展的过程。无产阶级努力实现全人类的自由全面发展的第一步就是借助无产阶级革命建立起无产阶级专政的政权，然后在此基础上逐步向无国度、无阶级的社会发展，从而实现人的彻底解放和自由发展。

共产主义运动瓦解资本逻辑、实现全人类自由全面发展的过程，是生产力趋于发达的过程。以共产主义运动来瓦解资本逻辑，最终要实现的是共产主义的社会形态，只有在这样的社会制度中全人类的自由全面发展才可能实现。而共产主义社会形态的出现必须以巨大的物质财富为基础。马克思指出，生产力是"全部历史的基础"①，共产主义的实现必须"以生产力的巨大增长和高度发展为前提"②。对于生产力与社会形态的辩证关系，马克思也作了深刻论述："无论哪一个社会形态，在它所能容纳的全部生产力发挥出来以前，是决不会灭亡的；而新的更高的生产关系，在它的物质存在条件在旧社会的胎胞里成熟以前，是决不会出现的。"③这里就指出了共产主义社会必须建立在高度发达的生产力的基础上，而共产主义运动的过程也是生产力不断趋于发达的过程。之所以从生产力发展角度来阐明共产主义运动的过程，是因为共产主义运动的最终目标具有决定于生产力的性质。共产主义运动的最终目标是按需分配与人的自由全面发展，这都需要依靠生产力的发展来实现。按需分配就意味着社会总产品达到了可以满足一切人需要的程度，这是生产力高度发达的结果。按需分配的实现又使得人们不再局限于生存的物质生产领域，还可以自由地发挥自己的能力，从事艺术创作等活动，从而为人的自由全面发展提供现实可能性。共产主义作为扬弃资本主义的全新的社会形态，其必然建立在生产力高度发展的基础上，且这种发展应是一个不断推进的过程，是一个长期积累的过程，并且与共产主义运动的过程相一致。

---

① 《马克思恩格斯文集》第 10 卷，人民出版社 2009 年版，第 43 页。
② 《马克思恩格斯文集》第 1 卷，人民出版社 2009 年版，第 538 页。
③ 《马克思恩格斯文集》第 2 卷，人民出版社 2009 年版，第 592 页。

共产主义运动瓦解资本逻辑、实现全人类自由全面发展的过程,是阶级剥削彻底被消灭的过程。全人类的自由全面发展表明人成为自主活动与自觉发展的人,其基础必须是人能够得到彻底的解放。这不仅体现在人在人与自然关系中的彻底解放,更重要的是人能够在社会关系中得到解放,也就是要彻底消灭阶级压迫与阶级剥削。上层建筑是由经济基础所决定的,故阶级压迫与阶级剥削的根源在于资本主义私有制,这种私有制决定了社会生产的目的是服务一部分占有生产资料的人而不是绝大多数人的需要。因此,我们要消灭阶级压迫与阶级剥削,首先必须废除资本主义私有制。马克思曾指出,以往社会"各个人的一切生存条件、一切制约性、一切片面性都融合为两种最简单的形式——私有制和劳动"[1]。生产资料的私有制使得人的片面发展加剧、人的自由受到不断消解,而以此发展起来的旧式分工让劳动变为与人的自由本质相对的奴役性劳动,这就使人与人之间的关系发展为对抗性关系。马克思将实现人的自由发展与消灭资本主义私有制看作同一过程的两个方面,共产主义运动也就是不断为之创造条件的过程。一旦共产主义运动消灭了私有制和旧式分工,阶级剥削与阶级压迫也就自动消失。可见,只有通过共产主义运动消灭私有制,消灭私有制下的劳动,人们才能摆脱阶级压迫和奴役,从而从事适合自己需要和发展的活动。

共产主义运动瓦解资本逻辑、实现全人类自由全面发展的过程,是社会主义全面胜利的过程。共产主义作为一种理想的自由社会形态,其实现是一个长期积累的过程,大致需要经历三个发展阶段:无产阶级革命的转变阶段(社会主义过渡时期)、共产主义社会低级阶段(社会主义时期)、共产主义社会高级阶段(共产主义时期)。显然只有到了共产主义时期,资本逻辑才能被完全扬弃,全人类的自由才得以充分彰显,而这是通过社会主义的全面胜利逐步实现的。马克思早在《共产党宣言》中就强调,无产阶级首先要通过革命建立无产阶级专政,使自己成为统治阶级,随后对已有的资产阶级社会进行改造,为向共产主义社会的过渡准备各类物质与精神条件。可见,全面建设社会主义是向共产主义时期转变的前提和基础,也是共产主义运动所包含的重要内容。要全面建设社会主义社会,就必须在政治上实行人民当家作主的民主制度,在经济上实行以公有制和按劳分配为主体的社会经济制度,要消灭剥削和压迫,消除社会的对抗性矛盾,从根本上保障最广大社会成员的根本利益。诚然社会主义的全面胜利对于瓦解资本逻辑、实现人的自由全面发

---

[1]　《马克思恩格斯文集》第 1 卷,人民出版社 2009 年版,第 579 页。

展已有很大贡献，但社会主义与共产主义时期仍存在较大差异。社会主义时期对阶级差异与阶级剥削的消灭并不等于所有社会矛盾的消失，这些矛盾需要通过长期的建设实践来消解，是一个运动发展的过程。

　　概言之，要瓦解资本逻辑、实现全人类的自由全面发展，就必须依靠共产主义运动，但这一运动不是一蹴而就的，而是一个不断发展的实践过程。之所以强调共产主义运动的实践过程，一方面是因为共产主义学说本来就是在实际的斗争中逐步形成的，共产主义的科学性必然在现实的斗争中逐步显现；另一方面是因为共产主义社会形态是有阶段地逐步实现的。在此意义上，共产主义运动是人们逐步实现全人类自由全面发展的实践过程。

## 二、自由人的联合体：全球现代性发展新形式的制度设计

　　通过"批判旧世界、发现新世界"，是马克思对资本主义现代性全球化批判的原则，他看到了资本主义与现代性的结合具有辩证的历史性，二者不会永远地结合在一起。因此，马克思要以现实的共产主义运动建立起一种真正的共同体，即自由人联合体，这样既消灭了资本主义的特殊社会形式，又保留了现代性带来的全球存在的普遍物质内容。在这个意义上，自由人联合体可以说是马克思构建的全球现代性发展的新形式，它是作为一种体制保障而服务于全人类自由全面发展的最高目的。在对全球现代性发展新形式的把握上，马克思主要通过"批判-建构"的方法论原则进行揭示。对资本主义私有制、市场调节、按资分配等制度原则，马克思进行了深刻的批判，同时也对新的现代性发展形式进行了建构，虽然未作过多的细节描述，但也确立了一些基本的原则性设想，如社会个人所有制、按计划调节的经济运行机制、按劳分配和按需分配的制度等。要把握马克思对全球现代性的建构，就必须从这些全新的制度设计入手。

　　（一）社会个人所有制

　　在体制保障中，一开始必然会涉及所有制问题，因为生产资料的归属问题是整个经济关系的基础，在整个社会发展系统中处于基础核心地位。资本主义现代性之所以造成全球发展危机，就是因为生产资料私有制这一根本性问题，故重建全球现代性首先必然要打破生产资料私有制。但在对传统的马克思主义的解读中，未来社会的所有制往往被理解为一种"国有制"，实行生产资料归国家所有、财产归公。然而事实证明，在这样的"国有制"中生活的人们并没有多少幸福感可言，个人

的自由发展受到了限制。以色列曾经出现过一个叫作"基布兹"的农庄,在这个农庄中财产归集体所有,大家共同劳动,生产资料和生活资料实行按需分配。这仿佛就是我们之前宣称的"大同社会",但生活在其中的人们并不愿意长期停留,因为人们鲜有自己可以支配的空间和时间,会感到自由感的丧失。如果我们对《德意志意识形态》《共产党宣言》与《资本论》加以仔细研读,便可以看出马克思所预测的未来社会的所有制其实是一种社会个人所有制,并不是纯粹的"国有制"。

马克思对真正共同体即自由人联合体(新的全球现代性实现形式)的阐发,是奠定在对资本主义"虚幻共同体"(现代性的特殊实现形式)的批判的基础上的,其中批判的根本就在于私有制。在《德意志意识形态》中,他指出资本主义私有制"是从积累的必然性中发展起来的"[1],是历史发展到一定阶段的结果。一开始,它还保留着共同体的形式,但在以后的发展中却越来越接近私有制的现代形式。而当私有制发展为现代形式的时候,生产力越来越与大多数人相对立,"对个人本身说来它们已经不再是个人的力量,而是私有制的力量"[2]。这样一来,个人完全失去了现实生活的内容,其劳动由于失去了自主性而彻底地变成一种假象。若想改变这一状况,就必须让个人来占有生产力的总和,从而使其生存和自主活动得以保证。从以上我们可以看出马克思分析私有制的清晰逻辑:私有制发展到现代形式具有历史的必然性,当它以现代形式出现时,会将个体劳动者与资本主义社会生产力对立起来,由此个人失去了现实生活的内容,要改变这种情况就必须让个人占有生产力的总和。要实现这种占有,马克思认为必须通过无产阶级革命的方式,彻底铲除旧的生产和交换关系,从而改变整个社会结构,建立起新的联合体,只有这样才能实现"联合起来的个人对全部生产力的占有"[3]。这种全新的占有方式就是马克思对未来社会(现代性的新的实现形式)所实行的所有制的畅想:一方面它表现为个人所有,即"个人对生产力总和的占有";另一方面它表现为共同所有,因为它要求的是"联合起来的个人"。[4] 从中我们可以看出,未来社会的所有制形式应该是个人所有与共同所有的统一,也即社会个人所有制。

在《共产党宣言》中,马克思对未来社会所有制的分析逐渐明晰。马克思在"无产者和共产党人"部分指出:共产主义不是要废除一切所有制,"而是要废除资产阶

① 《马克思恩格斯文集》第 1 卷,人民出版社 2009 年版,第 579 页。
② 《马克思恩格斯文集》第 1 卷,人民出版社 2009 年版,第 580 页。
③ 《马克思恩格斯文集》第 1 卷,人民出版社 2009 年版,第 582 页。
④ 参见《马克思恩格斯全集》第 3 卷,人民出版社 1960 年版,第 77 页。

级的所有制"①。这样必然招致资产阶级的诘难,认为共产党人是要消灭一切个人财产。马克思认为资产者的责备实质是荒谬的,因为在资本主义私有制条件下,如果不占有生产资料,那么劳动就无法给人带来财产,无产者的劳动所得到的报酬仅仅是维持自身生命再生产的所需。另外,马克思认为代替资本主义私有制的新的所有制形式并不是对个人所有的完全消灭,而只是要改变财产的社会性质。当我们主张将资本变成属于全体社会成员的公共财产时,并不是要直接剥夺个人财产来献给全社会,而是要废除它的阶级属性。当财产失去了它的阶级属性,那些原来由资本家所私人占有的财产自然就变成了"公共的、属于社会全体成员的财产"②,也就意味着财产的社会共有;但这种转化并不是对个人财产的全部否定,它只是要消灭利用财产去剥夺他人劳动的权力,这又意味着财产仍以个人占有的形式出现。这样,共产主义的所有制形式就超越了单纯的个人所有和共同所有,实现了两者的结合并表现为一种全新的社会个人所有制。

在《资本论》中,马克思关于未来社会中个人所有与共同所有相统一的所有制原则基本确立。在为写作《资本论》而做准备的相关手稿中,马克思首次使用了"社会个人的所有制"这一概念,他指出:只有当私有制被"改造为联合起来的、社会的个人的所有制"③的时候,它才能被彻底消灭。在资本主义私有制下,由于劳动和所有制是截然分开的,因此所有制对劳动者而言具有异己性,而到了共产主义社会(自由人联合体),所有制将与劳动重新整合,成为"非孤立的单个人的所有制"。这种所有制是个人所有与共同所有的统一,它既是个人的,又是社会的,是"联合起来的社会个人的所有制"④。马克思在《资本论》中深刻阐明了人类的所有制形式最终要发展到"社会个人所有制"的历史必然性。他指出,脱胎于资本主义生产方式的资本主义私有制,是对传统的以个人劳动为基础的私有制的否定,但由于资本主义生产同样包含着自身所无法克服的内在矛盾,它又势必走向对自我的否定,即否定的否定。这次否定并不是要重新回归过去的那种私有制,而是要在"对生产资料的共同占有的基础上,重新建立个人所有制"⑤。通过以上内容,马克思清晰地向我们指明,就整个人类社会的所有制发展而言,它实际上是一个"否定之否定"的过程:

---

① 《马克思恩格斯文集》第2卷,人民出版社2009年版,第45页。
② 《马克思恩格斯文集》第2卷,人民出版社2009年版,第46页。
③ 《马克思恩格斯文集》第8卷,人民出版社2009年版,第386页。
④ 《马克思恩格斯全集》第48卷,人民出版社1985年版,第21页。
⑤ 《马克思恩格斯文集》第5卷,人民出版社2009年版,第874页。

在第一个否定中,资本主义私有制替代了以个人劳动为基础的私有制;而在第二个否定中,它最终又将被社会的个人所有制所替代。通过"否定之否定",人类社会的所有制形式最终到达社会个人所有制,也即自由人联合体中的所有制形式。

自由人联合体作为全球现代性发展的新形式,对其进行制度把握,必然要首先阐明所有制的归属问题,因为对生产资料的占有是人类发展的先决条件。在奴隶社会中,生产资料归奴隶主所有,这时只有奴隶主才有独立和自由,而奴隶则一无所有,就连他自己都是属于奴隶主的。到了封建社会,封建领主控制着生产资料,他们拥有着独立与自由,而占有少量土地或者根本不占有土地的农民或雇农则只能得到有限自由甚至没有自由。在资本主义社会中,资本家由于手中掌握着生产资料而具有相对的自由性,而工人要生存下去就必须出卖自己的劳动力,由此便陷入极端的贫困与不自由状态。从整个的人类社会发展历程来看,人类发展的基础是对生产资料的占有,"生产者只有在占有生产资料之后才能获得自由"①。对生产资料的占有形式,马克思指出了两种:"个体占有方式"和"集体占有方式"。第一种方式迄今都没能成为一种普遍性现象,并且还被日益进步的工业主义所排斥;第二种方式则正从资本主义的发展进程中不断吸取着自我实现的物质因素和精神因素。"个体占有方式"显然不能实现整个人类的发展,不可能成为自由人联合体所采取的所有制形式。那么,未来社会的生产资料就只能采取集体占有的形式,但这种集体占有又必须是每一个生产者都占有生产资料,否则集体占有对单个生产者来说不过是一个虚幻的名称。由此可见,集体占有、社会占有、共同所有都只是一种体制形式,而真正的落脚点必须是个人所有,是每个人对生产资料的真正占有。只有这样,自由人联合体才是一切人自由发展的体制保障,全球发展与全人类的自由才能在其中相得益彰。

(二)按计划调节的经济运行机制

在马克思看来,一切社会关系都是建立在与之相适应的所有制关系基础上的,自由人联合体作为新的全球现代性发展形式要实现整个人类的共同发展,就必须采取社会个人所有制,由"联合起来的个人"来占有生产资料。与社会个人所有制相对应,未来全球发展还需采取计划调节的经济组织和运行模式,按照劳动者的劳动量与社会成员的需要量来对社会生产进行计划调节,这样才能为一切人的自由发展提供经济保障。马克思和恩格斯在多处论述中将有计划的社会生产作为未来

---

① 《马克思恩格斯文集》第 3 卷,人民出版社 2009 年版,第 568 页。

社会的经济运行方式。在《资本论》中马克思就明确提出,在未来的自由人联合体中,"社会的有计划的分配,调节着各种劳动职能同各种需要的适当的比例"①。恩格斯也在《共产主义原理》中对未来的社会制度进行了描述,他认为"这种新的社会制度首先必须剥夺相互竞争的个人对工业和一切生产部门的经营权,而代之以所有这些生产部门由整个社会来经营,就是说,为了共同的利益、按照共同的计划、在社会全体成员的参加下来经营"②。从马克思和恩格斯的以上叙述中我们不难看出,与未来的自由人联合相对应的将是一种计划生产的经济方式,只有这样才能让每一位社会成员都参与社会生产与社会财富的分配和管理,这才是与社会个人所有制相适应也更能促进全球发展的经济运行方式。

在未来全球发展中,全部经济生活将按计划调节的机制来运行,这不是马克思和恩格斯毫无根据的臆想,而是建立在对资本主义全球化的生产发展趋势的认识及对资本主义生产无政府状态的扬弃的基础上的。按照古典政治经济学家的观点,资本主义生产会随着市场运行而得到自行调节,生产资料(资本)会向能产出更多增殖价值的部门流动,无须通过计划调节。但马克思认为:"如果说资本有按照正确比例来分配自己的趋势,……它同样有超越这种比例的必然趋势。"③这就是指资本能够根据市场需求等条件来实现自身的转移,并按所谓的正确比例来对自己进行合理分配,但与此同时,资本与生俱来的追求自身无限增殖的贪婪本性,又促使它渴望超额生产、超额劳动与超额消费。正是由于资本的这种本性使得它必然超出所谓的正确比例,导致产能过剩,并引发普遍的经济危机。在马克思所生活的时代,从 1825 年第一次普遍的经济危机发生以来,几乎每十年就会出现一次危机,每一次危机都会带来产品和生产力的极大破坏,工人的生活日益贫困与艰难。"在商业危机期间,总是不仅有很大一部分制成的产品被毁灭掉,而且有很大一部分已经造成的生产力被毁灭掉。在危机期间,发生一种在过去一切时代看来都好像是荒唐现象的社会瘟疫,即生产过剩的瘟疫。"④正是资本主义生产的无政府、无计划状态导致全球生产任由资本的唯利本性驱动,致使人们的实际需要根本不在生产计划的考虑范围之中,这显然违背了全人类自由发展的要求。

马克思和恩格斯认为,资本主义制度下的经济危机之所以呈现出普遍性与频

---

① 《马克思恩格斯文集》第 5 卷,人民出版社 2009 年版,第 96 页。
② 《马克思恩格斯文集》第 1 卷,人民出版社 2009 年版,第 683 页。
③ 《马克思恩格斯文集》第 8 卷,人民出版社 2009 年版,第 94 页。
④ 《马克思恩格斯文集》第 2 卷,人民出版社 2009 年版,第 37 页。

发性的态势,根本上是由资本主义的基本矛盾所导致的,即生产社会化与生产资料私人占有之间的矛盾。要消除这种周期性危机所带来的生产力与产品的破坏、浪费,就必须将生产资料的私人所有过渡到社会个人所有,同时将社会生产从自发性的市场调节过渡到计划调节。虽然都是社会生产,但资本主义社会与自由人联合体的经济运行有着不同之处。在资本主义社会中,生产的社会性主要是通过产品的流通与交换表现出来。而在自由人联合体中,社会性则成为整个生产的前提,它不再单独地表现在生产结果的互相交换上,而是彻底融入生产、分配以及交换的全部过程,这是自由人联合体对资本主义社会的超越之处。有计划的社会生产相比资本主义的生产方式而言,其优点更是表现在它与人的自由相联系,可以为人类提供更多的自由时间。马克思曾指出,在共同生产的前提下,如果人们用于生产小麦、牲畜等的时间越少,那么他们用来从事"物质的或精神的生产的时间就越多"①。这就是说,有计划的社会生产能够合理地调节各个生产部门所占时间比例的大小,从而缩减用于从事生活必需品生产的那部分时间,同时增加用于促进人的自由发展的物质生产或精神生产的时间。这样,自由人联合体所实行的有计划的社会生产显然要比资本主义社会的市场调节的社会生产更有利于全球及全人类的发展。

马克思所设想的自由人联合体中经济运行的计划调节机制是建立在生产力高速发展、科学技术高度发达的基础上的。要实行计划调节机制,首先要能准确计算出联合体中的社会成员对各类产品的需求量,且要准确计算与合理分配社会劳动者的劳动量,这样才能将有效资源合理地分配到各类生产部门。要实行有计划的社会生产,就必须要求以上信息准确无误,而生产力与科技是其重要保障。由于现实的社会主义国家大多建立在经济文化相对落后的基础上,并不具备发达的生产力与科技水平,因此这时若一味实行计划调节的设想,则必然出现诸多严重弊端。在经济文化相对落后的社会主义国家,取消商品与市场,否认价值规律,经济的调节与发展全凭计划指令,必然严重束缚国家与社会的发展,最终并不能带来社会与个人的发展。可见,马克思所设想的实行计划调节的经济运行机制是有条件的,历史的实践也不断证明没有达到生产力与科技发展的一定阶段,计划经济是不会成功的。现实中,经济文化相对落后的社会主义国家纷纷进行了改革,从计划经济逐步转移为国家宏观调控与市场经济的结合方式。

---

① 《马克思恩格斯文集》第 8 卷,人民出版社 2009 年版,第 67 页。

(三)按劳分配和按需分配的制度

马克思指出,以何种形式来分配消费资料是由生产条件所决定的,而生产条件本身又是由生产方式决定的。这就意味着,一个社会究竟实行何种分配方式最终取决于它的生产方式。在未来的自由人联合体中,生产既然已经成为联合起来的个人的共同行动,那么生产的结果自然也应该由这些联合起来的个人所有,并在他们之间分配。马克思认为:"这个联合体的总产品是一个社会产品。这个产品的一部分重新用做生产资料……另一部分则作为生活资料由联合体成员消费。因此,这一部分要在他们之间进行分配。这种分配的方式会随着社会生产有机体本身的特殊方式和随着生产者的相应的历史发展程度而改变。"①也就是说,未来全球的分配方式在历史的不同阶段会有所不同。马克思将未来的共产主义社会大致分为初级阶段与高级阶段两个阶段,并指出在这个阶段将分别采用按劳分配与按需分配制度。

1. 在共产主义的初级阶段实行产品的按劳分配制度

对于这一点,马克思曾在《哥达纲领批判》中给予了充分说明。他指出,生活在共产主义初级阶段中的人将会依据他所提供的劳动量来获得一张社会凭证,通过这张凭证,他就可以"从社会储存中领得一份耗费同等劳动量的消费资料"②。这里的个人劳动所得必须扣除作为公共基金的部分,包括用于扩大生产所追加的生产资料、用于自然灾害和不幸事故的储备基金等。在作了社会扣除后,个人通过劳动凭证领回的生活资料就是他给予社会的劳动量。从这一点上看,按劳分配借鉴了市场经济中的等价交换原则,但在内容和形式上却是截然不同的。在对生活资料的分配过程中,按劳分配实际上采取的是一种等量劳动相交换的原则。那么,对于不同劳动者而言,我们该如何衡量他们的个人劳动量呢? 马克思指出,劳动量的大小可以通过劳动时间的长短来计算,因为"社会劳动日是由全部个人劳动小时构成的"③,对于各个劳动者而言,他所耗费的个人劳动时间就是他在整个社会劳动日中应该占有的那一份。恩格斯认为根据日常的经验就可以判断出劳动量,因为我们可以简单地看出"在一台蒸汽机中,在100升的最近收获小麦中,在100平方米的一定质量的棉布中,包含着多少劳动小时"④。这种以直观的形式考查劳动时间与劳

---

① 《马克思恩格斯文集》第 5 卷,人民出版社 2009 年版,第 96 页。
② 《马克思恩格斯文集》第 3 卷,人民出版社 2009 年版,第 434 页。
③ 《马克思恩格斯文集》第 3 卷,人民出版社 2009 年版,第 434 页。
④ 《马克思恩格斯文集》第 9 卷,人民出版社 2009 年版,第 326 页。

动量的关系尽管十分简明,但也会引起人们的疑问,如简单劳动与复杂劳动占有同样的劳动时间时如何判断劳动量。当然,马克思也给出了回答,认为复杂劳动应等于多倍的简单劳动。可以看出,劳动时间只是衡量劳动量的一个基础,在现实的衡量过程中还应考虑多种因素。

2. 在共产主义的高级阶段实行产品的按需分配制度

马克思认为,共产主义的重要原则之一就是:"人们的头脑和智力的差别,根本不应引起胃和肉体需要的差别。"[①]也就是说,共产主义社会的分配原则应当是按需分配,而不是以劳动、能力等作为分配原则。当然,按需分配必须具备一定的条件,而这些条件只有到共产主义社会的高级阶段才能实现。从基本条件来看,要实现按需分配需要做到以下三个方面:强制的社会分工的消失、劳动成为人们的第一需要,以及生产力水平的高度发达。首先,强制的社会分工的消失。当分工带有固定性和强制性的时候,大部分人将无法从事自己喜欢的职业,长期的分工又会使人们片面发展,还会引起体力劳动与脑力劳动的对立。要实现按需分配首先必须打破强制分工与固定分工。其次,要让劳动成为人们的第一需要。在强制分工的情况下,人们的劳动不过是一种谋生的手段,而当物质财富极大丰富时,人们已不再受生活的压迫,可以自觉自愿地选择自己的劳动。最后,要实现按需分配离不开生产力的高度发达。发达的生产力是物质财富充分涌流的必要前提,只有当个人的物质需要得到充分保障时,他们才不用受生活所迫,才可以从事自己喜爱的劳动;而一旦劳动成为人的自觉自愿活动,又会反过来推动生产力水平的提高,从而创造出更加丰富的物质财富。在实现了这三个基本条件后,社会的发展"才能在自己的旗帜上写上:各尽所能,按需分配"[②]。当然,这种按需分配不像某些人想的那样想要什么就要什么,这是对马克思按需分配理论的极其错误的理解。马克思一直将人的需要问题放在特定的历史时空下加以讨论,所以需要必须与人所处的实际语境相结合,并不是想要什么就要什么。未来社会的人们作为自由人联合体中的自由人,其需要都是自己真正体验的需要,是与其自由发展相联系的需要。在自由人联合体中,每个人的真实需求都可以通过按需分配来获得满足,从而为激活个人潜质,发挥个人才能,促进全球及全人类的自由全面发展奠定基础并提供保障。

无论是社会个人所有制、计划调节的经济运行机制,还是按劳分配与按需分配

---

① 《马克思恩格斯全集》第 3 卷,人民出版社 1960 年版,第 637 页。
② 《马克思恩格斯文集》第 3 卷,人民出版社 2009 年版,第 436 页。

的分配制度,都是从经济角度对自由人联合体所作出的制度设计,因为马克思对全球现代性发展新形式的设计实质上是偏向于经济性质的。但不论是哪一种性质,未来的制度设计都不是凭空想象的,而是以整个人类自由发展为最高旨向,建立在对资本主义全球化现实批判的基础上的。自由人联合体中的所有制度设计都是围绕一个中心,那就是转变全球现代性的发展方式,真正实现全人类的自由发展。在所有制方面,实行社会个人所有制是为了让联合起来的个人共同占有生产资料,因为在别人的控制下劳动是没有自由与发展可言的。在经济运行方面,实行有计划的社会生产可以避免无政府状态所导致的生产力与产品的浪费,为社会与个人发展创造更多的社会财富。在分配制度方面,共产主义初期物质财富还不足够丰富,必须实行按劳分配,但按劳分配足以使人们摆脱强制分工的压迫;当物质财富积蓄到一定量时,分配方式改为按需分配,每个人都可以根据自己的真正需求获取生活资料。总之,作为全球现代性发展新形式的自由人联合体的一切制度设计都是以全人类的发展为根本目标,是为保障全人类的自由全面发展而设计出的制度体制。

### 三、在全人类自由全面发展中推动全球现代性的重构

马克思所设想的新的全球现代性的实现形式是自由人联合体,这一社会共同体通过社会个人所有制、按计划调节的经济运行机制、按劳分配和按需分配的制度给全人类自由全面发展以保障。自由人联合体是马克思对新的全球现代性的理论建构,其中"每个人的自由发展是一切人的自由发展的条件"[①],可见自由人联合体弥合了资本主义现代性在全球化过程中造成的全球断裂与失衡,个人与社会的发展不再是一种截然的张力关系,而是彼此融合,从而开启了人类自由发展的新历史。

全球现代性的矛盾裂变与全球混沌的无序状态,向整个人类提出了重塑现代性的重大难题。资本与市场的跨国运动逾越了单一民族国家的领土界限,弱化了国家机器的支配权力,因此,对于资本逻辑和市场机制的调节与治理,就不能只停留在民族国家的层次上,而必须上升到全球范围、世界规模上来进行。从人类解放和共产主义革命的角度,马克思较早地提出了这一问题的解决方案:现代世界各民族国家之间的这种相互对抗的无政府状态,只有在超越民族国家内部、民族国家之

---

① 《马克思恩格斯文集》第 2 卷,人民出版社 2009 年版,第 53 页。

间的对立关系的基础上,才能够得到有效克服。由于民族国家内部的社会冲突根源于资本积累过程中的阶级冲突,而民族国家之间的矛盾则根植于不同积累中心之间的敌对性竞争以及积累中心与积累边缘的统治-依附关系,因此,通过无产阶级革命克服民族国家内部的阶级对立,就有可能超越民族国家之间的对立关系:"人对人的剥削一消灭,民族对民族的剥削就会随之消灭。民族内部的阶级对立一消灭,民族之间的敌对关系就会随之消失。"①自由人联合体便是超越民族国家及其世界体系的一种新的全球性存在方式。

自由人联合体包含着内在的历史向度与价值核心,这就是人的自由全面发展。新的全球现代性的目标更进一步地体现为人的自由全面发展。因此,新的全球现代性对资本主义方案的超越就集中表现为人的自由全面发展对资本主义的现代自由的超越。

人的自由全面发展对资本主义的现代自由的超越表现在对自由发展本质的理解上。建立在资本主义生产方式基础上的现代自由具有历史的二重性,这种自由"不过是在有局限性的基础上……这种个人自由同时也是最彻底地取消任何个人自由"②。也就是说,现代性自由既给人带来自由,又使人丧失自由:一方面,随着资本主义生产方式的发展,在资本逻辑的驱动下人们逐渐摆脱了传统社会中共同体权力的统治,获得了前所未有的独立人格与自由权利;但另一方面,人们在现代性中所获得的自由又依附于现代形式的权力支配关系,从根本上说受到资本权力的限制。从中我们可以看出,现代性自由在根本上受到了资本逻辑的支配,它所提供的人的自由不过是"以物的依赖性为基础的人的独立性",所形成的只是"偶然的人"。正如马克思所言:"在自由竞争中自由的并不是个人,而是资本。"③自由人的社会基础是自由人联合体,而这一新的社会形式必须建立在对资本主义社会的扬弃的基础上,它意味着对资本统治与全面异化的彻底摒弃。由此而形成的自由人充分摆脱了"外在的必然性"与"异己的偶然性",既不会像传统社会那样对于自然的强制无能为力,也不会像在资本主义社会中那样成为资本增殖的手段与方式。此时人们成为具有自主性、支配力的社会历史的"主人",成为真正拥有"自由个性"的个人。从上述可以看出,现代性自由观从根本上表现为"以物的依赖性为基础的人的独立性",而自由人则是扬弃了资本统治与全面异化的"自由个性"的全面

---

① 《马克思恩格斯选集》第 1 卷,人民出版社 1995 年版,第 291 页。
② 《马克思恩格斯文集》第 8 卷,人民出版社 2009 年版,第 180 页。
③ 《马克思恩格斯文集》第 8 卷,人民出版社 2009 年版,第 179 页。

发展。

　　人的自由全面发展对资本主义的现代自由的超越表现在自由全面发展的现实实现上。现代性自由的现实支撑来自资本主义的市民社会或国家权力，而自由人则植根于超越资本主义社会的自由人联合体。古典自由主义将自由主要落实在私有财产、市民社会与市场交换上，要通过限制国家和政府的权力来突出个人自由。以斯密为代表的经济自由主义希望将个人自由权利建立在市场"自然秩序"的基础上，要由市场的自由公正引申出整个社会的自由感。与经济自由主义的自由观不同，以黑格尔为代表的国家主义则将自由建立在国家权力的基础上，并认为个人只有在"理想国家"中才能实现自由。黑格尔指出："单个人的自我意识由于它具有政治情绪而在国家中，即在它自己的实质中，在它自己活动的目的和成果中，获得了自己的实体性的自由。"①如果说斯密的市场主义观点与黑格尔的国家主义观点分别构成了现代性自由问题的"正题"和"反题"，那么马克思的自由人则是否定之否定意义上的"合题"。依马克思的观点来看，斯密的市场主义过分看重市民社会与市场机制，反之，黑格尔的国家主义太过偏向国家权力的作用，二者看似背道而驰，却有着共同的致命缺陷，即都没有看到市民社会与国家权力实质上都从属于资本逻辑统治，两者都未能挣脱资本主义现代性的局限性。马克思正是看到了无论在市民社会还是在政治生活中，人们都出现了不同程度与形式的异化，因而提出自由的现实根基必然不会存在于资本主义的市民社会或国家权力之中，只有在扬弃了资本统治与全面异化的自由人联合体中，人们才可能拥有个人所有和自主活动，才能体验到真正意义上的自由。

　　人的自由全面发展对资本主义的现代自由的超越表现在自由发展的普及程度上。现代性自由从根本上说受到资本逻辑的控制，这就注定其在自由的享有上不具有普遍性，少数占有资本者将享受自由，而多数的劳苦大众则将沦为资本的奴隶。在资本主义国家中，只有那些处于统治阶级内部的人才有个人自由可言，从这个意义上说，现代性自由不过是资产阶级的特权与游戏。与之相反，新的社会形式中的自由人所提倡的自由则是所有社会成员普遍享有的自由。现代性自由之所以表现出极不公平的分配状况，是因为它是与不平等的阶级状况联系在一起的。这一点是资产阶级理论家们所忽视的，无论是斯密的市场主义还是黑格尔的国家主义，都将社会的等级秩序看作个人自由的必然结果。但这只会导致现代性自由的

---

　　①　［德］黑格尔：《法哲学原理》，范扬、张企泰译，商务印书馆 1961 年版，第 197 页。

悖论:少数特权阶级垄断自由,而大多数人缺乏自由及其条件。马克思则看到了自由发展的悖论,他深入资本主义社会生活的内部,指出阶级差异与等级秩序是阻碍自由的重要因素。故马克思要求未来的自由人联合体必须消灭阶级差别和社会不平等,要让全体社会成员获得自由及其发展条件,从而使人们"在自己的联合中并通过这种联合获得自己的自由"①。

---

① 《马克思恩格斯文集》第 1 卷,人民出版社 2009 年版,第 571 页。

# 第三章

## 全球现代性的时代开新：
## 人类命运共同体的理论贡献

随着资本主义所推动的全球现代性的发展，日益凸显的现代性问题成为西方国家乃至全人类必须直面的问题。尤其是在全球一体化程度不断加深的时代背景下，资本主义现代性的矛盾受到了前所未有的激化，给整个人类的生存发展和前途命运带来难以回避的负面影响。面对这些问题，资本主义的应对无术和力不从心使得世界各国对资本主义全球现代性模式失望透顶，不禁发出"世界怎么了，我们怎么办"的叹喟，并渴望找到一条超越资本主义全球现代性的发展新路。在这种情况下，马克思提出的"自由人联合体"作为对资本主义现代性生产逻辑的继承和对资本逻辑的扬弃，为人类文明的发展指明了出路和方向。但是，自由人联合体作为一种"新全球现代性"是有条件的，其中最为首要的便是要以现实的共产主义运动推翻资本主义现代性及其构建的国际体系，而这在当前并不具备现实性。正如习近平总书记指出的，鉴于"资本主义社会的自我调节能力"，社会主义取代资本主义必然是一个很长的历史过程，我们必须充分"估计到西方发达国家在经济、科技、军事方面长期占据优势的客观现实，认真做好两种社会制度长期合作和斗争的各方面准备"[①]。正是站在这一历史辩证法的高度，中国将马克思"自由人联合体"的立场方法、价值理想与当今时代境况结合在一起，创造性地提出构建"人类命运共同体"的战略主张，从而不仅实现了马克思"自由人联合体"思想的时代化、具体化，而且更加现实地回答了世界历史向何处去的问题，为全球现代性发展贡献了中国智

---

① 习近平：《关于坚持和发展中国特色社会主义的几个问题》，《求是》2019年第7期。

慧与中国方案。

# 第一节　全球现代性发展的中国方案——
# 人类命运共同体的形成过程

当今世界,经济全球化、政治多极化、文化多元化、社会信息化深入发展,各国之间相互联系、相互依存的程度空前加强,人与人之间交往的世界性比历史上任何时候都更加深入、更加广泛,整个世界越来越成为一个你中有我、我中有你的命运共同体。在这种高度依存的全球现代性格局下,各种全球性风险与挑战也变得日益增多且纷繁复杂,牵一发而动全身,这要求我们必须比以往任何时候都更加坚定地站在全人类的高度思考、审视世界历史的走向,把握未来。在这种强烈的共同体意识下,习近平总书记以深刻的哲学思维、宽厚的人类情怀、强烈的时代意识和鲜明的问题导向,循着马克思关于现代性批判的逻辑理路对当代全球现代性问题展开了批判性反思,科学回答了"建设一个什么样的世界、如何建设这个世界"这一关乎人类前途命运的重大问题,建构了新时代的文明观、义利观、发展观,实现了对全球现代性发展模式的重塑。

## 一、人类命运共同体理念形成的思想基础与历史实践

经过改革开放四十多年的快速发展,中国乘着全球现代性发展的浪潮实现了从站起来、富起来到强起来的伟大飞跃,并日益走近世界舞台的中央。与中国的快速崛起相对应,西方资本主义世界却陷入重重危机当中,世界正在经历百年未有之大变局。面对资本主义全球现代性体系的失格与失序,以习近平同志为核心的党中央积极把握时代潮流,依循马克思主义的全球现代性批判理论,怀着对全球现代性进程的深入思考、对世界前途命运的深刻关切和对中国现代化成功经验的高度自信,提出了构建"人类命运共同体"的战略主张,倡导世界各国同舟共济、权责共担、增进人类共同利益。构建"人类命运共同体"是关乎人类前途命运且极具开创性的伟大构想,它继承了马克思全球现代性批判与重构的理论脉络,深植于以"和"为上的中华优秀传统文化之中,创新于中国道路实践经验与人类发展价值共识的融合之中,是新时代中国立足全人类的共同福祉,为解决当今世界和平与发展问题

所贡献的一份中国方案，表达了中国对于新型全球现代性实现方式的不断探索和不懈追求。

（一）对马克思全球现代性批判与重构理论的创造性继承

在《关于费尔巴哈的提纲》中，马克思指出，"哲学家们只是用不同的方式解释世界，问题在于改变世界"①。因此，当我们在肯定资本主义现代性的积极意义时，更应主动运用辩证思维深入分析和批判资本主义现代性的弊端。正是在这一原则的指导下，马克思、恩格斯以资本主义生产方式和社会关系为着眼点，既高度肯定了资本主义现代性所创造出的辉煌成就，同时也深刻揭示了其产生的沉重灾难和恶果："资产阶级的生产关系和交换关系，资产阶级的所有制关系，这个曾经仿佛用法术创造了如此庞大的生产资料和交换手段的现代资产阶级社会，现在像一个魔法师一样不能再支配自己用法术呼唤出来的魔鬼了……社会突然发现自己回到了一时的野蛮状态，仿佛是一次饥荒、一场普遍的毁灭性战争使社会失去了全部生活资料，仿佛是工业和商业全被毁灭了。"②资本主义现代性由于只关注物而不关注人，因此它构筑起的丰裕景象是以人的贬值和异化为代价的，它把所有人都抛入"商品-货币-资本"的符号式现代性生活图景当中，并最终不可避免地使"生产的社会化"与"生产资料资本主义私人占有"之间的矛盾在全球范围走向激化，使全世界陷入巨大危机中。虽然随着资本主义全球现代性的不断发展，它的演进形态不断翻新，但其最大限度地追求剩余价值的逐利本性并没有改变，为了聚敛全球资源而极力扩张的趋势没有变，掠夺全人类的图谋更没有变。通过马克思的理论我们可以看到，他对资本主义全球现代性的批判不是从抽象的人的类本质出发的，而是站在唯物史观立场上从现实的社会关系出发，直指资本主义现代性的生产方式和全球化逻辑，直指隐藏在资本主义现代理性背后的"物质"动因——资本。在马克思看来，"资本不是物，而是一定的、社会的、属于一定历史社会形态的生产关系，后者体现在一个物上，并赋予这个物以独特的社会性质。资本不是物质的和生产出来的生产资料的总和"③。马克思把资本指认为现代性的本质范畴，从而"把对启蒙理性及现代性的批判转化为对资本逻辑、资本主义生产方式的批判性重构，把对启蒙理性及现代性种种弊端的克服转化为对资本主义私有制的超越"④。总之，马克思

---

①　《马克思恩格斯文集》第 1 卷，人民出版社 2009 年版，第 502 页。

②　《马克思恩格斯文集》第 2 卷，人民出版社 2009 年版，第 37 页。

③　《马克思恩格斯文集》第 7 卷，人民出版社 2009 年版，第 922 页。

④　刘同舫：《启蒙理性及现代性：马克思的批判性重构》，《中国社会科学》2011 年第 2 期。

从资本逻辑出发系统分析了资本主义推动的全球现代性的产生与发展,以唯物史观与世界历史的视野阐明了人类社会和现代性事业发展的方向。

通过批判资本主义全球现代性,马克思指出要想实现资本主义全球现代性的重塑,就必须以"真正的共同体"代替"虚假共同体","代替那存在着阶级和阶级对立的资产阶级旧社会,将是这样的一个联合体,在那里,每个人的自由发展是一切人的自由发展的条件"[①]。在"真正的共同体"中,人与物的关系将发生本质性的置换,整个社会的发展将由全体成员共同推动并且是为了每个人的。那时,人不仅可以从各种"物役性"关系中彻底解放出来,更能主动地运用各种物来发展自身;不仅可以根据自己的兴趣爱好自由地开展活动,更能平等地参与到社会生活中,从而在个人与他人、个体与群体的有机统一中实现每个人的自我价值和自由全面发展。马克思的"自由人联合体"思想从历史必然和现实必然的双重维度为超越资本主义全球现代性提供了理论支撑,描画出全球现代性场域下人的解放的科学构想以及人类文明发展的未来方向。

虽然资本主义全球现代性有着不可克服的内在矛盾,但其通过不断的自我修复和调节,时至今日仍在全球现代性的发展中占据主导地位。然而不管资本主义做出何种调整,其所蕴含的危机、矛盾都不可能得到根本性消除,只会暴露得越来越明显。今天,由全球化带来的商品、资本、人员以及信息技术的大流动、大融合,在给人们的生产生活带来极大便利和巨大物质财富的同时,也使得地区发展的不平衡、资源和财富分配的不公正、不同文明间的碰撞冲突等矛盾和弊端愈演愈烈,而这些问题均是资本主义全球现代性自反性的鲜明体现。面对资本主义全球现代性所引发的混沌和冲突,人们不禁陷入"世界怎么了,我们怎么办"的思考,并纷纷试图找寻出路,甚至掀起了逆全球化与反全球化的浪潮,人类社会面临着去往何处的重大抉择。针对人类社会"百年未有之大变局"以及各种逆全球化思潮的泛起,习近平总书记在深刻洞察历史发展大势的基础上多次指出,全球化、现代化是大势所趋,我们当前所遭遇的一切问题绝不是全球现代性发展的必然结果,而是由"资本逻辑泛化"所导致的,其根源在于资本主义制度形式。因此,人类要想摆脱发展困境,关键是要打破全球现代性的资本主义实现模式,把马克思的"自由人联合体"思想与当下发展实际结合在一起,寻找全人类生存与发展的共同利益和共同价值,携手构建"人类命运共同体"。"人类命运共同体"全面继承和发扬了马克思主义的

---

① 《马克思恩格斯选集》第1卷,人民出版社2012年版,第422页。

全球性视野和全人类的价值立场，从根本上超越了资本主义"赢者通吃""国强必霸"的现代性法则，要求世界各国必须在共商共建的基础上享受全球化发展带给各国的巨大红利，最终形成公平有序的全球秩序。由此可见，"人类命运共同体"的本质是以唯物史观为基础增进全人类共同利益的创造性方案与实践，是完全有别于资本主义"虚幻共同体"逐利模式的全球现代性实现新方式，是要在全球一体化趋势不断加深的情况下形成一种"你中有我、我中有你、守望相助""同呼吸、共命运"的现代性新方式。构建"人类命运共同体"，就是要在从"地域性的个人"转向"世界历史性的个人"的时代背景下，彻底打破资本主义全球现代性所造成的"抽象力量对人的支配"，打破资本主义全球现代性唯一的神话，终结西方资本主义模式宰制全世界的线性进步观，从而为人类现代性事业的持续发展提供"中国方案"。

（二）深植于中华文化内蕴对中国现代性理念的发展

作为一种新的全球现代性实现形式，"人类命运共同体"的提出不仅有着深厚的马克思主义思想基础，更是深深地扎根于中华优秀传统文化，从中汲取精髓并加以升华。就中华优秀传统文化而言，"天人合一"宇宙观、"天下为公"政治观、"和而不同"社会观构成了其最为核心的理念，而正是这一"和合"理念为打造新型国际秩序观提供了源源不断的精神财富，为人类命运共同体理念奠定了历史文化根基。在中华优秀传统文化的长期浸润和滋养下，中国在对外交往和全球治理中始终坚持和倡导的是和平发展、和谐共处、合作共赢的原则，这种包容开放、兼容并蓄的品质和情怀在世界各国相互依存日益加深的今天得到了进一步升华，从而赋予国际交往和全球治理以新的时代内涵，并最终凝结成"人类命运共同体"理念。正因如此，所以人类命运共同体是中华优秀传统文化当代发展的最新境界，是将中国优秀传统"和合"理念应用于全球治理、发展的光辉典范。

第一，人类命运共同体理念传承了中国几千年来的天下情怀，蕴含了中华优秀传统文化中的"和合"理念。中华优秀传统文化博大精深、源远流长，蕴含着丰富的政治哲学和处世之道，赋予了中华民族生生不息的、强大的生命力，其中"和合"理念更是贯穿中华文化长河的一条主线。总体来说，中华优秀传统文化中的"和合"思想主要包括以下五个方面：一是"天人合一"，即人与自然的和谐；二是"以和为贵"，即人与人的和谐；三是"天下大同"，即国家治理和谐；四是"协和万邦"，即国家之间的和谐；五是"平正擅匈"，即人的内心和谐。概述之，"和合"文化以和谐为基本要义，不仅涉及人的行为准则、生活习惯、社会风尚，而且包括思想观念、价值取向等诸多方面。正如习近平总书记指出的，"和平、和睦、和谐的追求深深植根于中华民族的精神世界之中,深深溶化在中国人民的血脉之中"①。正是这种以和为贵的文化基因决定了中华民族自古以来就是强不凌弱、敦厚平和的,这既是中华民族的独特民族性格也是中国人治理国家的基本信念,直到今天仍然保持着强大的生命力,并且仍然是中国处理国际关系的基本理念。从倡导和平共处五项原则到主张国际关系民主化,从坚定不移走和平发展道路到建设和谐世界理念,这些都是对中华传统"和合"文化的继承和发扬。"和"意味着世间万事万物都是由不同方面、不同要素构成的统一整体,意味着协调不同的人、事、物,使之达到和谐均衡,意味着事物均是矛盾对立的统一体,我们所努力追求的是内在的和谐统一,而非表面的无差别性的一致。"和合"文化凸显了中华民族所具有的合作共赢的大智慧,而当前中国所倡导的"人类命运共同体"理念恰恰是这一智慧的时代性彰显与升华。

第二,人类命运共同体蕴含着求同存异和天下为公的理念,传递的是超越民族国家界限的责任感。在中华优秀传统文化中,在"和合"理念的浸润下,中华民族形成的"己所不欲,勿施于人"的观念,表达的是互相尊重、互不干涉的原则;"修身齐家治国平天下"的信条,强调的是运用内在道德修养的力量,通过文明教化去实现天下太平的目标;"和而不同""和衷共济"的主张,揭示的是求同存异、包容互补、和谐共存的价值取向;"先天下之忧而忧"的抱负,抒发的是中国人的济世情怀;"达则兼善天下"的追求,承载的是负责任的共享意识;"四海之内皆兄弟"的豪情,体现的是朴素的平等愿望。几千年连绵不断的独特文化造就了中华民族的精神追求,构建了中华民族的精神家园,在历史长河中起着教化民众、激励民心、凝聚民族的重要作用。"中华优秀传统文化的丰富哲学思想、人文精神、教化思想、道德理念等,可以为人们认识和改造世界提供有益启迪,可以为治国理政提供有益启示,也可以为道德建设提供有益启发。"②弘扬中华传统文化的思想精华,发掘中华传统文化与当今时代的共鸣点,能够为国际社会应对各种问题与挑战奉献中国智慧。近年来,中国发展迅速,在各个领域都取得了重大成就,为世界经济、社会发展做出了巨大贡献。但美国等西方资本主义国家对中国的发展壮大怀有敌意,大肆宣扬"中国威胁论"。面对某些国家的敌视,习近平总书记多次强调,要加强国际传播能力建设,精心构建对外话语体系,要讲好中国故事,传播好中国声音,阐释好中国特色。提出"构建人类命运共同体",不仅是中国"和"文化与时代结合的理论创造,而且是中

---

① 习近平:《在德国科尔伯基金会的演讲》,《人民日报》2014年3月30日。
② 习近平:《在纪念孔子诞辰2565周年国际学术研讨会暨国际儒学联合会第五届会员大会开幕会上的讲话》,《人民日报》2014年9月25日。

国在"大国崛起"过程中积极营造良好"大国形象"的重要举措。世界各国有着不同的特性，各国的文化习俗、社会制度、经济实力、国力强弱等各有不同，所以各国间的交往难免存在分歧甚至是一定的冲突。在处理矛盾问题时，只有在平等协商的基础上加强沟通、对话合作，才能更好地大事化小、小事化无。"我们应该求同存异、聚同化异，共同构建合作共赢的新型国际关系。国家不论大小、强弱、贫富，都应该平等相待，既把自己发展好，也帮助其他国家发展好。大家都好，世界才能更美好。"[1]求同存异、聚同化异是"人类命运共同体"的价值诉求和基本特征，体现了"和"文化的理念追求。而在推动构建人类命运共同体的实践中，"一带一路"则是继承与弘扬中华传统文化的典范，是对"丝绸之路"的升级、拓展，它追求人与人、人与自然、人与社会、国家与国家的和谐，并以可行的方案践行中华民族自古以来对构建和谐万邦的追求。

（三）中国道路实践经验与人类发展价值共识的融合

"人类命运共同体"作为新时代应对全球发展危机和现代性困境的一种新型文明观，不仅有着深厚的理论基础，更有着坚实的实践基础，是马克思主义理论逻辑与中国特色社会主义实践逻辑相结合的产物。自进入近代以来，实现现代化、发展现代性成为世界各国的共同追求，当然也是中国共产党带领中国人民矢志不渝的奋斗目标。然而，在现代性的实现方式上，中国没有重走西方资本主义的老路，也没有照抄照搬苏联模式，而是在遵循现代性一般发展规律的基础上，坚持从本国特殊的历史传统、基本国情、制度属性和实际发展情况出发，积极探索具有中国特色的现代性发展新路。第二次世界大战以后，随着国际力量对比的重组与分化，以美苏为首的东西两大阵营分隔对峙的局面形成，整个人类社会陷入"非此即彼""你死我活"的冲突对立中，全球治理格局也呈现出以美苏"两极"为主导的霸权格局。面对这种局面，中国没有屈服于任何一方，以毛泽东为代表的中国共产党人提出了"三个世界"的理论，力求将深受霸权主义迫害的第三世界国家紧紧团结起来，共同维护国际公平正义，促进共同发展。毛泽东指出，在国际交往中我们要正确区分"敌、我、友"三个方面，要利用"敌"与"敌"的矛盾来尽可能扩大"友"的同盟，缩小"敌"的范围，要尽可能找到利益共同点来扩大"我"与"友"的范畴，反对"敌"的势力。毛泽东看到了不同国家间的不同利益诉求，更看到了彼此之间的利益共同点与合作共赢点。可以说，"三个世界"理论所提倡的"共同价值"是"人类命运共同

---

① 《习近平外交演讲集》第1卷，中央文献出版社2022年版，第430页。

体"的最初形态,是对马克思和恩格斯所倡导的"全世界无产者联合起来"思想的运用,为应对当时全球范围的霸权主义行径提供了可行之道。在"三个世界"理论的指导下,中国一方面紧密团结广大发展中国家,另一方面与西方发达资本主义国家保持积极的交流与合作,利用一切有利的因素发展自身。正如毛泽东指出的,"为了和平和建设的利益,我们愿意和世界上一切国家,包括美国在内,建立友好关系"[①]。通过求同存异、协作共赢,中国迅速摆脱了新中国成立初期一穷二白、百废待兴的局面,使新生的社会主义政权得到了巩固。中国的成功经验昭示,面对霸权主义和强权政治,任何试图逃避或者以自我封锁的办法来达到"独善其身"的做法都是不可取的,无论什么时候,我们都必须在求同存异、互利共赢的基础上主动融入全球现代性发展的浪潮,要充分利用西方发达国家的技术、资源和经验来加快发展自身。只有自身发展强大了,才能不断缩小与发达国家之间的差距,才能为促进国际新秩序的构建贡献力量。

改革开放以后,面对全球技术创新、市场联动、资本流动、生产要素重置等一体化趋势的进一步加强,中国的发展与世界的发展之间的关系变得更加紧密。在这种情况下,以邓小平为核心的党的第二代中央领导集体牢牢把握和平与发展这一时代主题,顺势而为,开启了改革开放的伟大进程。通过实行改革开放,中国对内一心一意谋发展,不断深化改革,解放和发展生产力,致力于让全体人民都过上好日子;对外则高举和平、发展、合作、共赢的旗帜,始终奉行独立自主的和平外交政策,坚持互利共赢的开放战略,积极参与并推动经济全球化,坚定维护国际关系基本准则,坚定维护世界公平正义,坚决反对霸权、霸凌和单边主义。在公平、开放、合作等理念的指引下,中国把本国利益与各国共同利益有机地结合起来,努力扩大各方利益的汇合点,不断提升发展的内外联动性,在实现自身发展的同时更多惠及其他国家及其人民。这样的现代化发展之路,采取的方式是和平的,秉承的理念是双赢、多赢、共赢,追求的结果是让发展机会更加均等、让发展成果惠及各方。这与以往一些国家以零和博弈思维垄断发展优势,甚至不惜以战争和扩张掠夺资源的现代化之路完全不同,它为人类走向现代化探索出了一条新的道路。

正是因为始终坚持走和平发展道路,坚持平等互利的原则,所以中国的"朋友圈"越来越大,中国的现代化道路越走越宽广。经过长期不懈的艰苦努力,中国已成为世界第二大经济体,对全球经济增长贡献率连续多年保持在30%左右。特别

① 《毛泽东外交文选》,中央文献出版社、世界知识出版社1994年版,第246页。

是党的十八大以来,在以习近平同志为核心的党中央坚强领导下,党和国家事业取得了历史性成就,发生了历史性变革。2020 年,我国 GDP 超过 101 万亿元,我们如期完成脱贫攻坚目标任务,创造了举世瞩目的现代化建设新成就,为全面建成社会主义现代化强国奠定了坚实基础。可以说,中国的现代化成就是靠中国共产党带领中国人民立足自身、艰苦奋斗、接续拼搏得来的,但同时也是中国走和平发展道路的硕果。中国始终在坚定维护世界和平中谋求自身发展,又以自身发展更好地维护世界和平,从而在与世界各国的良性互动中创造出更多的利益生长点,并最终开辟了共同发展、协调发展的良好局面。

中国特色社会主义现代化的成功实践告诉我们,虽然全球现代性事业开始于西方资本主义社会,但资本主义模式绝不是现代性发展的唯一出路,正如习近平总书记指出的,"谁都不应该把自己的发展道路定为一尊,更不应该把自己的发展道路强加于人"①。资本主义全球现代性的资本至上原则使得它根本不能带来全世界的共同繁荣以及全人类的共同进步,它的受益者只是少数资本主义强国以及小部分资本家,绝大部分国家只是全球现代性的被迫卷入者和相对受损者。正因如此,所以随着全球现代性的深入发展,西方资本主义模式对全球现代性事业的驾驭能力显著下降,变得力不从心。与西方资本主义所坚持的资本逻辑不同,中国的现代性事业坚持的是人本逻辑,是以实现人的自由全面发展为根本宗旨的,这里的人不是少数人,而是所有人,是全人类。这种全人类的立场决定了中国在构建现代性的过程中坚决反对西方资本主义国家把本民族利益凌驾于其他民族利益之上,而是要求"把发展问题提到全人类的高度来认识,要从这个高度去观察问题和解决问题"②,从而"在追求本国利益时兼顾他国合理关切,在谋求本国发展中促进各国共同发展"③。正是因为中国的社会主义现代化建设始终坚持"推己及人""成己达人",所以才能取得如此举世瞩目的成就,而这些伟大成就又使得中国更加深刻地认识到人类已经日益成为一个命运攸关、生死与共的共同体,从而为构建"人类命运共同体"提供了实践支撑。

①　《习近平谈治国理政》第 2 卷,外文出版社 2017 年版,第 536 页。
②　《邓小平文选》第 3 卷,人民出版社 1993 年版,第 282 页。
③　中共中央文献研究室:《十八大以来重要文献选编(上)》,中央文献出版社 2014 年版,第 37 页。

## 二、人类命运共同体理念的提出过程

早在 2011 年，"命运共同体"概念就出现在《中国的和平发展》白皮书中，用来表达中国对全球一体化趋势的新思考和新认识。正如白皮书中所言，"要以命运共同体的新视角，以同舟共济、合作共赢的新理念，寻求多元文明交流互鉴的新局面，寻求人类共同利益和共同价值的新内涵，寻求各国合作应对多样化挑战和实现包容性发展的新道路"[①]。到了党的十八大，"人类命运共同体"作为一种新的文明观被正式确立下来，通过倡导"人类命运共同体"意识，以求"在追求本国利益时兼顾他国合理关切，在谋求本国发展中促进各国共同发展"[②]。党的十八大以后，习近平总书记以天下为己任，对"人类命运共同体"的理论内涵不断加以丰富和拓展，从发展共同体到利益共同体、安全共同体，再到责任共同体，"人类命运共同体"最终成为一个涵盖政治、安全、发展、生态、网络空间等多个层次的人类文明发展新理念。

（一）早期萌芽阶段——命运共同体的扩展

近代以来，随着全球现代性的不断发展，世界各国的联系得到前所未有的加强，各国的命运也变得高度相连、休戚与共，在各种全球性议题面前，没有哪个国家能够置身事外，更不可能独自应对，大家日益结成一个你中有我、我中有你的整体。对于各国之间日益增强的这种一体化关系，中国早就有所洞察，并于 2011 年首次以"命运共同体"概念形象描绘出各国之间命运与共的关系。到了 2012 年，习近平总书记在同在华外国专家代表举行座谈会时首次在公开场合提及"命运共同体"理念，指出"国际正逐步形成你中有我、我中有你的命运共同体发展趋势"[③]。随后，在 2013 年 3 月 23 日，习近平总书记在莫斯科国际关系学院演讲时，第一次以"命运共同体"向世界传递了中国对人类前途命运的思考，"我们所处的是一个风云变幻的时代。面对的是一个日新月异的世界。这个世界，各国相互联系、相互依存的程度空前加深，人类生活在同一个地球村里，生活在历史和现实交汇的同一个时空里，越来越成为你中有我、我中有你的命运共同体"[④]。紧接着，在 2013 年 10 月，习近

---

① 中华人民共和国国务院新闻办公室：《中国的和平发展》，人民出版社 2011 年版，第 24 页。

② 胡锦涛：《坚定不移沿着中国特色社会主义道路前进 为全面建成小康社会而奋斗——在中国共产党第十八次全国代表大会上的报告》，《人民日报》2012 年 11 月 18 日。

③ 习近平同外国专家代表座谈，http://www.xinhuanet.com//politics/2012-12/05/c_113922453.htm.

④ 《习近平谈治国理政》第 1 卷，外文出版社 2018 年版，第 272 页。

平总书记在印度尼西亚国会发表题为《携手建设中国-东盟命运共同体》的演讲中，提出了全方位建设中国-东盟命运共同体的构想，提出打造"周边命运共同体"的对外战略布局。此后，在与周边国家和地区的交往过程中，习近平总书记又相继向周边国家以及世界人民阐释"亚洲命运共同体""中俄命运共同体""中非命运共同体"等一系列"周边命运共同体"的具体实现方案。通过倡导"命运共同体"意识和打造"周边命运共同体"，中国用一种新的外交理念表达了全球化背景下与世界各国深化互利合作往来和实现共同繁荣进步的美好愿景，为人类命运共同体理念的形成奠定了基础。

（二）正式提出阶段——人类命运共同体的确立

2014 年 7 月，习近平总书记在巴西国会发表题为《弘扬传统友好共谱合作新篇》的重要演讲中指出，"我们应该倡导人类命运共同体意识，在追求本国利益时兼顾他国合理关切，在谋求本国发展中促进各国共同发展，建立更加平等均衡的新型全球发展伙伴关系"①。自此，人类命运共同体作为一种新的全球治理理念被正式确立。2015 年 3 月，在博鳌亚洲论坛上，习近平总书记就人类命运共同体的构建原则和价值目标作了进一步系统阐发，他指出，"人类只有一个地球，各国共处一个世界。世界好，亚洲才能好；亚洲好，世界才能好。面对风云变幻的国际和地区形势，我们要把握世界大势，跟上时代潮流，共同营造对亚洲对世界都更为有利的地区秩序，通过迈向亚洲命运共同体，推动建设人类命运共同体。迈向命运共同体，必须坚持各国相互尊重、平等相待；迈向命运共同体，必须坚持合作共赢、共同发展；迈向命运共同体，必须坚持实现共同、综合、合作可持续的安全；迈向命运共同体，必须坚持不同文明兼容并蓄、交流互鉴"②。从"相互尊重""平等相待"到"合作共赢""共同发展"，再到"兼容并蓄""交流互鉴"，人类命运共同体的价值主张和构建原则得到了全面系统的阐发。2015 年 9 月 3 日，在纪念中国人民抗日战争暨世界反法西斯战争胜利 70 周年大会上的讲话中，习近平总书记再次强调，"为了和平，我们要牢固树立人类命运共同体意识""共同维护以联合国宪章宗旨和原则为核心的国际秩序和国际体系，积极构建以合作共赢为核心的新型国际关系，共同推进世界和平与发展的崇高事业"③。目前，人类命运共同体作为人类社会发展的新理念已传递给全世界，为渴望加快发展自身的世界各国提供了新选择。

---

① 习近平在巴西国会的演讲，http://www.xinhuanet.com//world/2014−07/17/c_1111665403.
② 习近平：《论坚持推动构建人类命运共同体》，中央文献出版社 2018 年版，第 206 页。
③ 习近平：《论坚持推动构建人类命运共同体》，中央文献出版社 2018 年版，第 230 页。

（三）成型发展阶段——人类命运共同体的推进

2015 年 9 月 28 日，在纪念联合国成立 70 周年的联大一般性辩论中，习近平总书记发表了题为《携手构建合作共赢新伙伴同心打造人类命运共同体》的重要讲话。在此讲话中，习近平总书记将打造人类命运共同体与构建新型国际关系紧密联系在一起，首次系统阐述了构建人类命运共同体的"五位一体"的战略布局，并将构建以合作共赢为核心的新型国际关系统一于打造人类命运共同体中。习近平总书记指出："构建以合作共赢为核心的新型国际关系，打造人类命运共同体，我们要建立平等相待、互商互谅的伙伴关系，我们要营造公道正义、共建共享的安全格局，我们要谋求开放创新、包容互惠的发展前景，我们要促进和而不同、兼收并蓄的文明交流，我们要构筑尊崇自然、绿色发展的生态体系。"①这标志着人类命运共同体开始从一种思想理念发展成为具体的实践方案。2015 年 11 月，习近平主席在巴黎气候大会开幕式的发言中强调，《巴黎协议》是对建设人类命运共同体的推动，呼吁全世界在建设人类命运共同体的道路上携手共进。2015 年 12 月，习近平主席在第二届互联网大会开幕式发表主旨演讲时指出："网络空间是人类共同的活动空间，网络空间前途命运应由世界各国共同掌握。各国应该加强沟通、扩大共识、深化合作，共同构建网络空间命运共同体。"②2016 年 4 月，在第四届核安全峰会上习近平主席提出："核恐怖主义是全人类的公敌，核安全事件的影响超越国界。在尊重各国主权的前提下，所有国家都要参与到核安全事务中来，以开放包容的精神，努力打造核安全命运共同体。"③2017 年 1 月，在联合国日内瓦总部的演讲中，习近平主席承袭第七十届联大演讲中的人类命运共同体战略构想进一步提出从伙伴关系、安全格局、经济发展、文明交流、生态建设五个方面对构建人类命运共同体作出具体布局。在这一系列的讲话中，人类命运共同体从最初的理论愿景逐步发展成为一种涵盖经济、政治、文化、安全、生态等多个领域的伟大实践，具体化为可操作、可实施的措施和手段。鉴于人类命运共同体的高度切实可行性，在 2017 年 2 月联合国会议上，构建人类命运共同体被写入联合国决议，成为世界各国凝聚共识、促进发展、加强合作与完善治理的纲领性文件。

正如青年马克思把全人类的幸福作为自身职业选择时的首要考虑因素一样，以习近平同志为核心的中国共产党人也始终心系世界人民，并通过构建人类命运

---

① 习近平：《论坚持推动构建人类命运共同体》，中央文献出版社 2018 年版，第 254 页。
② 《习近平谈治国理政》第 2 卷，外文出版社 2017 年版，第 534 页。
③ 《习近平关于总体国家安全观论述摘编》，中央文献出版社 2018 年版，第 213 页。

共同体将这一天下情怀充分表达出来。随着中国与世界各国的交流协作不断攀升至更高层次,人类命运共同体的内涵也获得新的拓展与升华,并最终成为一个被世界各国普遍认可和广泛接受的全球发展新方案,在人类命运共同体的凝聚下,中国与世界各国人民一起共迎挑战,携手发展,共建和谐繁荣新世界。

## 第二节　全球现代性发展的中国智慧——人类命运共同体的理论主张

要把握人类命运共同体对全球现代性的深刻变革,首先必须认识人类命运共同体的理论主张,阐明人类命运共同体作为全球现代性发展新形式,其思维导向在于,在全球现代性的发展方式上坚持"以人类为本",发展格局上坚持"和而不同",发展目标上坚持"共享共赢";明确人类命运共同体作为全球现代性发展新形式,其内涵要义在于,坚持共识的价值共同体,坚持共建的行动共同体,坚持共进的发展共同体,坚持共治的安全共同体,与坚持共享的合作共同体的有机统一。

### 一、人类命运共同体重塑全球现代性的理论原则

(一)在全球现代性发展方式上坚持"以人类为本"

资本主义现代性是具有两种截然不同面相的事物:资本主义现代性带来的生产力发展是现代社会生成与前进的动力,同时也是现实世界个人主义与种族主义的催生剂,是每个人自由而全面发展以及人类整体发展的桎梏。西方现代性叙事以资本逻辑为宰制,造成了以人的需求与人的发展为原始出发点的现代性设定的偏离。于是,资本主义现代性方案在世界范围内的拓展虽然在一定程度上推动了全球生产力的普遍增长,但是也将以"物"为中心的现代性发展观念带向了世界各地,造就了全球范围内人与人之间、民族与民族之间发展的不平等,"正像它使农村从属于城市一样,它使未开化和半开化的国家从属于文明的国家,使农民的民族从属于资产阶级的民族,使东方从属于西方"①。资本推动了全球现代化进程,资本主义现代性方案在全球急剧扩张,世界历史的发展与世界历史性个人的生成有机统

① 《马克思恩格斯文集》第2卷,人民出版社2009年版,第36页。

一起来,人类社会日益演变为一个命运与共、休戚相关的共同体,单个民族发展与整体世界发展相融合起来,个人的发展与人类整体发展进程越加密不可分。对于这一点,习近平总书记指出,"今天,人类生活在同一个地球村,各国相互联系、相互依存、相互合作、相互促进的程度空前加深"①。全球现代性的推进,一方面促成了人类共同利益、价值的生成,另一方面也带来了全球性的问题和挑战。因此,推动构建公正、平等、自由、合理的国际新格局,构筑满足人类整体发展共同需要的新发展方式和发展路径,成为当今世界各国对人类现代性发展范式的新思考。

人类命运共同体作为中国的现代化新方案,在现代性的发展方式与路径选择上坚持"以人类为本"的理念,这既是对资本主义现代性以"物"为本原则的超越,也是对中国道路"以人为本"理念的升华与全球重塑。一方面,在超越以"物"为原则的现代性路径、实现人类整体发展进步上,人类命运共同体继承并发展了马克思"真正的共同体"的理论观点与立场。马克思强调:"只有在共同体中,个人才能获得全面发展其才能的手段,也就是说,只有在共同体中才可能有个人自由。"②"人类命运共同体"与"真正的共同体"都是关于人类社会未来发展方向的理论,都关注人的自由全面发展,前者承继于后者,并在吸收后者理论精华的基础上,赋予其新的时代内涵。人类命运共同体抛弃了以"物"为中心的西方现代性发展原则,面向当前人类社会发展的严峻形势,立足当今人类社会发展日益紧密联系的整体性特征,以一种整体性的视野来看待人类社会现实与未来发展,看待人类社会发展的基本趋势,力求超越单个国家、单个民族的视野来重构整个人类现代性发展模式的问题。另一方面,人类命运共同体还吸收并升华了中国特色社会主义实践"以人为本"的价值取向。在中国特色社会主义的建设过程中,中国共产党始终站在人民的立场上,坚持"以人为本",正如习近平总书记反复强调的,"要坚持人民主体地位,顺应人民群众对美好生活的向往,维护社会公平正义,解决好收入差距问题,使发展成果更多更公平惠及全体人民"③。人类命运共同体"以人类为本"的价值主张是对中国道路"以人为本"价值理念的升华与全球重塑,在全球现代性的实现方式上,它要求必须打破种族、地域、文化、制度、道路的偏见与藩篱,要把世界各国人民求

---

① 习近平:《让工程科技造福人类、创造未来—在 2014 年国际工程科技大会上的主旨演讲》,《人民日报》,2014 年 6 月 4 日。

② 《马克思恩格斯文集》第 1 卷,人民出版社 2009 年版,第 571 页。

③ 习近平:《在省部级主要领导干部学习贯彻党的十八届五中全会精神专题研讨班上的讲话》,人民出版社 2016 年版,第 24—25 页。

生存、求发展，对美好生活、幸福生活的追求作为共同理想，从而紧密地联系在一起，互通有无、共促发展、实现共赢。

坚持"以人类为本"来重塑现代性的发展方向，就是要求把全人类的共同福祉作为全球现代性发展的根本目的和评价指标。一方面，在发展的目的上要始终把人放在最首要的位置，而不是资本或其他物，离开人的发展，现代性就会失去方向和意义；另一方面，全球现代性的目标指向是整个人类，而不是少数国家和地区，既要让自己过得好，也要让别人过得好。面对全人类的共同利益，整个人类世界变成了一个族（国）群共同体，成了一个大家庭，在这个家庭中没有所谓的"家长""主人"，成员之间都是平等的，大家有着共同的追求、共同的义务、共同的责任，理应"风雨同舟，荣辱与共，努力把我们生于斯、长于斯的这个星球建成一个和睦的大家庭，把世界各国人民对美好生活的向往变成现实"[①]，齐心协力共达理想的彼岸。这个"彼岸"是"命运"所系、大势所趋，是全人类自然而又必然的历史进程。站在全人类的立场上，人类命运共同体为创造一个公平、公正、合理、和谐的国际新格局提供了切实可行的方案，为解决世界经济难题、引领全球现代性发展的新方向和构建全球治理新秩序勾画出了新蓝图，成为人类走向未来理想文明实现形式的现实之路。

（二）在全球现代性发展格局上坚持"和而不同"

中国的优秀传统文化中，"和""合"理念源远流长。西周末年思想家史伯就提出"和实生物，同则不继"，孔子则把这种理念运用到人际关系当中，提出"君子和而不同，小人同而不和"。中国历来强调文明因交流而多彩，因互鉴而丰富，"日夜不同光，昼夜各有宜"，把不同文明视作维护和平的纽带，强调"和羹之美，在于和异"。作为从中华优秀传统文化中生长出来的现代性新方案，人类命运共同体在全球现代性发展格局上始终坚持"和而不同"，它所提倡的世界现代性发展不是钢板一块的同质体，不是要求每一个民族国家都遵循同样的模式，而是以一种包容互鉴的态度来实现全球的现代性发展，体现的是"和而不同"的智慧。

从哲学思维方式上来说，"和而不同"表达的是多样性的统一，而不是实体性的统一。一元现代性叙事将西方的现代性发展模式置于毋庸置疑的超然地位，是一种认为西方现代性方案能够先验地适用至任何国家和民族的发展理念。在西方中心主义的裹挟下，现代性长期与西方化等同起来并以"一元"的叙事面相出现，"先进"被当成"合理"，西方的现代性方案被塑造和神话为"典范"式的存在，被当成人

---

① 《习近平谈治国理政》第 3 卷，外文出版社 2020 年版，第 433 页。

类社会通往整体现代化的唯一道路,世界只能而且应当以西方社会为模版获取现代性——"西方中心主义"由此而来。由于一元现代性的偏见,不同文明之间失去了相容的、可以共享和融合的观念与价值的生发空间,对于现代性范式的选择也就必然地走向实体性的统一的极端:要么固守本位主义而拒斥一切外在的现代性价值,即便是那些具有前鉴性意义的知识和模式也被视为具有目的论甚至殖民倾向的阴谋;要么全然普遍主义化地决然隔断现代、未来与传统的历史关联,将西方现代性视作唯一的、普世的、绝对的范式选择,而忽视了现代是相对于传统而言、生成于特定社会及其文明与文化的既有条件和资源的客观现实。人类命运共同体的现代性理念追求多样性的统一,是在世界历史发展到现代性普遍化、同质化并且依靠单一国家无法解决的阶段提出的,是为世界现代性提供新理念、新思路的伟大的世界历史工程,这既构成其当代出场的历史坐标,也决定了其肩负的历史使命。人类命运共同体否定将现代性价值看作同质化和整体性的存在,也不认可一个固定的、普遍适用的价值体系或实践程序的存在;现代性价值的多样性,体现为诸如民主、科学、主体意识、自由、理性等现代性机制与文化要素,与传统或现代的、高度现代或后现代的、西方或非西方的认识论基础形成相互依存又错综复杂的关联,在不同时期、不同发展历程、不同现实情境中呈现出复杂多样的形态、张力和关联,但又在整体上表现出一种承续民族传统、彰显核心价值、指向共同未来的生成性特征。

从国际关系上来说,人类命运共同体提倡"全球主义"与"多边主义"的政治商谈,而不是"霸权主义"与"排外主义"的单一政治取向。众所周知,西方资本主义国家最先完成了现代性的进路,在全球范围形成了发达国家的道路模式和世界霸权,并用接近强制的手段试图把广大发展中国家纳入西方国家主导的霸权版图,希望在这个地球上形成一种单一的世界图景。西方现代性导致的"霸权主义"与"排外主义"的单一政治取向,是以自身的资本扩张为目的的,而罔顾由此产生的对世界各国人民的侵害。"尽管当今世界霸权主义和强权政治依然存在,但推动国际秩序朝着更加公正合理方向发展的呼声不容忽视,国际关系民主化已成为不可阻挡的时代潮流。"[1]在人类呼唤公正合理的新型世界秩序取代霸权主义秩序,实现国际秩序的深刻转型,为"全球主义"与"多边主义"的政治商谈寻求崭新方案之际,构建人类命运共同体的伟大构想应运而生。它顺应了世界各国日益利益交融、命运与共、

---

[1]　习近平:《弘扬"上海精神"构建命运共同体——在上海合作组织成员国元首理事会第十八次会议上的讲话》,《人民日报》2018 年 06 月 10 日。

合作共赢的大趋势，提出加强多边协商与对话交流，构建具有包容性的共生共赢的共同体，具体包括国家间共生共赢，不同制度间相互尊重，文明间共生共赢，人与自然间共生共赢。这不仅为国际秩序提供了可供选择的全新国际战略，而且为世界现代性的发展指出了更加民主、包容的道路。习近平总书记在国际舞台上反复重申，"中国不认同'国强必霸'的陈旧逻辑，那种依靠武力干涉别国内政，妄图称霸世界，最终只会以失败而告终"①，正可谓"国虽大，好战必亡"，中国倡导"强不执弱，富不辱贫"，只要"志合者，不以山海为远"，就能达到"交得其道，千里同好"。这正是一个负责任的大国领导人，以跨越不同文明的胸襟，坚守"和而不同"的立场，为克服全球治理体系的弊病而提出的中国主张。

从单个民族国家的发展上来说，人类命运共同体主张的"和而不同"的世界现代性发展格局，要求尊重每个民族国家在现代性发展道路上的特殊性，在共性与个性的结合中实现本国的现代性发展。同时，"和而不同"的世界现代性格局要求民族国家在现代性发展道路上加强沟通、互相理解、彼此尊重。人类文明发展历史悠久，不同的地域孕育出不同的民族特性，这些民族特性并无高下之分、好坏之别，却造就了各个民族在现代性发展道路上的特殊性，并伴随着现代性的发展不断彰显出新的生机与活力。但不可否认的是，我们目前仍然处于资本逻辑编织的现代性体系中，深受"世界体系论"和"西方中心论"固定思维范式的影响，一些资本主义国家凭借资本力量下的话语权和技术优势挤压、掩盖、遮蔽其他民族的特性，企图将资本主义现代性装进资本笼罩下的固定条框，以按照自己需要的模式创造出一个世界现代性体系。不同于西方资本主义国家霸权思维下构建同质现代性的做法，习近平总书记提出的人类命运共同体从根本上摒弃殖民主义话语体系，致力于推进由不同现代性道路凝结而成的共识文明的构建。人类命运共同体倡导遵循平等、自愿、公正的现代性发展原则，尊重不同国家的文化背景、经济基础、政治特色，实现全球空间基础上的平等交流与对话，实现现代性传播跨越民族国家界限，在政治、经济、文化等领域实现"和而不同"，以民族国家各自的优势为全球现代性的推进助力。习近平总书记曾指出，"文明相处需要和而不同的精神。只有在多样性中相互尊重、彼此借鉴、和谐共存，这个世界才能丰富多彩、欣欣向荣"②。我们提倡各民族间相互交流、取长补短，让现代性的多样性在全球空间内绽放，促进各国各地

---

① 《习近平用典》，人民日报出版社 2018 年版，第 155 页。
② 习近平：《深化文明交流互鉴　共建亚洲命运共同体》，《人民日报》2019 年 5 月 16 日。

区凝聚共识,从而推动人类社会的文明进步。

通往现代性的道路并非只有一条,人类命运共同体的世界意义寓于不同国家现代性道路的多样性选择当中,它超越了狭隘民族国家的视角,明确提出以"和而不同"的主张为发展格局、以"共享共赢"为治理理念,包容了国与国之间意识形态的差异,深刻影响了世界各国现代社会的发展和人类文明的走向。人类命运共同体的"和而不同"理念有力消解了一元现代性的叙事逻辑和现实影响,开启了多元现代性发展道路和谐统一的世界格局。人类命运共同体始终追求的是多样性的统一,而不是实体性的统一,彰显了现代性"一"与"多"的辩证思维,在本体论与方法论、理论与现实等层面区分了现代性的"一元"与"多元"的通行领域,以"多样性的统一"消解了"实体性统一"的叙事霸权,为世界赋予了多元现代性发展的理论空间和现实可能,不断丰富现代性发展的具体样态与个性化的呈现方式。

(三)在全球现代性发展目标上坚持"共享共赢"

在全球化全面推进的时代,每个国家都要促进本国的现代性发展,都必须与他国加强联系与沟通。就拿最基本的安全问题来说,"当今世界,没有一个国家能实现脱离世界安全的自身安全,也没有建立在其他国家不安全基础上的安全"①。当然,安全问题容易使全球各国汇集成一股共同治理的力量,但面对利益问题各国往往又会陷入纷争。在西方现代性叙事下,发达资本主义国家为了维护和巩固自身的绝对利益,在国际政治关系中奉行霸权主义和强权政治,惯于通过军事或经济胁迫等手段解决矛盾和争端,以粗暴践踏或牺牲他国利益满足自身利益诉求,造就了国际社会上的对立与紧张局势。正如党的十九大报告所指出的,"世界正处于大发展大变革大调整时期,和平与发展仍然是时代主题。世界多极化、经济全球化、社会信息化、文化多样化深入发展,全球治理体系和国际秩序变革加速推进,各国相互联系和依存日益加深,国际力量对比更趋平衡,和平发展大势不可逆转。同时,世界面临的不稳定性不确定性突出,世界经济增长动能不足,贫富分化日益严重,地区热点问题此起彼伏,恐怖主义、网络安全、重大传染性疾病、气候变化等非传统安全威胁持续蔓延,人类面临许多共同挑战"②。上述论断既坚持了"和平与发展仍然是时代主题"的科学论断,更指出了现代性国际体系的不稳定性和不确定性,笼罩于西方现代性方案之上的"典范"光环日渐消散,反思并力图超越西方现代性方

---

① 习近平:《迈向命运共同体 开创亚洲新未来》,《人民日报》2015 年 3 月 29 日。

② 习近平:《决胜全面建成小康社会 夺取新时代中国特色社会主义伟大胜利——在中国共产党第十九次全国代表大会上的报告》,人民出版社 2017 年版,第 58 页。

案,谋划合乎自身实际的现代性之路逐渐成为话语的主流。

从根本上说,资本主义全球现代性模式难以维系,关键在于它把少数国家的利益凌驾于全人类共同利益之上,更在于它所秉持的"通吃独占"式利益观。在深刻认识到这一点后,人类命运共同体从维护世界整体利益出发,提出了"共享共赢"的现代性发展新原则,为不同国家间寻找更多的利益契合点,化解矛盾争端,携手构建共同繁荣、和平有序的国际新秩序提供了方向。在共享共赢目标的指引下,人类把共同发展作为化解当前全球现代性难题的唯一出路,要求世界各国必须跳出民族主义的狭隘视野,寻求全球发展的最大公约数,以全局和长远眼光来实现国家间的互惠互利,将本国发展机遇与世界发展机遇紧密联系起来,最终实现"共享共赢"。具体来说,就是通过全球资源的跨区域交流和优势互补来不断提升发展的内外联动性,带动各国生产力的普遍提升,在推动全球经济增长的同时进一步拓展全球市场与利益空间。尤其要大力提升发展中国家在全球产业链中的地位,打破资本主义对全球产业及利益分配的绝对垄断和主导,形成更为公正、合理的利益分配格局,维护全球经济发展公平。与此同时,还要以构建新型国际合作机构为依托,以大型基础设施建设等合作项目为抓手,有针对性地帮助各国化解现实发展难题,为世界各国独立自主地追求自身的现代化道路提供现实助力,让所有国家都能享受由全球现代性发展所带来的成果。

## 二、人类命运共同体重塑全球现代性的内涵要义

### (一)坚持共识的价值共同体

迄今为止,全球持续展开的现代性进程实际上是一个被西方现代性裹挟的过程,一个被资本主义现代性所宰制的过程,一个失去了批判精神、消解了人的价值的过程。在资本主义全球现代性的发展过程中,西方资本主义国家一方面通过经济、科技以及军事等手段把资本主义制度传播至全世界,另一方面则从抽象的人性出发塑造出自由、民主、平等、博爱的"普世价值",引诱与威逼其他国家按照西方"普世价值"重建其政治经济制度。在资本主义全球现代性体系中,"普世价值"被奉为全人类的"共性",是人类在长期进化发展中形成的具有普遍世界意义的价值准则,是衡量人类社会古往今来的一切制度和一切行为的至高无上的永恒标准,因此也是一切民族最终的制度进化归宿。对于"普世价值",每个国家都必须无条件地服从,就像宇宙万物都必然服从普遍的自然定律一样,若是有人胆敢否认"普世

价值"就等于自绝于人类。通过宣扬"普世价值",西方国家仿佛站在了"人类道德的制高点",掌握了"永恒的真理与正义",并根据由此衍生的"国际标准"来裁判世界各国,干涉别国内政,策动颜色革命,甚至直接用武力颠覆他国政权,建立符合他们意愿的世界秩序。

　　"普世价值"看似揭示了人类所具有的某种共性,实则来源于抽象的人性,是从抽象的个人中抽取出来的抽象共性,是失去了现实世俗基础的概念空壳。"普世价值"用抽象个人取代处于现实社会关系中的现实个人,进而得到了一个由"抽象个人"组成的"抽象社会",以及一个超越阶级、国家和时空的社会交往法则。而只要我们把日光拉回到现实的世俗世界,就会发现"普世价值"中的自由实际上是资本流转的自由、买卖的自由,其实质是资本对于劳动的支配,而不是人的自由全面发展;其民主,就是金钱作主、商品投票,其实质是金钱对民意的操纵,而不是人民当家作主;其人权,本质上就是维护异化状态下人格独立的外观,是资本人格化和劳动非人化的权力,而不是人的生存权、发展权。因此,"普世价值"的本质实乃为资本主义国家谋利益,维护资产阶级政治统治的意识形态和工具。在资本主义全球现代性进程中,如果哪个国家接受了"普世价值",那就意味着它将不得不继而顺从"普世价值"衍生而来的以资本为核心的"国际标准"与"国际范式",最终将导致整个国家主权丧失,沦为国际垄断资本的附庸,陷入"普世价值陷阱"。"普世价值"绝不是西方资本主义国家所宣扬的人类社会发展的价值共识,也无法带来人类社会的繁荣进步,它只是制造出一种"共识幻觉"从而使世界各国甘心臣服于它的统治,供其驱使差遣,成为资本主义全球现代性的附属物。

　　与"普世价值"的抽象同一性不同,人类命运共同体从各国不同的发展水平和模式中提炼出了当今人类面临的共同点,并将其归纳为共同问题和共同利益。其中的共同问题为:世界经济仍处于深度调整期,地缘政治因素更加突出,恐怖主义、网络安全、能源安全、粮食安全、气候变化、重大传染性疾病等非传统安全和全球性挑战不断增多,南北发展差距依然很大。共同利益是:逐步超越意识形态和社会制度差异,从相互封闭到开放包容,从猜忌隔阂到日益增多的互信认同,越来越成为你中有我、我中有你的命运共同体。在充分考察共同问题和共同利益的基础上,人类命运共同体又凝练出以"和平、发展、公平、正义、民主、自由"为核心的人类共同价值追求。"共同价值"是中国从当今世界的共同问题和当代人类共同利益出发,基于人类命运共同体的视角而提出的普遍共识,其出发点是求同存异,目的是聚同化异,具有历史性、现实性和科学性,这决定了"共同价值"是一个真命题。换句话说,人类命运共同体强调的是一种普遍价值,是全人类的共同价值,是尊重差异性基础上的同一性,是全人类的共同价值追求,而不是中国强加于其他各国的价值观念,更不同于西方现代化进程中所提出的强权价值学说。

　　在人类命运共同体的理论视域中,不同国家有着不同的特点和不同的文化,有着不同的价值追求,正如习近平总书记反复强调的,各个国家"大小、贫富、强弱很不相同,历史文化传统和社会制度千差万别,安全利益和诉求也多种多样"①。在这些不同的利益诉求之间根本不存在所谓的好坏、高低和优劣之分,它们是"利益交融、安危与共"的关系。所谓与共,就是要充分尊重和保障每个国家的权利诉求都能获得实现和表达,而这恰恰是人类命运共同体所努力达成的局面。面对不同的价值诉求,中国历来主张,各国和各国人民要相互尊重,共同享受尊严,坚持国家不分大小、强弱、贫富一律平等,尊重各国人民的自主选择;同时,也坚持认为:"一花独放不是春,百花齐放春满园。"②人类文明的发展并不是要达到"铁板一块"的绝对统一,也并不否定和消除个体差异,而是要在包容、开放的基础上达成能够兼顾各方利益的价值共识。"和平、发展、公平、正义、民主、自由"作为人类共同价值的中国表达,不是脱离各个民族的价值而独立存在的,而是在人类历史发展长河中,各民族文化交流融合,逐渐形成价值的凝结。这一共识揭示了全人类社会发展的共同价值准则,融通了各国价值选择,是具有高度普遍性的,是中国在与世界各国充分交流互动的基础上凝练出来的。在共识的价值共同体下,"任何国家都没有包揽国际事务、主宰他国命运、垄断发展优势的权力,更不能在世界上我行我素,搞霸权、霸凌、霸道"③,而必须"树立你中有我、我中有你的命运共同体意识,跳出小圈子和零和博弈思维,树立大家庭和合作共赢理念,摒弃意识形态争论,跨越文明冲突陷阱,相互尊重各国自主选择的发展道路和模式,让世界多样性成为人类社会进步的不竭动力、人类文明多姿多彩的天然形态"④。通过构建人类命运共同体、坚持全球共识,世界各国将越来越深切地感受到如果不合作就不能发展、不共赢就不能单赢、限制他国发展就不能实现自我发展,进而主动加强对话联系,推动不同社会制度互容、不同文化文明互鉴、不同发展模式互惠。

---

　　① 习近平:《积极树立亚洲安全观 共创安全合作新局面——在亚洲相互协作与信任措施会议第四次峰会上的讲话》,《人民日报》2014 年 5 月 22 日。

　　② 习近平:《共同创造亚洲和世界的美好未来——在博鳌亚洲论坛 2013 年年会上的主旨演讲》,人民出版社 2013 年版,第 5 页。

　　③ 习近平:《在联合国成立 75 周年纪念峰会上的讲话》,《人民日报》2020 年 9 月 22 日。

　　④ 习近平:《在第七十五届联合国大会一般性辩论上的讲话》,《人民日报》2020 年 9 月 23 日。

（二）坚持共建的行动共同体

长期以来，全球现代性的构建原则与发展秩序始终牢牢控制在西方少数发达国家手中，无论是新自由主义的"华盛顿共识"，还是当前为解决危机而掀起的"逆全球化"浪潮，都是建立在少数资本家利益基础上的构建方案，都是西方中心主义在全球交往中的体现。2008 年世界金融危机的爆发，使得全球现代性的发展面临前所未有的巨大挑战，为了使自己能够得以幸免，西方发达资本主义大国贸然推行保护主义政策，一味地通过贸易保护和设置经济壁垒等手段来降低自身损失，丝毫不顾忌别国利益，更不愿与他国携起手来共同克服发展难题，在这种形势下，世界经济增长速度明显放缓，全球发展乏力，全人类的共同利益受到戕害。正如 2023 年 6 月 6 日世界银行发布的《全球经济展望》中所预测的，全球经济增速将从 2022 年的 3.1％下降至 2023 年的 2.1％，国际经济增长动能受到了严重侵蚀和消解。事实证明，在全球化时代，各国命运相连、休戚相关，各种传统安全问题和非传统安全问题交织并存，没有哪个国家能够置身事外或独善其身，要想从根本上解决当前世界经济发展动能不足、治理不善以及发展失衡问题，就必须彻底变革由资本主义主导的全球经济治理模式，构建共建的行动共同体，进而使世界经济发展不再由少数发达国家主导、世界经济规则不再为少数发达国家独撰、全球发展成果不再被少数发达国家独霸。

坚持共建的行动共同体要求打破由发达资本主义国家绝对主导的现行世界体系，并在"共商、共建、共享、共赢"的理念下构建一个各司其职、各尽其力的国际新秩序。在马克思的理论视域中，生产力是人类社会发展的主要动力，也是推动全球现代性发展的根本因素。然而，生产力既不会凭空产生、自发推进，也不是某个人或某小部分群体力量的作用结果，它只能由全体社会成员的智慧和创造力凝聚而成。将这一点拓展至全球领域也是如此，不管是在什么时候，也不管是在何种情况下，各国共建的力量总是优于或者大于孤军奋战的力量，人类共建而来的利益总是远远大于单边主义下的利益。正是基于对马克思社会发展动力论的深刻领会，面对当前全球现代性发展的动能不足和困境丛生，人类命运共同体强调，全球现代性不是少数国家的事情，不是一个国家或几个国家的独唱、小合唱，而是各民族国家共同参与、合作有序的大合唱。只有不同国家之间通力合作、携手共建，才能做到"众人拾柴火焰高"，才能极大地激发各自的优势和潜能，并形成新的合作优势，才能为人类的现代性事业注入持久动力。正如习近平总书记指出的，世界各国"利益交融，命运与共，一荣俱荣，一损俱损。在这个动态平衡的链条中，每个经济体的发展都会对其他经济体产生连锁反应。我们要牢固树立人类命运共同体意识，以自身发展带动他人发展，以协调联动最大限度地发挥各自优势，传导正能量，形成各经济体良性互动、协调发展的格局"①。为了构建各司其职、各尽其力的行动共同体，同时增强全球现代性发展动能，中国以"一带一路""亚投行"等项目建设为抓手，以此为广大发展中国家创造更多机会和平台从而使其大有可为，同时也为其展开更为广泛的国际合作提供保障。"一带一路"作为对经济全球化原有平台的延伸拓展，是开辟国际共建新格局的积极探索与尝试，通过打造"陆路三个方向、海上三个方向""六廊六路多国多港"的新局面，把中国发展与其他国家紧密结合起来。在中国的前期投入和带动下，目前已有一百多个国家和国际组织参与其中，五十多个国家和国际组织与中国已签署合作协议，并建立起相应的对接机构，凝聚起广泛的国际合作共识。"亚投行"作为全球首个由中国倡议设立的多边金融机构，重点支持世界各国特别是发展中国家的基础设施建设，致力于促进亚洲区域建设互联互通和经济一体化的进程。经过多次扩容，目前除了 50 个域内成员国外，还有 47 个域外成员国，其投资范围也从亚洲延伸至全球，这样既增强了中国与亚洲各国之间区域经济发展的内生动力，维护了亚洲地区金融和经济稳定，更促进了世界范围内的经济互联互通，增强了全球经济发展动能，打造了全球现代性发展新引擎。

（三）坚持共进的发展共同体

通过打造共识的价值共同体与共建的行动共同体，人类命运共同体所要实现的最终目标是世界各国的携手共进与共同发展，即走向共进的发展共同体。在过去几百年的时间里，西方资本主义国家在资本逻辑的主导下，总是试图构建"零和博弈""赢者通吃"的发展格局，为了获取"排他性"的利益，资本主义国家甚至不惜以战争的形式来"摧毁""挤垮"对手，从而获得"独占性"的利益。其间，两次世界大战便是西方发达国家霸权主义与零和思维的最好例证。通过走"排他式"发展之路，西方发达资本主义国家攫取了全球现代性发展的绝大部分利益，占据着全球现代性的"高台"，而广大发展中国家却只能长期处于贫穷落后的状态，成为全球现代性发展的"洼地"。这种"一家独大""赢者通吃"的发展逻辑看似可以挤倒他国而自肥，但实际上，任何由发展不平衡所引发的不稳定因素都会沿着全球化的网络传导至全世界，最终由全世界各国共同买单。正因如此，习近平总书记指出，"如果奉行你输我赢、赢者通吃的老一套逻辑，如果采取尔虞我诈、以邻为壑的老一套办法，结

---

① 《习近平谈治国理政》第 1 卷，外文出版社 2018 年版，第 350 页。

果必然是封上了别人的门,也堵上了自己的路"①。而要想彻底扭转这一局势,最为关键的就是要用"你好我好大家好的理念"取代"零和博弈"的偏狭,从而推动世界各国走向共同发展。

为了实现共同发展,中国始终把帮助广大发展中国家加快现代性进程作为构建人类命运共同体的主要内容。具体来说,一是通过政治、经济、文化等多元渠道展开同世界各国的交流互鉴,将中国社会主义现代化快速发展的成功经验分享给世界。一方面,以中国经验指引发达资本主义国家走出现代性发展困局,促使其改变旧的发展理念,进而对人类命运共同体产生强烈认同,主动发挥自身优势,推动现代人类文明的发展。另一方面,以中国经验鼓励后发国家主动融入世界现代性发展大潮,认清历史大势,把握历史机遇,将全球发展同自身实际结合起来,自主选择发展模式,探索符合本国国情的现代化之路。通过讲述中国故事、传播中国经验,不仅帮助发达资本主义国家重塑现代性发展方向,更把发展中国家构建现代性的热情和潜力激发出来。当各民族国家的现代性事业均得到长足发展时,构建人类命运共同体就获得了坚实的基础和现实可能。二是欢迎世界各国搭乘中国发展的"顺风车",与大家分享发展机遇,促进共同发展。在现代化进程中,中国始终坚持与各民族国家共享全球市场、共同推动科技创新、共同带动产业升级。新时期,中国更是提出了"一带一路"倡议,以政策沟通、设施联通、贸易畅通、资金融通和民心相通为着力点,与沿线新兴经济体和发展中国家展开互利合作,以实现协同发展和联动增长。此外,针对各发展中国家现代化水平低、经济社会发展基础薄弱的状况,中国还先后发起并设立了"中国－联合国和平与发展基金""南南合作援助基金""丝路基金"等项目,成立了"亚投行""新开发银行"等机构,为其提供更多的公共产品,从而解决了这些国家的发展难题。

除此之外,中国还在发展自身的同时努力为广大发展中国家谋利益,积极搭建各类平台,促进发展中国家与发达国家间的协商对话,了解彼此利益关切,并就相关全球性议题共商规则、共建机制、共迎挑战。首先,团结各新兴经济体和发展中国家,建立互帮互助的区域合作体制,通过互惠发展增强彼此的经济实力。具体包括,积极推动亚太经合组织、上海合作组织等机构建设,在经济、文化、科技、教育、能源、交通等领域开展广泛合作,促进各国经济、社会、文化的全面均衡发展。只有各发展中国家同舟共济,才能为彼此开辟更大的发展空间,才能使自身变得强大,

---

① 《习近平谈治国理政》第 3 卷,外文出版社 2020 年版,第 434 页。

从而在国际社会获得更多话语权,打破发达资本主义国家对全球现代性事业的霸权地位。其次,推动发展中国家与发达资本主义国家开展对话,寻求利益共识,要求发达资本主义国家主动承担对发展中国家的责任。现代性作为全人类的共同事业,极大地推动了世界经济的一体化进程,"当今世界,人类生活在不同文化、种族、肤色、宗教和不同社会制度所组成的世界里,各国人民形成了你中有我、我中有你的命运共同体"①。事实证明,如果发达资本主义国家只把资本增殖作为现代性事业的唯一目的,而无视甚至损害他国的利益,那么,由此所引发的地区动荡、难民问题、环境危机最终将跨越国界,成为全人类的共同威胁。因此,发达资本主义国家必须抛弃"零和博弈"的旧思维,主动承担起对发展中国家的责任,遵守以公平正义为准则、符合全人类共同利益的国际规则。作为发展中国家的利益代表,中国一直积极参与国际事务的讨论和国际规则的制定,从全球气候大会到《巴黎协议》的签订,从亚信峰会到二十国集团峰会,始终尽可能地为发展中国家争取利益,切实增进国际社会对全球现代性事业的认同与实践。

(四)坚持共治的安全共同体

"利莫大于治,害莫大于乱",安全问题是事关各国人民前途与命运的重大问题,安全稳定的国际环境是世界各国人民幸福生活和全球现代性事业有序开展的重要保障。当今世界,和平与发展仍然是时代主题,但霸权主义、民粹主义和保护主义势力大行其道,传统安全问题与非传统安全问题相互交织,特别是网络安全、外层空间安全、恐怖主义等非传统安全威胁日益凸显,它们共同侵蚀着人类现代性事业平稳有序发展的根基。面对日益险峻的国际安全形势,西方主导的全球治理体系却陷入治理失效困局,无法为全球现代性的发展提供增长空间,从而遭到广泛质疑。与此同时,西方国家也不愿意承担全球治理的责任,特别是特朗普执政以来,美国政府坚持"美国优先",放弃全球治理责任,频频"毁约"和"退群"。比如,美国退出"跨太平洋伙伴关系协定"(TPP)、"伊朗核协议""美俄中导条约"等,为全球现代性的推进注入不安全因素,成为当今世界格局最大的影响变量。更加令人失望的是,为了维护狭隘的国家利益,美国肆意地挥舞关税大棒,危及贸易自由,破坏全球治理体系。事实表明:西方主导的全球现代性秩序正在衰落,世界安全问题已经不能再由少数资本主义国家专权独断,世界各国必须以负责任的态度同舟共济、协调行动,要"既重视自身安全,又重视共同安全,打造命运共同体,推动各方朝着互利互惠、共同安全的目标相向而行"①，从而筑牢人类现代性事业发展的安全防线。

　　在深刻认识全球挑战和治理危机的基础上，中国提出构建人类命运共同体的主张，以此推动全球治理体系的变革，推进全球安全共同体的构筑。在阐释"构建人类命运共同体"方案时，习近平总书记指出，"世界的前途命运必须由各国共同掌握"②，"涉及大家的事情要由各国共同商量来办"③，只有推动多元共治，整个全球现代性体系才能朝着公平正义、健康持续的方向发展，才能真正实现全球治理的现代化，才能塑造一个持久和平、普遍安全的世界。作为一种全球治理新方案，人类命运共同体在实现全球共治、维护世界安全有序上提出了新意见，做出了新安排。其一，共同治理全球性问题。随着全球化的深入发展，气候、互联网、反恐、安全等问题日渐凸显，持续蔓延，早已越出国界，成为人类社会共同面临的挑战和治理难题，并已影响各个国家的发展乃至人类社会未来命运。对于这些挑战和治理难题，任何一个国家都不可能置身事外，也无法单独解决。当今世界比任何时候都需要"多边主义"和协同合作。然而，面对全球化发展带来的挑战，保护主义、单边主义思潮抬头，西方国家纷纷采取反全球化策略，比如，英国"脱欧"、美国发动"贸易战"。历史发展到今天，我们必须明确，全球化不是招之即来、挥之即去的随意之物，它就是历史的现在，不可能再退回到闭关自守的历史的过去。任何逆全球化的逃避主义行径都不可能解决全球性问题，只会让问题变得更加复杂、更加多变。针对全球性问题的挑战，中国积极倡议各国携手共建人类命运共同体。各国只有携手合作、推动共同治理，才能应对全球性挑战。人类命运共同体通过"金砖国家""G20""上海合作组织"等区域和跨区域合作组织来强化多边合作机制，得到了国际社会的广泛认同，成为一面具有强大生命力和感召力的促进全球共同治理的旗帜，为共同治理全球性问题贡献中国方案。其二，共筑全球治理体系。以往，西方主导的国际治理体系对于解决世界性问题、维护全球秩序曾经产生过不可低估的历史作用。然而时过境迁，这一世界治理体系已经无法跟上世界变化的步伐，无法维护更加错综复杂的国际关系，不能有效地应对日益增多的全球性挑战，出现了"全球治理失灵"的现象，其日渐式微的命运不可避免。同时，随着经济的迅速崛起和国际地位的大幅

---

　　① 习近平：《安全观、文明观、义利观和文化——习近平在不同场合娓娓道来——中国观点给力世界和平》，《人民日报》（海外版）2014 年 5 月 29 日。

　　② 习近平：《携手构建合作共赢新伙伴 同心打造人类命运共同体》，《人民日报》2015 年 9 月 29 日。

　　③ 习近平：《迈向命运共同体 开创亚洲新未来》，《人民日报》2015 年 3 月 29 日。

度提升,广大发展中国家不断质疑西方主导的国际秩序,呼唤新的更为合理公正的治理秩序。构建"人类命运共同体"思想正是在这种焦虑和不安的国际氛围中应运而生的。人类命运共同体坚决反对霸权主义和强权政治,坚决摒弃冷战思维和单边主义,实行开放的全球治理模式,它不仅能避免西方主导的国际治理体系的弊端,为各国广泛参与全球治理提供有效的国际平台,而且能最大限度地凝聚各方共识,通过多元主体之间的良性互动、共同努力,共同解决"人类社会严重的'失序'问题以及由此所引发的'共存'危机"①,形成全球治理合力,并与时俱进地促进治理体系发展,完成全球治理体系变革的特殊使命,实现全球善治的目标。

人类命运共同体作为一种以共享为目标,强调世界各国共同参与、共同受益的开放性治理新方案,打破了以邻为壑思维主导下的封闭化、碎片化的治理取向,克服了全球化与本土化、世界性与民族性、个体主义与共同体主义的矛盾,打破了"国强必霸"的资本主义全球现代性发展模式,实现了全球现代性发展道路的重塑。通过构建人类命运共同体,世界各国将携起手来共同建设一个持久和平、普遍安全、共同繁荣、开放包容、清洁美丽的世界,从而为开辟人类全球现代性事业更加光明的前景提供坚实保障。

## 第三节 全球现代性发展的新形式——
## 人类命运共同体的当代创新

鉴于西方资本主义国家所主导的全球现代性体系的日益衰颓,以习近平同志为核心的党中央领导集体着眼于人类现代性事业的大势和中国发展现实,提出了构建"人类命运共同体"的伟大战略构想。这是完全不同于资本主义全球现代性的新型文明实现形式,在道路、理论、制度、价值上实现了对全球现代性模式的中国重撰:在发展道路上,人类命运共同体实现了全球现代性格局由"中心-边缘"结构向"环形-向心"结构的转变;在发展理论上,人类命运共同体实现了从"西方中心论""历史终结论""文明冲突论"向"开放包容""共同繁荣""普遍安全"的理念转变;在发展制度上,人类命运共同体以"人类性"突破了制度设计的资本与权力导向;在发

---

① 李友梅、汪丹:《在"分化"的世界寻求合作—构建人类命运共同体的一种转型社会学认识》,《社会科学战线》2018 年第 5 期。

展价值上,人类命运共同体实现了从"我向性"向"共享性"的转换。

## 一、道路创新:实现了由"中心-边缘"结构向"环形-向心"结构的转变

实现现代化,发展现代性是人类社会发展的必然趋势,也是每个国家共同追求的目标。西方最早开启了现代性进程,资本主义制度也因此构成现代性事业的最初实现形式,随后逐渐成为最普遍的形式。资本主义制度诞生于资本主义的现代生产方式之中,包括机器大工业所带来的物质生产力和以雇佣劳动为基础的资本主义生产关系。在物质形态上,现代生产方式主要是以工业生产代替了传统的农业生产,正是在机器大工业的推动下,资本主义开创了一个被称为"现代"的新时代。当然,除了工业化的生产形式外,现代生产方式还包括以雇佣劳动为基础的现代生产关系。可以说,现代生产方式之所以被称为"现代",技术和市场虽为重要推动力,但更为关键的在于它是以雇佣劳动为基础的。在资本主义社会中,由于生产资料与劳动者的分离,"一方面是货币、生产资料和生活资料的所有者,他们要购买他人的劳动力来增殖自己所占有的价值总额;另一方面是自由劳动者,自己劳动力的出卖者,也就是劳动的出卖者"①。二者各取所需,自然地构成了雇佣劳动关系,或者说是资本关系。这种关系就决定了资本主义生产遵循的是资本原则,其首要目的便是实现价值增殖。这使得被直接卷入资本主义生产过程中的一切东西,不论是土地、山川、河流等自然物,还是劳动者本身,都要按照资本的逻辑来组织。一切对资本增殖有利的因素都得到鼓励,相反,不利于资本增殖的因素都受到抑制。所以,现代性说到底就是现代生产基础上资本运动的产物,"'现代社会'就是存在于一切文明国度中的资本主义社会"②。正是资本内在的增殖本性刺激并推动着现代性和现代社会的生成与发展,在此意义上说,"资本一出现,就标志着社会生产过程的一个新时代"③。由于资本主义生产受资本逻辑支配,因此它必然要求扫清一切资本增殖的限制,越出民族国家的界限而扩展到全球范围。为了实现资本增殖的最大化,获取高额利润,资本家总是在不断拓展海外资源、开发海外市场。无论是军事掠夺、海外殖民,还是国际贸易体系,都是在资本的跨国运动中获取巨额利润的手段。

---

① 《马克思恩格斯文集》第5卷,人民出版社2009年版,第829页。
② 《马克思恩格斯文集》第3卷,人民出版社2009年版,第444页。
③ 《马克思恩格斯文集》第5卷,人民出版社2009年版,第198页。

　　随着资本的全球化,资本主义也将现代生产方式推向全球,开始了全球现代性的历程。"资产阶级……迫使一切民族……采用资产阶级的生产方式;它迫使它们在自己那里推行所谓的文明,即变成资产者。一句话,它按照自己的面貌为自己创造出一个世界。"①于是,在资本主义现代性确立并逐步扩张的阶段,世界各国的普遍交往遵循的是发达资本主义国家确立起来的现代性范式,现代性的全球化的主体是西方发达资本主义国家,客体是广大落后国家、殖民地半殖民地国家。本质上,诸多落后国家是被拉扯进全球现代性体系的。早先的中国由"闭关锁国"到被迫打开国门,以及广大亚非拉国家民族独立革命等都是受全球现代性扩张影响的生动体现。而后随着世界范围内民族解放和国家独立运动的蓬勃开展,资本主义现代性的渗透逐步加深加大并在许多国家以固定的模式确立下来。由此一来,整个世界的发展结构逐步呈现出一种新的形态,即表现为"在经济贸易、文化交流等国际事务中,在美国'一超独大'和'一超独霸'的前提下,各国在名义上是作为平等主体平等协商、自主交往"②。在这一过程中,资本主义在客观进程中确实将现代文明传播到了世界各地,开启了全球现代性序幕。但由于其掠夺本性,它更多的是将资本主义现代性的矛盾困境转移到全世界,从而造成全球性问题的滋生蔓延。从美国次贷危机、希腊主权债务危机到塞浦路斯告急引发的欧债危机,全球性经济危机频发;从基地组织、"伊斯兰国"到欧洲频发的恐袭事件,国际恐怖主义、民族分裂主义、宗教极端主义在全球蔓延;大气污染、水体污染、全球气候变暖、生物多样性减少、粮食危机、能源危机,生态资源瓶颈日益突显;英国"脱欧"、特朗普当选,"逆全球化"势力迅猛抬头,孤立主义和保守主义开始在全球蔓延。全球经济动荡、地缘政治冲突、资源环境瓶颈,都反映出目前资本主义主导的全球现代性的负面溢出效益已远远大于正面效应。

　　资本主义全球化之所以造成当前的全球治理困境,是因为在发展道路上其遵循"中心-边缘"的发展机制。"中心-边缘"的发展道路将全球各国分为两个地带,即中心和边缘,两者虽处于一个圈层,但地位却完全不同。"中心-边缘"结构的形成主要是由于资本在世界范围内积累过程的不平衡,这必然导致国家和地区在地理空间上的发展不平衡,出现发达国家对不发达国家的权力支配关系,即"使未开化和半开化的国家从属于文明的国家,使农民的民族从属于资产阶级的民族,使东方

---

① 《马克思恩格斯文集》第 2 卷,人民出版社 2009 年版,第 35 页。
② 张天勇:《文化自信:场域转换与主体自觉》,《马克思主义研究》2017 年第 5 期。

从属于西方"①。这种发展不平衡所导致的权力支配关系正成为地缘政治冲突的深刻根源:"世界历史……怎样和为什么分化为经常最具破坏性的地理政治上的冲突……具有政治-经济过程中的根源,这些过程把资本主义推进到了不平衡的地理发展的结构之中。"②"中心-边缘"的发展机制实质上是发达国家进行疯狂掠夺、悄然渗透新殖民主义的现代形态,只是它以更加隐晦、更加长时段的隐形危害不为大多数国家所警觉,并不断以其所推崇的"西方中心论"进行思想意识上的精神洗脑与意识蚕食。随着"中心-边缘"发展机制的不断运转,边缘国家将变得日渐孱弱,而中心国家的贪欲却日益膨胀,最终导致该机制再也无法继续运转而走向崩塌。这样不仅会彻底打破全球治理体系的稳定性,更会给全球现代性的发展造成致命打击。

面对资本主义所主导的"中心-边缘"化的世界等级结构以及由此带来的矛盾冲突的加剧,要想使人类的现代性事业长远可持续地发展下去,最为关键的就是要做到"去中心化",即消解中心国家的绝对控制权,使其相对优势减弱,而这恰恰是人类命运共同体所努力推动和力求实现的目标之一。人类命运共同体作为一种新的全球现代性的构建方案,它在发展道路上所提倡的是以各个国家的独立自主和平等相待为基础的"环形-向心"格局。③ 这是一种去中心化的发展道路,从思维方式上来说,它追求的是多样性的统一,而不是实体性的统一;从发展秩序上来说,它提倡全球主义与多边主义的政治商谈,而不是霸权主义与排外主义的单一政治取向;从处理矛盾问题的方案上来说,它强调的是只有在平等协商的基础上加强沟通、对话、合作,才能更好地大事化小、小事化无。"我们应该求同存异、聚同化异,共同构建合作共赢的新型国际关系。国家不论大小、强弱、贫富,都应该平等相待,既把自己发展好,也帮助其他国家发展好。大家都好,世界才能更美好。"④从发展目标上来说,"中心-边缘"机制为的是掠夺全球资源与开拓世界市场,最终服务的是掌握资本霸权的西方大国;而人类命运共同体主张的"环形-向心"的发展道路则认为人类生活在同一个地球村里,利益交融、安危与共,没有一个国家可以独善其身,更不能包打天下,故其要求所有国家跳出民族主义的狭隘视野,寻求全球发展

①　《马克思恩格斯文集》第 2 卷,人民出版社 2009 年版,第 36 页。
②　[美]戴维·哈维:《后现代的状况》,阎嘉译,商务印书馆 2003 年版,第 263 页。
③　参见杨宏伟、张倩:《人类命运共同体的结构及其建构》,《教学与研究》2018 年第 11 期。
④　习近平:《中国发展新起点 全球增长新蓝图——在二十国集团工商峰会开幕式上的主旨演讲》,《人民日报》2016 年 9 月 4 日。

的最大公约数，以全局和长远眼光来实现国家间的互惠互利。通过构建"环形-向心"的全球现代性发展新秩序，世界各国将形成一种新的对话交往机制，在此机制中，每个共同体成员都是完全独立自主的主体，任何国家都不是满足其他国家需要的工具性存在，大家围绕人类长远的共同利益和当下亟待解决的重大问题共商大计、共谋对策、共话未来。原本由发达资本主义国家所牢牢把持的"单极"世界开始朝着"多元化""均衡化"的方向发展，整个世界格局也从"一国独霸"或"几方共治"走向以国际关系民主化为特征的"多元治理"和"全球善治"，资本主义的空间霸权最终被多边主义的世界格局所取代，一个更加公平合理的全球空间格局逐渐在形成。

## 二、理论创新：破解了关于现代性的各路错误理论

在发展的话语表达上，人类命运共同体是对"西方中心论"的超越。人类文明的多样性是当今世界的基本特征，不同历史和国情、不同民族和习俗孕育了世界上的不同文明。这些文明本无高下之分、优劣之别，但"西方中心论"者却认为，肇始于西方的文明是唯一成功的类型，而西方之外则属于野蛮民族，都处在文明的边缘地区，需要通过西方文明的传导，由以西方为中心向亚非拉等地区扩展，借助殖民、干涉等手段开展"文明化"推进，以教化为文明的民族。所谓"西方中心论"，是西方国家和民族在近代全球现代性的殖民扩张中逐步产生的优越心理状态。西方列强自诩为世界的主宰者，认为西方文化比非西方文化更加高雅和优秀，因此西方文化具有普遍性，能够代表非西方社会未来的发展方向，而许多国际标准如本初子午线、公元纪年以及拉丁字母的全球运用更是加强了西方社会对"西方中心论"的自信心和优越感。西方国家这种带有极大隐蔽性和欺骗性的文明论调在亨廷顿"文明的冲突"的理论架构中得到了系统的阐发，这一架构把文明的差异看作导致冲突的主要因素。而事实上，所有冲突对立的根源绝不在于文明的多样性，而是由于西方国家主导的全球现代性体系出现了病症，这一体系浸润着霸权主义的文化基因，贯穿着零和博弈的发展逻辑，推行着强权政治的治理法则。在"西方中心论"的强势话语体系面前，非西方国家的合理性与合法性会遭到驳斥甚至被完全否定，其国家制度和社会体系也将进一步遭受否决，国家的文化、道路、制度和理论信心将受到毁灭性打击。此后，西方社会将用加工过的话语体系来重新塑造非西方国家的历史与现实，最终实现西方中心化的进一步固化。因此，如果不能从西方中心主义

的话语统治中抽离出来,那么所有国家和民众只能在西方化的泥沼中日益沉沦,迷失自我、失去自我,彻底沦为西方社会的附庸。

中国提出构建"人类命运共同体"就是针对"西方中心论"出现的症状所开出的药方。在中国优秀传统文化中,"和""合"理念源远流长,中国历来强调文明因交流而多彩,因互鉴而丰富,"日夜不同光,昼夜各有宜",把不同文明看作维护和平的纽带,强调"和羹之美,在于和异"。习近平总书记善于用中华优秀传统文化来表达世界多样文明对推动人类社会发展的理念,他在国际舞台上反复重申,中国倡导"强不执弱,富不辱贫",只要"志合者,不以山海为远",就能达到"交得其道,千里同好"。这正是一个负责任大国的领导人,以跨越不同文明的胸襟,坚守"和而不同"的立场,为克服由西方霸权主导的全球现代性发展体系的弊端提出的中国主张。人类命运共同体正是对"西方中心论"话语体系的解构。建构人类命运共同体不仅不与多种文明相悖,反而成为这一理念提出的前提条件。人类命运共同体在多样文明中生成并在多样文明中获得存在的真正价值,建构人类命运共同体的世界意义寓于人类社会多样文明的现实存在当中,而人类社会的多样文明也只有通过世界各国同心建构的人类命运共同体才能实现不同文化互鉴、交融,产生推动社会进步的巨大动力。从话语背景来看,全球性风险形式多样且波及面甚广,人类命运共同体摒弃"西方中心论"唯我独尊的高傲姿态,表达了世界上每个国家的命运都是休戚与共的,并不存在所谓的高低贵贱之分,"你中有我,我中有你"的人类命运共同体事实不容反驳,这无疑道出了非西方社会国家寻求安全与和平的心声。从话语言说来看,作为被"西方中心论"控制了百年之久的国家之一,中国对长期处于压迫状态的发展中国家十分具有同理心。人类命运共同体所传递出的话语关键词是"平等",对于任何形式的等级制度、特权福利或者差别待遇都持反对态度,也绝不歧视任何贫困或者弱小的国家,在坚持主权平等的基础上,更加积极推进实现各国的权利、机会以及规则平等,致力于让小国、弱国也能在国际舞台上参与国际事务的讨论与决策,从而实现真正意义上的世界各国平等。从话语作用来看,人类命运共同体以"平等待人"的话语自信和"和谐""正义"的话语追求让弱小贫困的发展中国家看到"西方中心论"并非永恒真理和唯一选择,通过探索与实践来实现现代化仍然有希望解锁出新的方案。

在人类未来的发展方向上,人类命运共同体是对"历史终结论"的破解。1988年,弗朗西斯·福山作出的"历史的终结"的报告以及发表在美国《国家利益》杂志上的《历史的终结》一文,标志着"历史终结论"理论的正式诞生。理论上"历史终结论"的提出，以及实践中的东欧剧变似乎预示着共产主义已经失去了生命力，人类的现代性发展道路好像只剩下西方的民主政治制度和市场经济体制，人类历史的基本原则和制度不会再有进一步的发展，只能在资本主义的自由民主制度中完结。然而，全球范围内存在的金融危机、恐怖主义、环境问题等世界难题却时刻告诫着人们，西方现代性模式并不是至善至美的，人类亟须构建一个更加公平正义的现代性实现新形式。诚然，苏联解体和东欧剧变给国际共产主义运动带来了沉重打击，但这并不意味着社会主义的失败，中国的强势崛起以及由此引发的全世界对"中国道路"的空前关注，使得"历史终结论"不得不在实践的反击中黯然退场。中国之所以能迅速崛起，最为根本的是我们始终坚持社会主义方向不动摇，并由此开创了别具一格的现代性发展新图景。实践至上的中国现代性之路证明，历史远未终结也不可能终结，被终结的只能是"历史终结论"本身。中国的现代性实践成功打破了资本主义"一统天下"的局面，它为人类历史发展道路提供了多种可能性，证明了历史发展向度的多维性与无限性。

中国的现代性实践不仅实现了为社会主义"正名"，更为世界发展过程中出现的普遍性问题贡献了新智慧、新方案。进入 21 世纪后，尤其是金融危机爆发后，世界各国对关涉人类文明发展的重大问题，诸如世界性贫富分化、全球性治理危机、恐怖主义泛滥、生态环境危机等的关注度普遍提升，全球性问题成为可能"终结历史"的"头号杀手"。鉴于此，中国以五千年延绵不断的文明底蕴为智慧根基，以马克思主义关于人类社会发展的规律为践行原则，以中国现代性的发展经验为指南，为解决迫切的世界性问题提出了可行性方案，这一方案便是以共建"一带一路"和筹建"亚投行"等有效举措为实践载体的人类命运共同体主张。通过构建人类命运共同体，整个人类社会携起手来，凝聚起共克时艰的磅礴力量，进而化危为机、转危为安，朝着马克思所构想的"自由人联合体"不断前进。正是在此意义上，我们说人类命运共同体推翻了"历史终结论"对社会主义的"死刑宣判"，社会主义正以前所未有的蓬勃生机向前发展着。

在发展的具体方式上，人类命运共同体实现了对"文明冲突论"的驳斥。美国政治学家塞缪尔·亨廷顿在其著作《文明的冲突与世界秩序的重构》中率先提出"文明冲突论"，他认为在冷战结束后的国际社会中，相较于意识形态和经济而言，由文明差异所带来的冲突在国际政治中的地位更加重要。其中，儒家文明作为世界七种文明之一，亨廷顿认为其对西方文明构成最大的威胁和挑战。不可否认，事物在矛盾中孕育新生并在矛盾中成长和发展，世界的发展的确存在冲突和矛盾，但也存在共生与交融的情况。中国作为一个拥有悠久历史的文明古国,传统文化博大精深,其精髓至今仍然是治国理政的重要思想来源。以中华优秀传统文化做理论底蕴的人类命运共同体有效反击了"文明冲突论"对中国的误解与曲解。一方面,人类命运共同体的"开放包容"继承了儒家"和而不同""和合共生"的思想主张。"万物并育而不相害,道并行而不相悖。"人类命运共同体充分尊重世界文明多样性的客观历史规律,充分尊重各国自主选择的发展模式,在与广大发展中国家共同前进的过程中能够做到彼此信任和互不干涉内政。在此基础上,与不同文明加强交流与对话,在和平共处的氛围中以协商民主的方式解决争端,商讨意见,从而实现和谐共生。另一方面,人类命运共同体的"共同繁荣""普遍安全"继承了儒家文化的"仁爱"精神。人类命运共同体作为我国提出的全球治理的中国方案,它的核心主张之一便是"真正的敌人不是我们的邻国,而是饥饿、贫穷、无知、迷信和偏见"①。一个社会若是陷入极度的贫困,那就是冲突、疾病乃至恐怖主义诞生的温床。因此,人类命运共同体理念秉持"义先行,利随后"的义利发展观,主张"共同繁荣"和"普遍安全"。在具体实践中,中国积极承担世界减贫的主力军角色,数十年来,持续向将近200个国家和国际组织提供资金援助,数次宣布无条件免除穷国、弱国对我国的到期政府无息贷款债务。除此之外,中国还同周边国家签订《东亚减贫合作倡议》,提供资金,开展减贫推进计划,建立东亚减贫合作示范点,将国内优秀的扶贫经验和管理提供给东亚,并对东亚进行减贫技术援助。在为世界减贫事业做出贡献之外,中国还积极参与联合国的维和行动,为世界的安全与稳定添砖加瓦,数以万计的维和士兵不畏艰险、不怕牺牲,以实际行动保障战乱地区人民的安全。事实证明,中国从未因为文明的差异而与任何其他的国家产生过冲突,反而是在充分尊重文明多样性的基础上成为维护国际和平的坚强力量。

### 三、制度创新:以人为核心取代资本和权力导向

就资本主义全球现代性模式而言,其最为核心和本质的任务是实现资本在全球范围内的扩张、膨胀与增殖,这就从根本上决定了它的一切制度安排都是紧紧围绕剩余价值的吮吸及其最大化而展开的。作为资本主义制度的核心,资本不仅以

---

① 习近平:《共担时代责任共促全球发展——在世界经济论坛2017年年会开幕式上的主旨演讲》,《人民日报》2017年1月18日。

具体物的形式表现出来,更作为一种"社会关系"而存在,并且这种关系通过资本本身的生产与再生产过程不断溢出经济领域,逐渐渗入政治、文化以及其他社会生活领域——从支配生产发展到支配分配、交换以及消费,从控制经济发展到控制政治文化等上层建筑的方方面面。当资本的扩张本性在一国范围内无法得到满足时,它便开始跨越国界扑向全球,而随着经济全球化的不断发展,资本对全球资源的掠夺将达到无可复加的地步,由此引起的经济危机和社会危机使得人们对资本主义的恶性膨胀及其危害的认识变得无比深切。正是因为捕捉到了这一点,所以马克思指出,"资本是资产阶级社会的支配一切的经济权力"①,而奠基在这一经济权力基础上的资本主义制度自然就成了服务于资本增殖的工具,成了维护资本、巩固资本权力的社会组织形式。不过需要进一步说明的是,资本作为权力并不归全体社会成员所有,它只归少数资本家所有,只归统治阶级所有,由此一来,资本主义制度也就成了资产阶级利益的代表,广大无产阶级则完全处于被支配、被监管的地位。鉴于此,在资本主义的制度设计中,广大无产阶级和劳动者的利益完全被排除在它考虑范围之外,它所遵循的原则只有一条,那就是如何在扩大资产阶级权力的同时尽可能地削弱无产阶级的权力,如何在增进资本家利益的同时尽可能地掠夺无产阶级。正是由于资本主义制度安排的资本和权力导向,资本主义制度成为"建立在阶级对立上面、建立在一些人对另一些人的剥削上面的产品生产和占有的最后而又最完备的表现"②。随着资本主义制度在全球范围内的不断扩张,西方资本主义国家凭借自己的先发优势"迫使一切民族——如果它们不想灭亡的话——采用资产阶级的生产方式……它按照自己的面貌为自己创造出一个世界"③。这就意味着,以资本和权力为导向的资本主义制度把全世界卷入了自己的体系之中,并将自身上升为支配和控制整个全球现代性发展进程的模式和规范。在这一制度体系中,少数西方资本主义国家以资本为把手形成了对世界其他民族国家以及世界秩序的牢牢掌控,建构起了一整套关于剩余价值的榨取和积聚的机制,而广大发展中国家和落后地区则成为其掠夺原材料和倾销商品的对象,成为资本吮吸的对象。由于资本主义全球现代性模式把全部关注的焦点都放在"物"的增长上,放在谋求不平等的霸权地位上,而丝毫不在乎全世界人民生活的改善和提高,因此,即使在国际形势复杂多变、全球性挑战层出不穷的发展现实下,以美国为核心的西方发达

---

① 《马克思恩格斯文集》第 8 卷,人民出版社 2009 年版,第 31—32 页。
② 《马克思恩格斯文集》第 8 卷,人民出版社 2009 年版,第 42 页。
③ 《马克思恩格斯文集》第 8 卷,人民出版社 2009 年版,第 45 页。

国家仍然不去着手解决全人类面临的共同困境、危机，而是继续在全球范围内奉行狭隘的民族主义、利己主义、单边主义，将零和博弈的对立思维一如既往地贯穿下去。其所谓的民族主义范围仅仅是处于普遍人民性外观下的少数特权者，因而其人民性是狭隘的、非兼容的，不可能为人类社会的发展带来光明前景。

值得庆幸的是，资本主义全球现代性弊端的破解随着现代性的深入发展出现了新的历史契机。一方面，世界交往的深度发展使各国各地区之间的相互依存不断加大；另一方面，各国在比较中选择发展道路的自主性和主动性也将不断增强。遍及全球的主权国家和发展模式的多元化必然推动国际社会的民主化进程，世界历史由此进入充满多元化主体和道路的阶段。世界历史向着多元化道路和模式发展的新进程已经出现了两大变化：一是对欧化、西化的普遍质疑，资本主义万能论的影响式微；二是产生了资本主义制度的否定性因素，社会主义已经从理想和理论成为现实运动并在多国实现。其中，最令人瞩目的就是中国挣脱了资本主义的束缚，中国的现代性发展走的不再是资本主义的老路，也不是资本主义制度主导的现代性，而是中国设计、中国特色的独立自主的现代性。中国特色社会主义的成功和中国作为新兴发展中国家的迅速崛起，让世人看到了另一种希望，推动着世界历史和人类命运变革的新征程。

习近平关于"人类命运共同体"的重要论述，是习近平新时代中国特色社会主义思想的重要组成部分，它在深刻揭露资本主义现代性危机的基础上，力求对资本逻辑所固有的政治霸权逻辑、社会分化逻辑、文明冲突逻辑等发展悖论加以批判与超越。在现代性的制度设计上，与资本主义全球现代性所奉行的资本和权力导向不同，人类命运共同体所坚持的是以人为中心的发展导向，其终极目标是追求和构建以人为中心的人本逻辑。之所以这样，是因为就整个人类社会的发展而言，人不仅构成了推动生产力发展的主体，更构成了全部社会生活和社会历史的主体。正是因为深刻地认识到了这一点，所以在充分反思资本主义全球现代性发展经验与教训的基础上，人类命运共同体强调必须把人作为贯穿整个现代性事业的主线，我们的一切发展都必须坚持依靠人、为了人，一旦脱离了这一点，整个现代化事业就会迷失方向，同时也会失去意义。而至于资本或者别的什么物，它们无论如何都不能作为我们发展的根本目的，它们实际上只是满足人的需要、促进人的发展的必要条件和手段，只有人才是现代性事业的永恒主题。当然，这里的人并非特指某一国家或者民族的人，而是指全世界人民，指的是全人类，换句话说，人类命运共同体并不寻求某种特殊权力或特殊利益的存在，也不追求少数国家和群体的私利，而是要实现全人类利益的普遍增进和共同发展,"以人类为本"才是其最确切的表达和最鲜明的特征。这就意味着,在对"以什么人为中心"这一问题的回答上,"人类命运共同体"坚持的是以世界人民为中心的人民立场,是要最大限度地增进全世界人民的福祉,为全世界人民谋幸福,探索世界人民共同命运的可靠未来,让全球化现代性发展成果真正惠及世界上的每个人。正是这一全人类的立场使得"人类命运共同体"彻底超越了资本逻辑狭隘的民族主义与利己主义的短期利益考量,摒弃了资本逻辑的零和排他、非此即彼的对抗性思维方式,成为解决当代人类生存境遇和未来发展命运问题的切实可行方案。

　　为了推动"以人类为本"的新型全球现代性发展模式的实现,人类命运共同体要求在全球现代性的制度安排和设计上,必须把实现好、维护好以及发展好广大人民群众的利益作为根本的出发点和立足点,把人民群众的幸福感、收获感和满足感作为评判现代性事业发展效果的至高标准。并在此基础上,建立起一套高效且公正的制度体系来确保大量的社会财富被源源不断地创造出来,同时确保这些财富被真正用于全人类的发展。具体来说,一是在政治上,要坚定维护以联合国为核心的国际体系,坚定维护以国际法为基础的国际秩序,坚定维护联合国在国际事务中的核心作用,摒弃冷战思维和强权政治,不搞唯我独尊、恃强凌弱的霸道,管控矛盾分歧,努力构建不冲突不对抗、相互尊重、合作共赢的新型关系。二是在经济上,要维护世界贸易组织规则,建设开放、透明、包容、非歧视性的多边贸易体制,推动建设开放型世界经济,优化各国间的发展伙伴关系,最大限度解决南北之间和地区内部发展失衡问题,让发展成果更多惠及全体人民,为世界经济全面可持续增长提供新动力。三是在文化上,要以文明交流超越文明隔阂、以文明互鉴超越文明冲突、以文明共存超越文明优越,积极搭建和而不同、兼收并蓄的文明交流对话机制,在竞争比较中取长补短,在交流互鉴中共同发展,使文明交流互鉴成为增进各国人民友谊的桥梁、推动人类社会进步的动力、维护世界和平的纽带。四是在安全上,要坚持以对话解决争端、以协商化解分歧,统筹应对传统和非传统安全威胁,反对一切形式的恐怖主义,树立共同、综合、合作、可持续的新安全观。五是在生态上,要坚持环境友好,合作应对气候变化,保护好人类赖以生存的地球家园,解决好工业文明带来的矛盾,以人与自然和谐相处为目标,实现世界的可持续发展和人的全面发展。通过这一制度安排,人类命运共同体就彻底超越了旧的以"物"为本的资本主义全球现代性发展模式,实现了对传统全球现代性道路的超越和重塑,为彰显人的价值、超越资本主义现代性的物化逻辑开辟了现实道路,弥补了资本主义权力导向的制度缺陷。

## 四、价值创新：实现了从"我向性"向"共享性"的转换

除了发展理念、发展道路以及发展制度上的根本性转换，人类命运共同体还在发展价值上实现了对资本主义全球现代性模式的彻底超越。自打资本主义全球现代性诞生的那刻起，其内含的资本逻辑就决定了它是自私的、唯我的以及排他性的，它所追求的是一种绝对压倒性的私利。在西方发达资本主义国家的眼中，世界上的一切其他国家和民族都是供其驱使和盘剥的对象，是其谋得自身发展的"献祭品"和"垫脚石"。由此一来，整个世界就变成了一个"弱肉强食"的丛林，变成了一个"零和博弈"的战场，"你输我赢、赢者通吃"的"我向性"思维成为资本主义全球现代性体系最为核心的价值表达。站在这一价值立场，西方资本主义国家每一寸利益的获得都意味着发展中国家利益的相对受损，长期发展下去，不仅会造成不同国家、地区之间的贫富差距变得越来越大，而且会带来全球单边主义、保护主义、民粹主义等不良思潮的滋生与发酵。在强烈的不平衡感与被剥夺感的作用下，广大欠发达地区的反抗情绪日益高涨，各种不稳定性因素日益增加，从而威胁全球发展。从短期来看，资本主义全球现代性方案所秉持的"我向型"理念确实能在一定程度上带来利益的增进。但从长远来看，发达资本主义国家为了实现利润最大化而利用竞争优势制定有利于自身的国际规则，并按照资本的意志在全球范围内肆意掠夺资源、转移低端落后产业、输出西方价值观，构建有利于自身的竞争格局和外部环境并使发展中国家成为竞争规则的被动接受者和受害者，其最终结果是全球发展的无序竞争状态使全球经济发展的不稳定性和不平等程度不断加剧、生态环境不断恶化、文明冲突和社会矛盾更加凸显。长此以往，资本主义国家只会"搬起石头砸自己的脚"，侵蚀的是自己的根基，损害的是全人类的利益。

之所以这么说，是因为对于不同的国家和民族来说，它们的利益肯定是不完全一致的，甚至有时是背道而驰的，一旦所有国家都把目光仅仅局限在自身的绝对利益上，进而将其确定为自身行动的唯一出发点，除此之外再不去关心其他国家的利益，由此导致的结果就必然是不同国家之间的利益缠斗和矛盾纷争。当这种矛盾局面加深到一定程度，整个人类的现代化事业将因为斗争而变得撕裂化、离散化，从而丧失发展的持久动力。不仅如此，任何以损害别国利益而换得自身发展的行为也都终将反噬其自身，因为在全球一体化趋势不断加深的今天，世界各国的利益

已经互相交融和渗透在一起,大家成为一个一荣俱荣、一损俱损、兴衰相伴、祸福相依的命运共同体,任何国家都不可能把自己打造成封闭的孤岛,也不可能在全球性问题面前独善其身。当广大落后国家因遭受资本主义剥削而利益长期受损并陷入危机时,这种危机定会沿着全球价值网络而向全世界蔓延与传导,最终给包括资本主义国家在内的整个人类文明发展成果带来损害。

当然,除了差异以外,国与国之间还存在着广泛的利益契合点,也会开展交流合作,但如果这种合作依旧是由"我向性"价值理念所主导的单赢模式,而不是均衡共赢,那最后都将难以持续。当今世界,在既有的现代性体系和国际秩序下,西方发达国家往往凭借技术、知识产权、国际话语权、规则制定权等优势,在同发展中国家的合作中获取完全偏向自身的不均衡利益,即开展无共赢的合作。针对资本主义现代性"我向性"发展价值所引发的全球发展不平衡,中国大力倡导构建共建共享、合作共赢的新的现代性发展价值,人类命运共同体由此得以出场。人类命运共同体倡导世界各国必须摈弃"你输我赢、赢者通吃"的狭隘民族主义旧思维,必须彻底"结束牺牲一些人的利益来满足另一些人的需要的状况"[1],要让所有国家、所有阶层、所有人群共同享有经济全球化带来的好处。这就昭示着,人类命运共同体所要实现的绝不是少数国家的小利,而是关乎世界所有民族和国家的大利;不是以暂时性、单边性、唯我性为特征的私利,而是以共同性、持续性和综合性为标志的公利。对于不同国家而言,其利益从根本上来说是完全一致的,因此不同的民族国家之间应该通过构建互惠互利、协商共赢的长效合作机制,开创双赢、多赢、共赢的全球发展新局面,让全世界共同享有整个人类社会发展的成果,"共同享受大家创造出来的福利"[2]。

"共享"理念不仅是我国现代性发展的价值遵循,更是引领全球经济合作共赢的新理念,我们必须在中国发展与全球现代性进程的辩证统一中把握共享发展的价值内涵。共享发展作为超越资本主义全球现代性模式的中国智慧,不仅仅是理论上的设计,更是切切实实的实践方案,正如习近平总书记指出的,必须"落实共享发展",使其"在实践中不断取得新成效"。为了使这一价值理想变成现实,世界各国必须在积极发展自身的同时主动了解其他国家的利益关切,在让自身变得日益强大的同时主动承担起对世界其他国家的责任。通过加强与其他国家的沟通与对

---

① 《马克思恩格斯文集》第1卷,人民出版社2009年版,第689页。
② 习近平:《在纪念马克思诞辰200周年大会上的讲话》,人民出版社2018年版,第20页。

话形成多种多样的利益汇合点,并在此利益汇合点的基础上寻求最大的发展公约数,达成更多的利益共识,从而开辟一条人类共同繁荣和共同发展之路。在此过程中,尤其是要激发发达国家的责任意识,要求它们必须着眼于整个人类文明发展的大局,一方面充分听取各方意见,照顾和体现各国特别是发展中国家的利益和诉求;另一方面则要努力帮助那些起步晚、底子薄、速度慢的发展中国家来根据自身实际探索符合本国国情的现代性发展之路。通过维护多边合作体制,创新合作理念和合作模式,从而深化区域和国家之间的多边合作,实现区域和国家之间的交流对话、利益共享,推动各国获得更好更快的发展。与此同时,还要激发广大发展中国家和新兴经济体的创造热情和创新活力,不断培育壮大世界经济发展的新动能,提升广大发展中国家在全球经济治理中的话语权、参与权,构建共商共治新机制,创设世界经济治理新秩序。正如习近平总书记指出的,要"增加新兴市场国家和发展中国家代表性和发言权,确保各国在国际经济合作中权利平等、机会平等、规则平等"[①],形成公平合理的国际经济发展格局,引领全球现代化向更加包容普惠的方向发展。

　　面向未来,面向人类现代性事业发展的光明前景,我们必须同舟共济、合作共赢,坚持走开放融通、互利共赢之路,构建开放型世界经济,全力"推动经济全球化朝着更加开放、包容、普惠、平衡、共赢的方向发展"[②]。只有当所有国家都取得了现代化事业的长足发展,才能形成"各美其美,美美与共"的联动增长格局,才能为彼此的发展开辟出更大空间,才能突破人类面临的共同发展瓶颈,才能化解人类共同面对的发展难题,为整个人类社会的长足进步夯实基础。

---

① 习近平:《中国发展新起点 全球增长新蓝图——在 2016 年二十国集团工商峰会开幕式上的主旨演讲》,《人民日报》2016 年 9 月 4 日。

② 习近平:《决胜全面建成小康社会 夺取新时代中国特色社会主义伟大胜利——在中国共产党第十九次全国代表大会上的报告》,人民出版社 2017 年版,第 59 页。

# 第四章

# 全球现代性的系统筹划：
# 人类命运共同体的实践贡献

全球现代性发展到今天，每一刻都处于马克思所描述的"世界历史"中的"全球性时刻"。在马克思和恩格斯看来，人类的历史终将发展成为一个统一的"世界历史"，而人类也将发展成为一个自由和谐的联合体。当前，世界正处于全球性与现代性交汇的重要历史时刻，酝酿着人类发展的新动力，人类社会以新的方式展示出进步的样态。然而，由资本主义现代性发展、资本逻辑所导致的民族利益与人类利益的割裂、南北发展的对立、多种社会思潮的冲突、传统与非传统安全的威胁、"中心"对"边缘"的支配等问题，严重影响着世界各国的生存和发展，使人类命运共同体的构建面临很大挑战。我们如何重新构建起一种牢不可破的联结体关系，协同推进关涉不同利益的国家和民族共同发展，在全球现代性背景下真正做到休戚与共，共同谋划人类发展的未来，是我们当前面临和亟须解决的重要问题。

## 第一节　反思性地把握时代：构建人类
## 命运共同体的掣肘因素

资本主义现代性在资本的助力下，以"现实需要、利己主义"的价值遵循实现了资本主义现代性的全球性发展。这种发展，是以资本主义为制度特征的现代性在世界的蔓延，逐渐形成了全球现代性的系列规定。无可厚非，这样的方式将人类社会整合为有机联系的统一体,使得人类走向了新的阶段,但是,资本主义现代性全球化的系列规定也产生了诸多全球性问题,使人类陷入全球危机的深渊。

## 一、利益博弈:民族利益与人类利益联动割裂

人类命运共同体是囊括了"生存共同体""利益共同体""安全共同体""文明共同体"的人类组织形式,是推进各民族、各国家,乃至人类共存、发展、相处的新样态。但是,人类命运共同体的构建仍然面临着挑战,面临着价值和利益的博弈,尤其是民族利益与人类利益间博弈的问题。因为人类存在着共同利益,所以不同民族完全具备共生共存共赢的可能。但若只考虑本民族利益,仅从自我角度考虑利益最大化,不考虑人类的整体利益,拥有极端自私自利的思想,则很难形成真正的共同体,所以构建人类命运共同体在现实中必然面临这一掣肘因素和挑战。也就是说,在理论上,民族利益与人类利益在其本质上具有一致性,但在现实中则出现了民族利益与人类利益一致性与同质性的割裂,成为民族发展与人类发展的阻碍,成为构建人类命运共同体的难题与掣肘因素。

一般说来,民族国家利益代表的是特殊群体、特殊集团的利益,含有区域性、地域性和排除性的特征,其本质是"以民族利益为中心"。而人类利益代表的是抽离出特殊性而显示出具有普遍性、共同性、一般性特征的人类整体的利益,其本质是"以人类利益为中心"。对这两种中心的冲突可以从人本身的分裂来说明。人作为自然的个体,本身不带有任何特殊的属性,人的唯一目的就是继续生存与发展,在这个意义上,"人作为人是普遍的"。但是单个人能力的有限性决定了人不能单独存活下去,必然要结成一定的社会关系,构成一定的社会群体。这样人就带有了社会的性质,人的社会性涵盖了特殊性,人成为有民族、国家的"存在",实现了人的普遍性与特殊性身份的分裂,其结果是人带有了偏向性,为自身的存在而奋战,同样也会为了自身的利益而耗损"他者"甚至是人类整体的利益。值得注意的是,人的这种分裂在产生之初就开始显现,在资本主义生产方式的催化下放大,并且通过"消灭时间和空间"进入世界场域,而资本主义民族国家为了自身的利益,不惜损害他国乃至整个人类的利益,造成民族国家利益与人类整体利益的断裂。

这一掣肘因素本身具有深刻的历史根源,同样,这种深层次性也使得构建人类命运共同体步履维艰。在资本主义前的社会形态,狭隘的地缘和血缘是人类的生存图式。从形态上来说,它包括原始群、氏族、家庭、部落等在内的诸多形式;从规

模上来说,涉及的利益相关者是基于地缘与血缘的个体或者群体。因此,这种小范围的存在状态,涉及的利益关系也是有限的,通常是群体内部或群体间的关系,而利益的对立也是紧缩在空间与时间上的意义,也就是个人与群体、群体与群体之间的利益博弈。在这样的历史水平下,解决这一问题的方式是"不存在个人所有,只有个人占有;公社是真正的实际所有者"①,或是各群体划分领域,以"不相干""不侵犯"原则来规制群体间的博弈。无可厚非,这些方式的确为破解因利益对立而引起的矛盾冲突提供了可行之策。但是,这不能否定甚至彻底解决基于利益而出现的冲突博弈。人类社会内部的斗争始终处于沉积与迸发局势,而资本主义将这种沉积撕裂。在资本主义社会中,虽然存在共同体来维护"普遍利益",但那是虚假的共同体,它只用于维护资产阶级对无产阶级的剥削,实现资本对劳动利益的掠夺,从而获得剩余价值和特殊利益。随着资本主义生产方式的对外扩张,资本对劳动利益的掠夺已演化为世界性的价值和利益博弈。

资本主义现代性的发展引诱着它启开并用暴力或者非暴力的形式在横向与纵向的维度拓展"全球性时刻",开启了历史的转场。而这样的历史转场也使价值和利益博弈消除各民族各国家的边际,实现冲突对立的脱域,俨然演化为全球性的斗争。这样,一直沉积在人类社会的利益博弈也将在世界各领域、各场域爆发,并最终体现为民族间的利益博弈、民族利益与人类利益间的博弈。民族作为特定人组成的整体,带有局部性、排他性,甚至是侵占的属性。为了生存与发展,各民族必然需要大量的生存资料,而资源的有限性与需求的无限性间的矛盾驱使他们奔走于全球各地,到处落户,到处开发。其最为直接的方式是拓展市场,将全球的生产生活资料为其所用。资本主义通过"地理大发现"和"新航路"打破了民族国家间的壁垒,转变了人类传统的生存图式,使人类实现了地域与血缘的联系剥离,真正作为一个整体而存在。国家和地区间的贸易往来成为全球经济发展的重要动力,无论是生产、分配还是消费领域,随着交通运输和沟通载体的信息网络体系的形成,各国的商品已成为世界商品。在全球现代性发展的今天,各国成为经济一体化"一荣俱荣,一损俱损"的"利益共同体"。但是随着全球现代性的发展,其背后所表现出来的发展模式是资本逻辑在全球范围内的疯狂演绎,在创造价值的同时,榨取更多的剩余价值,并且妄想使自己成为"合理化"的永恒模式,这背后体现的是一种狭隘自利观念的普遍化,它不可避免地导致各个成员国之间的竞争,以及民族国家与人

---

① 《马克思恩格斯文集》第 8 卷,人民出版社 2009 年版,第 132 页。

类整体利益的冲突。例如,2021 年 4 月,日本政府"置全球海洋环境于不顾,置国际公共健康安全和周边国家人民切身安全利益于不顾"①,决定以海洋排放方式处置福岛核电站事故核废水。面对这一行为,欧盟国家坚信污水流入大西洋领域时,污水的放射性物质已经被海水稀释,欧盟国家并不会受到严重的影响,因此选择沉默,罔顾全球其他国家人民的利益。无独有偶,新冠疫情期间,西方国家借"自由""平等""人权"的虚幻影像消极抗疫。印度疫情形势严峻,求助美国,而美国则以搪塞之词表示"理解印度的需求",称将对疫苗原料问题给予"适当考虑",但事实上美国是在囤积疫苗、实施出口管制,人为地制造"免疫鸿沟",这非常不利于全球疫情的控制。同样,发达国家还实施污染转移手段,加剧发展中国家的生态危机。例如,美国是资源消耗大国,但应对气候变化却采取消极态度,美国政府甚至宣布退出《巴黎协定》等。这些事件生动还原了西方资本主义由于资本逻辑、自我利益的驱使,而不顾人类整体的利益和发展。

诸如此类的行径都是损害人类整体利益以保全自己,造成民族利益与人类利益的联动性割裂,不仅阻碍各民族国家的发展,影响人类的总体发展,而且给人类命运共同体的构建带来了难题。2008 年的金融危机以及阿拉伯的多米诺骨牌效应等,使人类意识到民族国家的狭隘民族主义倾向对人类整体发展的侵蚀作用。西方资本主义国家企图建立政治组织形式来协调民族利益与人类利益的关系,但是,由于资本逻辑和资本增殖动力的存在,这种深植于现实的问题难以通过"隔靴搔痒"的办法加以根治。构建人类命运共同体则是力图超越各民族、各国家的不同利益需求、不同社会制度和意识形态、不同经济发展水平、不同文明程度、不同地区,强调寻求利益交汇点,实现人类整体性优势互补、生存相依、安危与共。因此,人类命运共同体的构建首先面临着一个艰巨的使命,就是处理和协调民族国家与人类整体间的现实博弈,倾向于在人类利益的内部各民族合作中寻求共同利益、承担共同责任、构建共同命运意识之间的关系,去弥合人类的自然性与社会性、普遍性与特殊性的沟壑,进而平衡民族国家利益与人类利益的关系,最终实现各民族各国家协同前进、共同发展。

---

① 《外交部部长助理吴江浩就日方作出福岛核废水排海决定提出严正交涉》,http://new. fmprc. gov. cn/web/wjbxw_673019/t1869220. shtml.

## 二、发展藩篱："南南""南北"发展协调断层

大多数理论在实际运用中总是荆棘塞途。中国构建人类命运共同体可以形象地概括为机遇与挑战并存、机缘与困境同在。这意味着，人类社会出现了有利于人类命运共同体的新形式、新情境，中国具备了引领这种趋势的客观因素的同时，也存在着诸多不利的条件。也就是说，构建人类命运共同体的时机已经出现，但时机尚未成熟，面临着诸多的困难与挑战，其中"南北"发展不平等、"南南"发展藩篱对构建人类命运共同体的阻碍尤为明显。具体来说，随着世界两极格局的终结，东西方的关系（社会主义国家与资本主义国家间的关系）逐渐缓和，进而广大发展中国家失去了被美苏视为"中间地带"的角色，回旋余地相对狭小，在不合理的国际经济政治秩序面前步履履艰难。而在全球现代性发展的当今世界，仍处于这一不平衡、不协调的国际秩序历史进程之中，主要体现为"南北"发展的僵局以及"南南"发展的藩篱。

（一）"南北"发展不平等

所谓"南北"发展不平等，就是在现代性发展进程中，广大发达国家和发展中国家间的贫富差距越来越大，富则愈富，穷则愈穷；而由于像美国、日本这样的发达国家不愿意从根本上改善"南北"关系，使另一些愿意改善"南北"关系的发达国家和发展中国家的努力付诸东流，因此，"南北"关系目前仍处于不平等状态。虽然"北方"各国家（西方）从未停止提倡"自由竞争""平等发展"，但其仅限于喊口号，因为西方发达资本主义造就的国际秩序是一种非公平、不合理的现实存在。"南方"各国（发展中国家）在所谓的"自由竞争""平等发展"中毫无优势，无论是国际分工、发展机会，还是在利益分配、成果共享上，都承担了与成本不契合的后果。在经济领域，"北方"的危机转嫁与资金逆向流动增加并存，"剪刀差"收益与贸易保护并在，资源消耗与污染转移并生，并且吸纳人才大量由发展中国家向较发达国家流动、由较发达国家向发达国家流动、由发达国家向少数最发达国家流动。恰恰相反，广大发展中国家的境遇则是资金短缺、负债加重、人才外流等。"南北"发展差距的直接结果是富则越富，穷则越穷，从而使人类整体陷入僵局。与此同时，"南方"和"北方"概念的产生还反映了全球政治现阶段的实际过程。"北方"国家为了直接应付"南方"国家的"外交行为"，在政治上"制定同发展中国家讨价还价的行动准则"，并非考量南北双方利益而作出的决定。近年来这一状况虽有所改善，但整体趋势并

未改变,仍是西方发达资本主义国家掌控的天下。可以说,西方的"自由平等"是一种超现实的、抽象的理论倡导,是离开现实去构建的"空中楼阁"。正如邓小平所说,在当代全球性问题中,"南北问题是核心","这个问题在目前十分突出",导致"一些国家越来越富裕,另一些国家长期贫穷落后,这样的局面是不可持续的"①。这一裂痕是地球的社会性地壳上一条深刻的地震带,足以导致且必定导致全球的暴风雨和冲击波袭来,因为"南北"不平等实质上是全球性不平等,"南北"对立也就是世界性对立。所以当"南北"的不平等、对立与僵局深化和扩大到难以维系的程度,在特殊关头就会齐头迸发,演化为全球性僵局。

毋庸讳言,"南北"不平等阻碍着发展中国家的发展,也阻碍着发达国家的继续发展,同时又与东西方冲突结合在一起,对人类发展构成了极大的威胁。面对挑战,发展中国家加快调整经济,在加强宏观调控的同时,积极改革经济体制,发挥市场作用,使经济发展向外向型转化,并取得了极大成效。目前,发展中国家经济整体呈现向好趋势。但其中仍带有恢复性和不确定性,南北差距依然突出。与此同时,"南方"国家在国际论坛呼吁加强南北对话,但对话陷入僵局。南北谈判中的主要障碍是美国政府和少数其他发达国家政府执意为保持其优势和维护既得利益所持的僵硬态度,始终以经济手段、政治打压以及意识形态的力量阻挠南北对话与谈判。他们将本民族利益置于绝对优势地位,将文化作为权力的附庸与对外扩张的软实力,从未真正接纳他国,始终将资本主义理论体系奉为圭臬,这与人类共同发展的旨归背道而驰。"南方"各国即使有意修正对待南北关系的僵硬立场,也不免显露出"心有余而力不足"的窘态。

(二)"南南"发展藩篱

无独有偶,作为全球相互合作数量最多的"南方"国家,内部也潜藏发展的藩篱,即"南南"发展藩篱。同"南北"发展的沟壑相比,"南方"各国是处于同一的地位,但是随着现代化发展进度的不同,"南方"各国发展也呈现水平不齐、发达国家阻挠、内部分歧的"短板"趋势,呈现出发展的藩篱。其实这样的问题早在 20 世纪80 年代就已出现。统计数据显示,在 1987 年,亚洲国家平均经济增长率为 6.8%,拉美为 2.5%,而非洲仅为 1%,甚至是呈负增长态势。而 2008 年的金融危机更是火上浇油,南亚、撒哈拉沙漠以南的非洲、拉美国家陷入了债务危机从而加剧了南南发展的对立，因而具有"发展危机"的性质。近年来，我国作为发展中国家，经济发展稳步向好。而拉美国家侧重于债务安排，非洲最迫切的问题是争取生存与发展的援助。总的来说，"南方"各国间的贫富沟壑仍然是不断扩大，少数新兴工业国和石油输出国的国内生产总值占"南方"国家国内生产总值的80%，而南非地域正遭受饥荒、贫困化困境。发达国家只想享受全球化带来的好处，却不愿承担全球化的责任，不愿解决全球化带来的问题，将自身的发展建立在损害其他国家利益的基础上。比如，将资源消耗型和环境污染型的企业转移到发展中国家，实现环境污染的跨国转移；在本国产品具有优势的前提下，要求其他国家打开国门以便销售自己的产品，而在贸易条件对自身不利时，却实行技术性贸易壁垒等隐蔽的贸易保护主义政策，以维护本国的利益。这些也在一定程度上造成了"南南藩篱"问题。为了人类发展的整体性与普遍性，"南方"各国正在寻求合作，而"南南合作"是打破这一发展藩篱的重要渠道。所谓南南合作，指的是发展中国家为改变不合理的旧的国际经济秩序，集体自力更生，发展民族经济而进行的一系列政治协商和经济合作。南南合作如今出现了令人注目的新发展：原有的区域性经济合作组织不断扩大和完善，新的经济合作组织陆续出现。随着南南贸易发展的深入与合作领域的扩大，发展中国家正积极探寻落实南南合作的具体措施。然而，由于政治上的分化，民族、宗教、领土、资源等问题造成的矛盾和冲突增多，"南南合作"面临着新困难与新挑战。

　　总之，"南北不平等""南南藩篱"以抽象的方式反映了人类发展整体性趋势。全球现代性发展一方面是差异式进步，另一方面也是平等式展望。无论是哪一种差距，都是人类发展亟须克服的鸿沟；无论是哪一种平等，都是人类发展的憧憬，这也间接性地契合构建人类命运共同体的价值选择。人类命运共同体理念主张打破现有的"南南""南北"发展壁垒，以人类实践要素实现打通主体的联动性的目的，但是也会遇到很多问题和难题，例如：如何以政治、经济、文化、安全等方式破除南北双方、南南内部各方的"断层线"危机，弥合人类整体性联系？如何把握南北各方发展主体、南南各方发展主体，聚焦于人类促进自身发展过程中所作用的对象，利用技术手段实现整个人类的现实性发展？如何创造有益条件以推进"南南""南北"各领域、深层次、立体化发展？换言之，构建人类命运共同体的现实落实必须消解"南北""南南"各方的差距，而消解差距需要有一定的社会物质基础或一系列的物质生存条件，但这些条件本身又是长期的、痛苦的发展史的自然产物。因此，在社会历史发展的洪流中构建人类命运共同体必须直面现实，义不容辞地去应对构建进程中面临的挑战与危机。

### 三、意识激荡：多元的国际思潮的全局影响

时至今日，人类的意识形态的激荡犹存，并未从人类社会中消失，恰恰相反，意识形态已沦为全球争夺利益的工具。如"西方面临着严重威胁""西方价值观和西方文明必胜"的论调等都是为了保护西方国家的既得利益，乃至获取更广泛、更长久的利益。种种迹象表明：西方国家仍抱着陈旧观念与西方中心主义的绝对标准，惯用有色的眼光看待世界。我国提出的构建人类命运共同体，作为一种世界各国在意识形态对立中走向现代化的全新选择，也在不同程度上受到影响，主要体现为国际思潮的对立对构建人类命运共同体的阻碍，以及西方各国对构建人类命运共同体的抨击。

（一）国际思潮的对立对构建人类命运共同体的阻碍

诸多国际思潮清晰展现出在全球现代性进程中日益加深的结构性分歧，以更为隐蔽、更为复杂的方式阻碍人类命运共同体的构建。2021 年 1 月 15 日，人民论坛评选发布《2020 年度国际十大思潮》，其中囊括反全球化、霸凌主义、民粹主义、极端右翼、国家主义、技术民族主义、科技至上主义、种族主义等思潮①。多元国际思潮以特殊的社会意识形式，以最敏感的和动态的形式表现当今的时代精神和世界生活的变化。也就是说，现存的国际思潮与运动是现阶段全球生活转变的综合，归纳出资本主义国家推进现代性发展而控制世界的精神手段。为有效维护自身的利益，西方资本主义各国纷纷采取保护主义、排外主义、本国优先或孤立主义等内顾型举措，将逆全球化、民粹主义、霸凌主义等思潮升华为国家政策，在国家对外交往的过程中将其带向全球场域。而在这些思潮与运动中，任何一股力量都不是单独的，而是交织与叠加在一起。例如，民粹主义同狭隘的"利己主义"结合，直接加剧了国家间、民族间的分离倾向；国际难民暴力袭击危机点燃了欧美国家内部种族主义情绪，从而激发了一些群体的极端主义思潮；逆全球化思潮与狭隘的民族主义和绿色资本主义形成复合叙事，极大地阻碍了国际贸易自由和全球气候治理；"普世价值"思潮受到民粹主义和种族主义的冲击，又在反击中回潮。也有的形成相互攻伐的交锋之势，比如，生态主义思潮遭遇民粹主义和极端主义干扰，在资本主义沉

---

① 《2020 年度国际十大思潮》，《人民论坛》2020 年第 12 期。

疴中越障前行等。这些思潮的存在既反映了全球现代性发展中的矛盾和对立趋势，也加剧了对立，从而使人类命运共同体的构建更为困难，充满挑战。

国际思潮既是人类发展的负向性趋势，也是人类现实矛盾的推进而产生的结果。在历史唯物主义看来，这些"思想、观念、意识的生产最初是直接与人们的物质活动，与人们的物质交往，与现实生活的语言交织在一起的。……表现在某一民族的政治、法律、道德、宗教、形而上学等的语言中的，精神生产也是这样"①。这就意味着，当今世界的任何一种精神产品的生产都是基于人类的现存状况，不能从其本身来理解，只能根源于物质生活来把握。而物质利益的对立从根源上解释了国际"反人类"的思潮与运动。全球化普惠性不足，展现出赢家与输家之间的物质结构性对立，特别是资本主义和社会主义国家间的差异。同时，国际社会的变革或动荡是这一对立的助推剂。在国际社会平缓时期，通常这些思潮的势头较小，一旦世界动荡，国际思潮就会袭来，并产生诸多的联动效应和外溢效应，成为影响当代国际关系和国际合作的重要变量，成为影响世界和平与发展的不确定性因素。面对这样的国际思潮，人类命运共同体的构建如何冲破现实困境，在资本主义控制的国际思潮中构建新的理论，以及在物质基础上平衡利益问题，进而破解全球因为物质利益的对立而形成的意识对立等问题，是当前亟须研究的问题。

（二）西方各国对构建人类命运共同体进行意识形态的抨击

人类命运共同体作为"实然"与"应然"之间的桥梁，既以类的尺度检视到了全球现代性发展中的对立性，揭示了全球空间失衡而引发的一系列社会困境、规制混乱、危机转嫁等威胁人类生存、生产与生活的现象，也从对立冲突中找到了通向未来的通道。可以说，构建人类命运共同体以人类整体性的交往活动进行调适，以共同与平等超越全球现代性中的固有关系，实现了人类交往方式的整体革新。然而，包罗"价值共同体""行动共同体""开放共同体""安全共同体""互赢共同体"五位于一体的人类命运共同体理念在意蕴上与西方价值理念是大相径庭的。西方的价值理念是随着近代西方基于经济实力甚至是综合实力而形成的一种强势文化，在西方发达资本主义各国尚未衰落、全球现代性问题的威胁还未发展到近在咫尺的情势下，让西方国家内化甚至是外化人类命运共同体理念是非常困难的。实际上，这些偏见背后的深层原因，是西方自由主义价值观下零和博弈逻辑的投射、霸权主义对国际秩序歪曲理解的影响、帝国主义及殖民主义历史传统的延续、西方意识形态

---

① 《马克思恩格斯文集》第1卷，人民出版社2009年版，第524页。

对社会主义理念的诋毁。当前世界百年未有之大变局加速演变,经济危机、霸权主义、非传统安全等问题肆虐全球,人类必须以一种新的理念来应对危机,故必须澄清人类命运共同体理念的本真精神,破除国外对人类命运共同体理念的错误认知。只有这样,才能进一步推动人类命运共同体理念的升华,提升其实践伟力,使其真正成为引领世界发展前行的指向标。

## 四、安全羁绊:传统安全与非传统安全的震撼威胁

进入 21 世纪,面对人类发展转向、人类秩序重构的世界性难题,中国同世界其他各国一道,在与时代、世界的有效互动中,探索出科学的世界方案与合理的破解手段,提出构建人类命运共同体的伟大构想。构建人类命运共同体既是在人类遭受传统安全与非传统安全的威胁中所发展出来的价值展望,也是人类破解发展困境的现实路径。然而,这些震慑性威胁同样构成了人类命运共同体深度推进的桎梏与牵制。重点展现为传统安全要素与非传统安全要素明显上升,使得维护国家、地区乃至全球安全的任务极为艰巨,羁绊了人类命运共同体的构建。

（一）传统安全对构建人类命运共同体的威胁

人类命运共同体的构建主体不是单个人、单个民族或者单个国家,而是世界上所有民族和国家。而民族和国家的完整性在很大程度上影响着构建人类命运共同体的参与度。至今,很多民族和国家仍受困于战争等传统安全的暴力威胁,从而严重影响了人类命运共同体的共同构建。所谓传统安全威胁,就是指一些过去熟知的所谓"高级政治"问题,它是国家面临的军事威胁和危及国际安全的政治因素。其中包括西方国家引起的主权争端、军事冲突、军备竞赛、武力干涉等威胁着世界的和平与稳定的诸因素。按照马克思主义的观点来看,人类社会自形成国家以来,只要国家、阶级、阶级统治、私有制和人剥削人的现象还存在,战争就是不可避免的。"战争无非是政治通过另一种手段的继续。"[①]只要存在霸权主义和强权政治,就必然存在战争,现实中的对立冲突就充分说明了这一点:美国不断强化在亚太地区的军事同盟,使得日本修改"武器出口三原则",增加防卫投入,推动解禁集体自卫权,进而"扩大军事存在";继特朗普后的拜登政府,对叙利亚东部卷土重来,以"伊朗支持的民兵组织使用的设施"为借口对叙利亚发动了空袭;美国把中国台湾

---

① ［德］克劳塞维茨:《战争论》,中国人民解放军军事科学院译,商务印书馆 1978 年版,第 43 页。

作为遏制中国崛起的"不沉的航空母舰"和战略"王牌"，制造事实上的"两个中国"；巴以冲突，即加沙地带武装从拉法向以色列发射火箭弹引发的二者间严重冲突等。诸如此类的世界局部对立的热点事件侵害的是国家主权和领土完整，最坏的结果则是一国被占领或兼并，需要动用国家意志和力量来加以应对。人类社会并没有因为存在共同的愿景而停止冲突，反而以致命的威胁遏制主权国家，从而挟制了相关国家的生存与发展。作为构建人类命运共同体的主体——主权国家的领土完整一旦受到内生性或者外来性的威胁，该国主要的意志力就偏向于国家的存亡问题，而经济、政治、文化、生态等其他方面的发展可能性与意向也会间接性地受到打击，这样的发展态势既不利于本国的发展，也不利于人类命运共同体的"全方位、宽领域、立体化"的构建。

（二）非传统安全对构建人类命运共同体的阻碍

在当今的国际体系下，国家间规模性的战争暴力，尤其是与两次世界大战同等规模的战争暴力受到根本性规制。但冷战结束后的国际体系矛盾以另一种表现形式——非传统安全威胁得以凸显。相对于传统安全的整体性威胁，发达资本主义国家造成的这些非传统安全对构建人类命运共同体的威胁同样不可小觑。非传统安全威胁是相对传统安全威胁而言的，指人类社会过去没有遇到或很少见过的不甚突出的安全威胁，是除军事、政治和外交冲突以外的其他对主权国家及人类整体生存与发展构成威胁的因素，囊括了经济、网络、环境、粮食、传染性疾病以及恐怖主义、跨国犯罪、国际航道等领域。例如，2008 年突发于美国的金融危机引发世界性经济衰退；2020 年席卷全球的新冠疫情的威胁；"基地"恐怖主义组织奉行极端恐怖主义，进行种族灭绝性的大屠杀；核废水入海对全球的生态环境的污染；等等。与传统安全威胁相比，非传统安全威胁消灭了空间与时间的界限，破除了地域的演变，具有突出的跨国性；超越了由矛盾积聚到冲突爆发的渐进式，具有强烈的突发性；超越了限于军事领域的样式，加大了流动的领域，具有明显的多样性；其来源逾越了单一的主权国家，演化为某些组织或群体乃至个人的行为，具有不确定性；非传统安全威胁逾越了短期性，具有更为长期与复杂的后果。同样，从国际安全形势来看，传统安全威胁与非传统安全威胁的界限已被打破，演变为无绝对的界限，二者相互交织、相互影响，在一定条件下可能相互转化，带有明显的交互性。这些特点映射出了非传统安全问题及其威胁是全球化的产物，已经演化为全球性"新威胁"，其解决难度与复杂性一点也不亚于传统安全问题，威胁着人类的生存与发展。若处理不当，则其后果和危害不堪设想，会造成全球安全秩序的紊乱，为安全共同体的构建蒙上一层阴霾。

　　传统安全威胁和非传统安全威胁是人类作为整体应面对的问题,说到底是人类内部利益未能达成一致的结果。人类按照自己的面貌为自己创造出一个掺杂和平与对立的世界。只要对立的土壤尚未铲除,国际社会面临的传统安全威胁和非传统安全威胁就不会彻底消除,人类真正和平的"理想国"建设就任重道远。面对这样的漫漫长路,人类必须思考自己的未来走向。对于这一问题的研究,大多数理论认为今后人类将会在更为安全、更加稳定的局势下发展。"多极体系安全论"认为权力分散结构能有效威慑世界冲突与战争;"自由经济安全论"重点强调用物质财富的富足来满足国内人民的需求,持有这样动机的国家必定规制乃至消弭安全威胁;"理性安全论"认为安全问题是非理性的产物,人类可以通过理性来克制,因此,安全就是现实的[①];"民主政治安全"主张民主与安全是同一的,是安全的"制动阀",民主思想的进步会不断巩固世界安全,营造出适宜人类发展的世界环境。不难看出,这些理论的确为人类未来的安全走向提供了向导,但是深思之后,这些理论面临着无法真正在现实中得以印证、缺乏现实性的问题;面临着权力分散不能够保证完全的公平性的问题;经济发展论不能排除为经济发展而采取的政治攻击、意识入侵、污染转移问题,以及何为正义、何为人类理性判决标准等问题。这些问题本身就存在争议,而西方现有的解决方式未能剖析人类社会产生安全威胁的根源。这些缺陷若得不到彻底的解决,人类安全问题也就难以根治。基于此,当代中国提出的构建人类命运共同体就是要剖析安全问题产生的根本原因,研究解决它的办法就是人们关心的焦点,就是要突破西方现有的解决问题的方式,以一种更具有现实性、可行性、彻底性的方式去化解人类社会进步的过程中所遭遇的安全威胁。因此,必须在尊重人类发展多样性的同时超越具体特殊性来追求共性,以"最大的诚意、最大的耐心、最大的努力"去维护世界和平与地区和平。由此,我们提出要"坚持共同、综合、合作、可持续的新安全观,愿以更加开放的姿态与各国同心协力,以合作促发展、以合作促安全,推动构建人类命运共同体"[②]。要"坚持维护传统领域和非传统领域安全,坚持通过对话合作促进各国和本地区安全,坚持发展和安全并

　　① 周聿峨、白庆哲:《未来的世界更安全吗——关于四种世界安全论的评析》,《暨南学报(哲学社会科学版)》2004年第1期。

　　② 习近平:《同心协力,打造新型安全伙伴关系》,《人民日报》2018年10月26日。

重以实现持久安全"①。

## 五、权力对立：国际资本的"中心-边缘"二元结构

当今世界每一个国家进入现代社会后的目标诉求就是要实现现代化，发展现代性。西方最早开始了现代化进程，资本主义制度因而构成了人类现代化的最初实现形式，随后也成为最为普遍的形式。这也就是说，世界各国走向现代性的道路都是采用西方资本主义模式，而在这过程中必然受到西方模式的抑制。考察当今的世界治理模式，可以看到，其治理体系上均呈现出鲜明的"中心-边缘"的二元结构特征。这一模式将全球各国分为两个地带：中心和边缘圈层。二者虽处于一个圈层，但地位有实质性的差异：发达资本主义国家居于中心地位，而发展中国家则居于边缘地位。中心国家与边缘国家之间不可能有平等的沟通与交流，中心对边缘的控制与边缘对中心的依附这二者之间基于利益的冲突与对立，成为人类国家生成以来社会治理关系的基本内容，可以在历史与现实中得到印证。

从现代性发展的历史进程中也可以看到"中心-边缘"二元结构的身影。工业革命前的欧洲各国以经济实力大致相当的态势呈现在世界面前。而东西方的沟壑则比较明显：西方随着神权与世俗权力的分离，开始了大国崛起的历史进程，弥合了东方农耕文明的相对领先于西欧各国的差距。工业革命的发展从根本上改变了世界格局：西欧成为工业文明发展进程中的佼佼者。而基于工业革命的力量，西欧自然地形成了以资本主义为中心的格局。尤其是当时的英国，成为"世界工厂"，"英国是农业世界的伟大的工业中心，是工业太阳，日益增多的生产谷物和棉花的卫星都围绕着它转"②。随后，这种以工业革命的力量形成的西欧资本主义区域逐渐扩散到世界各地区，从而形成了以资本主义为中心、其他国家沦为边缘的世界格局。在 20 世纪 60 年代，西方的依附理论学派就指出"中心-边缘"二元结构造就了不发达国家依附于西方发达国家，不发达国家愈加落后的很大一部分原因是对中心国家的依附，使得不发达国家发展的自主性遭受了重创。"工业革命第一次拉大了各大文明区的发展差距，形成自农业革命以来的第二次大分化：世界的一端是新

---

① 中华人民共和国国务院新闻办公室：《中国军队参加联合维和行动 30 年》，人民出版社 2020 年版，第 5 页。

② 《马克思恩格斯文集》第 1 卷，人民出版社 2009 年版，第 372—373 页。

兴工业国和现代工业文明,那里内源的现代生产力在新技术的高效率基础上持续增长,即形成现代发展。另一端是传统农业国和古典农业文明,被迫形成不平等的国际专业化,那里的农业仍然在原始技术的低效率基础上停滞与徘徊,或是被外来的现代生产力造成扭曲的增长,即低度发展或边缘性发展。"①

全球现代性发展并没有扭转这一模式。恰恰相反,全球现代性发展强化了这一不公正模式,使得"中心-边缘"二元结构在 21 世纪的今天成为追求公平公正的人类命运共同体构建的掣肘因素之一。冷战后,世界朝着多极化趋势发展,显示出人类前所未有的光明前景。然而,多极化趋势下仍根植着"中心-边缘"的层级。美国超越西欧各国成为世界的"霸主",以其经济、政治、科学技术优势打压着中国等新兴力量的国家。技术的优势使得世界各国在很大程度上依附于美国,而依附国则承担着大气污染、水体污染、全球气候变暖、生物多样性减少、粮食危机、能源危机、生态资源瓶颈的危险,承担着人才流失、经济危险性增加、国家主权受到威胁的危险等。可以说,当前全球现代性发展的领域中的全部不平等和非正义实质上都产生于这个"中心-边缘"二元结构,这个结构是近代以来人类的正义理想无法得以实现的结构性根源。

面对这样的全球发展结构,要构建人类命运共同体,就必须剖析这一结构产生的根源,并且从根源上斩断这种二元结构。"中心-边缘"二元结构是资本主义走向历史深处的钥匙,因此,我们必须从资本主义内部的存在物加以分析。在资本主义社会,由于生产资料与劳动者的分离,"一方面是货币、生产资料和生活资料的所有者,他们要购买他人的劳动力来增殖自己所占有的价值总额;另一方面是自由劳动者、自己劳动力的出卖者,也就是劳动的出卖者"②。二者各取所需,自然地构成了雇佣劳动关系,或者说是资本关系。这使得直接被卷入资本主义生产过程中的一切东西,不论是土地、山川、河流等自然物,还是劳动者本身,都要按照资本逻辑来组织。这样资本与"他物"之间就形成了一种"中心-边缘"的层级:资本是中心,除此之外的其他所有存在物都是为资本服务的附庸。由于资本主义生产受资本逻辑支配,因此它必然要求扫清一切资本增殖的限制,超越民族国家的内部界限而扩展到全球范围。为了实现资本增殖的最大化,获取高额利润,资本家总是在不断拓展海外资源、开发海外市场。无论是军事掠夺、海外殖民,还是国际贸易体系,都是在

---

① 罗荣渠:《现代化新论—世界与中国的现代化进程》,商务印书馆 2009 年版,第 141-142 页。
② 《马克思恩格斯文集》第 5 卷,人民出版社 2009 年版,第 821 页。

资本的跨国运动中获取巨额利润的手段。随着资本的全球化，资本主义也将现代生产方式推向全球，开始了全球现代化的历程。"资产阶级……迫使一切民族……采用资产阶级的生产方式；它迫使它们在自己那里推行所谓的文明，即变成资产者。一句话，它按照自己的面貌为自己创造出一个世界。"①也就是说，资本从其生成时起就不限于国家或民族地域疆界的限制，其本质就是国际化的，不远万里地掠夺和榨取其剥削对象。正是资本的这种国际性质，形成了资本的国际化。资本国际化经历的"商品资本""借贷资本""产业资本"的几种形式，在运动中满足了资本的增殖性。在资本国际化的过程中，派生出二元对立的权力结构，即"中心-边缘"二元结构。这一结构将全球各国分为中心和边缘两个地带，二者虽处于一个圈层，但地位有实质性的差异：发达资本主义国家居于中心地位，而发展中国家则居于边缘地位。前者对后者进行资本的输出，而后者强烈依附于前者，接受资本的输入。其直接的结果为"财富在发达资本主义国家方积累，贫困在发展中国家方积聚"②。

人类命运共同体作为一种全新的全球现代性的指引方案，在发展道路上坚持的是"环形-向心"结构。这是一种去中心化的发展道路，它规定了各个民族国家的平等地位。这种发展道路从思维方式上来说，它追求的是多样性的统一，而不是实体性的统一；从国际战略上来说，它提倡全球主义与多边主义的政治商谈，而不是霸权主义与排外主义的单一政治取向；从目标上来说，"中心-边缘"机制为了掠夺全球资源与开拓世界市场，最终服务的是掌握资本霸权的西方大国。人类命运共同体主张的"环形-向心"的发展道路认为，人类生活在同一个地球村里，利益交融、安危与共，没有一个国家可以独善其身。就拿现代化发展所需的最基本的安全问题来说，当今世界，没有一个国家能实现脱离世界安全的自身安全，也没有建立在其他国家不安全基础上的安全。故人类命运共同体主张的"环形-向心"的发展道路就是要所有国家跳出民族主义的狭隘视野，寻求全球发展的最大公约数，以全局和长远眼光来实现国家间的互惠互利。

总的来说，目前人类命运共同体构建面临种种掣肘因素，尤其是以美国为首的西方发达国家仍然固守利己的逻辑，利用资本对全球进行"奴役"。尽管人类命运共同体的倡导处于被"野蛮"历史叙事主导的国际环境，但这不意味着其实践步伐会因此停滞。正如习近平总书记所言："'善学者尽其理，善行者究其难。'构建人类

---

① 《马克思恩格斯文集》第 2 卷，人民出版社 2009 年版，第 35—36 页。
② 刘昀献：《关于社会主义历史命运的思考》，《河南大学学报(社会科学版)》2001 年第 1 期。

命运共同体是一个美好的目标,也是一个需要一代又一代人接力跑才能实现的目标。"①"我们应该锲而不舍、驰而不息进行努力,不能因现实复杂而放弃梦想,也不能因理想遥远而放弃追求。"②构建人类命运共同体,正是为了找到各方利益交汇点,以共享发展的方式引领人类美好未来。"单丝不线,孤掌难鸣",这还需世界各方携手努力。随着人类命运共同体的发展,它的终极目标——"真正的共同体"必将实现并开启人类新的历史征程。

# 第二节　创造性地回应时代:人类命运共同体的构建路径

为解决当今世界和平与发展问题,破除西方统治下世界秩序的紊乱与全球治理的困境,准确把握时代潮流和世界大势,统筹国内国际两个大局,习近平总书记提出要构建人类命运共同体。随着人类命运共同体越来越受到国际社会的共同关注,如何进一步推动人类命运共同体构建,是推进全球性问题解决、全球现代性重塑的关键。我国提出在人类命运共同体构建的实践过程中,必须坚持互利共赢核心价值,协调民族国家利益纠葛;推进全球治理体系变革,克服国际社会发展困境;树立人类命运与共意识,打破人类文明冲突陷阱;构筑全球战略伙伴关系,应对全球安全风险挑战;拓展世界交流合作平台,丰富世界各国参与渠道。

## 一、坚持互利共赢核心价值,协调民族国家利益纠葛

在经济全球化的历史进程中,各国利益相互交融、交锋日益加深。人类命运共同体就是要通过互利共赢价值理念协调国家间的利益纠葛,消除某些国家通过损害人类整体利益或别国合理权益来保全一己之利。构建人类命运共同体是中国对全球现代性发展新的思考、探索与表达。它是通过坚持"共同价值"的价值导向,契合各个国家和人类整体二者之间共同的发展需要;秉持"义利兼顾"的正确义利观,弥合民族国家利益与人类共同利益的裂痕;构建"合作共赢"的新型国际关系,使国家或者国际行为主体自觉与自发地参与或结成共同体。主权国家具有代表本国利

---

① 《习近平谈治国理政》第 2 卷,外文出版社 2017 年版,第 548 页。

② 习近平:《携手建设更加美好的世界》,《光明日报》2017 年 12 月 2 日。

益、寻求本国利益最大化的职能,需要在主权国家和人类整体之间寻求利益的平衡点,因此各国只有在具备同向的价值指引的条件下,才能够更好地平衡民族利益与人类利益之间的关系,推动人类命运共同体的构建,最终实现各国协同并进、共同发展的期望。

（一）坚持"共同价值"的价值导向

长期以来,西方"普世价值"在国际社会占据统治地位,成为西方话语体系的代言。在"普世价值"的掩饰下,西方推行"自由""平等""人权"等价值理念,为资本扩张扫除一切障碍,以确保西方国家与资产阶级的需要和利益诉求合理化。因此,建立一套在国际社会具有影响力、说服力的话语体系,摆脱西方话语和西方的"普世价值",是构建人类命运共同体的重中之重。习近平指出"和平、发展、公平、正义、民主、自由,是全人类的共同价值"[①],并指明各国应该坚持"人类优先"[②]的理念,不应把"一己之利"凌驾于"人类利益"之上,这都表明了人类命运共同体的价值立场与价值理念。

共同价值是构建人类命运共同体的价值基础,是共同利益的集中体现,是共同责任的目标导向。人类面对的"共同挑战""共同利益""共同责任",已经将人类的命运前所未有地联系在一起。建立在共同价值基础上的人类命运共同体,不为某些国家个别的、特殊的利益服务,而是致力于维护人类整体的、长期的利益。它所蕴含的人类共同价值,是以唯物史观为理论基础,强调各国特殊价值与人类共同价值的统一性,尊重各国文化多样性与社会制度、历史传统等客观因素的差异性,主张各国人民拥有追求共同价值目标的不同道路与方法。共同价值促使各国摒弃意识形态的傲慢与偏见,尊重各国文明的多样性与特殊性,成为构建人类命运共同体的"起点与立场",在此基础上凝聚起各国人民的价值共识,从而共谋发展、共谋出路。

人类命运共同体以"共同价值"为指引,寻求对全人类共同面对的重大问题的价值共识,实现"求同存异""聚同化异"的价值目标。在全人类的共同价值面前,每个国家都是独立自主的个体,各国实现和平、发展、公平、正义、民主、自由,皆可以根据自身国情与发展阶段采取、指定各自不同的实践路径。但这些全人类的共同价值都是人类追求的目标与努力的方向,在尊重各国差异性的基础上实现了国家

---

① 《习近平谈治国理政》第 2 卷,外文出版社 2017 年版,第 522 页。
② 《习近平谈治国理政》第 3 卷,外文出版社 2020 年版,第 209 页。

利益与人类利益的有机统一,是构建人类命运共同体经久不衰的动力源泉,并且这些共同价值也证明了构建人类命运共同体的可行性与可能性。

（二）秉持"义利兼顾"的正确义利观

践行正确义利观是对中国外交优良传统的继承,是对国际关系行为准则的创新性发展,彰显了中国坚持和平发展、实现互利共赢的孜孜追求,为构建人类命运共同体提供了重要的理论指导。

正确义利观展现了中国妥善处理世界共同发展与自身发展、国际道义与国家利益、本国人民利益和全人类利益之间的关系。习近平总书记强调:"要找到利益的共同点和交汇点,坚持正确义利观,有原则、讲情谊、讲道义,多向发展中国家提供力所能及的帮助。"[1]在国际合作中,我们要注重"利",更要注重"义"。对贫困落后的国家给予特殊关照,做到重义轻利、舍利取义,只有义利兼顾才能实现义利兼得,只有义利平衡才能实现义利共赢。

践行正确义利观彰显了中国坚定维护和弘扬国际道义,始终秉持义利兼顾、以义为先的原则,为构建人类命运共同体提供了价值指引。该观点在同发展中国家的交往过程中表现得尤为明显。新中国自成立以来,就不断为发展中国家提供力所能及的支持和帮助,推动其实现经济发展、民生改善和国家独立。中国的无私付出奠定了同发展中国家长期友好合作的坚实基础,同某些国家恃强凌弱、以大欺小,把本国私利凌驾于他国乃至全人类的共同利益之上的做法形成了鲜明对比。

正确义利观既包含国际秩序的公平正义,又涵盖大国担当的责任义务。构建人类命运共同体是人间正道,追寻的正是惠及全人类的大利。"中国将继续坚持正确义利观,深化同发展中国家务实合作,实现同呼吸、共命运、齐发展"[2],在捍卫国家核心利益和底线的同时,提倡将本国利益、他国利益与人类利益有机结合,实现利人利己的美好局面,推动构建人类命运共同体。

（三）建立"合作共赢"的发展观

合作共赢是新型国际关系的核心内容,是中国特色大国外交的独到之处,更是构建人类命运共同体的应有之义。习近平总书记提出构建以合作共赢为核心的新型国际关系,通过各国合作的途径,实现互利共赢的目标,破解以往零和博弈、赢者通吃的国际关系旧思维。经济全球化将世界各国紧密联系在一起,而人类在应对

① 《习近平谈治国理政》第1卷,外文出版社2018年版,第299页。
② 习近平:《共同构建人类命运共同体——在联合国日内瓦总部的演讲》,《人民日报》2017年1月20日。

全球性问题时又无法凭借一个国家或国际组织独自解决,合作是当今世界各国之间最佳的交往方式与利益获得方式,因此各国必须走合作的道路。

当各国在应对全球性问题和挑战时,许多国家会选择独善其身,甚至转移危机。然而,这种做法往往会使问题得不到解决,甚至导致问题进一步恶化。习近平总书记提出"合作共赢",突破了西方国强必霸的固有思维,他强调:"我们要坚持合作共赢,推动建立以合作共赢为核心的新型国际关系,坚持互利共赢的开放战略,把合作共赢理念体现到政治、经济安全、文化等对外合作的方方面面。"①通过合作实现共赢,是中国坚定不移走和平发展道路的过程中摸索出来的新思路,是解决全球性问题的新理念,更是构建人类命运共同体的殷切期望。

人类命运共同体要求世界各国必须摈弃"你输我赢、赢者通吃"的狭隘民族主义旧思维,必须彻底"结束牺牲一些人的利益来满足另一些人的需要的状况"②,要让所有国家、所有阶层、所有人群共同享有经济全球化带来的好处。这就昭示着,人类命运共同体所要实现的绝不是少数国家的小利,而是关乎世界所有民族和国家的大利,不是以暂时性、单边性、唯我性为特征的私利,而是以共同性、持续性和综合性为标志的公利。对于不同的国家而言,其利益从根本上来说是完全一致的,不同的民族国家之间应该通过构建互惠互利、协商共赢的长效合作机制,开创双赢、多赢、共赢的全球发展新局面,让全世界共同享有整个人类社会发展的成果,"共同享受大家创造出来的福利"③。

共赢蕴含着各国对利益的追求,更意味着各国在遵循自主与平等的基础上实现共同发展。在国际交往与合作中,国家间的利益协调与分配是争端和矛盾产生的最大根源。我们要想进一步推动人类命运共同体的构建,就要在国际交往过程中更好地协调利益,促成各国间的合作与共赢。因此,世界各国只有携手并进,放下心中的"一己之私"与眼前的"一己之利",不断地寻求彼此间交流与合作的契机,同时贡献出自己的"一技之长""一己之力",并遵循合作共赢的原则,共同维护公平正义的国际秩序,才有可能实现互利共赢的局面,从而为构建人类命运共同体奠定优良基础。

---

① 《习近平谈治国理政》第 2 卷,外文出版社 2017 年版,第 443 页。
② 《马克思恩格斯文集》第 1 卷,人民出版社 2009 年版,第 689 页。
③ 习近平:《在纪念马克思诞辰 200 周年大会上的讲话》,人民出版社 2018 年版,第 20 页。

## 二、推进全球治理体系变革，克服国际社会发展困境

中国作为全球治理的参与者、建设者和引领者，不仅向世界贡献了新型全球治理理念，而且通过自身的实际行动推动全球治理朝着更加公正、合理的方向有序发展。在倡导构建人类命运共同体的过程中，在参与全球治理体制变革的进程中，中国坚持站在发展中国家的立场上，加强同发展中国家的团结合作，为发展中国家争取合理权益。构建人类命运共同体，需要世界各国的积极参与。要加快推动各国平等关系的形成，它的一个关键任务是打破由发达资本主义国家绝对主导的现行世界体系，在"双赢、多赢、共赢"的理念下构建一个更加公平正义的国际新秩序。为了实现这一目标，中国一方面与各发展中国家展开广泛合作，在发展自身的同时，努力为广大发展中国家谋利益；另一方面搭建平台，促进发展中国家和发达国家间的协商对话，了解彼此利益关切，并就相关全球性议题共商规则、共建机制、共迎挑战，"提高发展中国家代表性和发言权，给予各国平等参与规则制定的权利"①。中国始终坚定不移地推动全球治理体制朝着公正合理的方向发展。

（一）主张新型全球治理观

积极参与全球治理，推动构建人类命运共同体，二者是相辅相成、彼此促进的。"共商共建共享"既是"一带一路"所遵循的基本原则，也是"全球治理观"所秉持的基本内容，同样也是构建"人类命运共同体"的战略原则。人类命运共同体以新型全球治理观为指导，是对西方国家主导下全球治理的完善和发展，是"全球善治"的重要体现。

"共商"是构建人类命运共同体的必要前提。坚持共商原则，就要以"求同存异""聚同化异"的价值诉求为导向，承认各国历史文化传统、社会制度、价值观念等方面的差异，尊重各国独立自主实现自身发展的权利，本质上是一种去中心化的价值体系，倡导文化的多元性和价值的多元性。只有通过共同协商、集思广益，推动构建人类命运共同体，才能减少各国分歧、保持互相合作、实现合理竞争、化解国际冲突。"共建"是构建人类命运共同体的关键所在，不管是发达国家还是发展中国家，都应该共同参与人类命运共同体建设，共同承担解决全球性危机的责任。习近平指出："面对严峻的全球性挑战，面对人类发展在十字路口何去何从的抉择，各国

① 习近平：《习近平在联合国成立 70 周年系列峰会上的讲话》，人民出版社 2015 年版，第 3 页。

应该有以天下为己任的担当精神,积极做行动派、不做观望者,共同努力把人类前途命运掌握在自己手中。"①经济全球化将世界各国推向一个命运与共的大家庭,形成了你中有我、我中有你的国际格局,任何国家都不可能独善其身,只有加强国际协作、共同应对挑战,用实际行动解决问题,才能实现各国共同发展。"共享"是构建人类命运共同体的重要动力,坚持共享原则,共同分享人类命运共同体理念实践的机遇与成果,以共享原则摒弃以往的赢者通吃的旧思维,通过协调各方利益纠葛,实现合作共赢的新局面,让发展成果由各国人民共同享有。

构建人类命运共同体,积极参与全球治理,要大力倡导各国共担世界责任。目前,人类发展面临前所未有的机遇,但是也充满了各种风险和挑战。建设美丽家园、共创美好未来,是中国人民的梦想,也是世界各国人民共同的梦想。同样,应对全球风险,参与全球治理,既是中国人民与各国人民共同的责任与义务,更是共同的权利。

总之,共商共建共享的全球治理理念,意味着全球事务由世界各国人民共同商量着办,全球秩序由世界各国人民共同建设,同样,治理成果也由世界各国人民共同享有。这一理念充分激发了世界各国共同参与全球治理、构建人类命运共同体的积极性与主动性,使世界上一些发展中国家从旁观者转变为参与者,继而变成享有者,从而推动全球治理朝着更加公正、合理、有序的方向不断发展,推进人类命运共同体的构建进程。

(二)贯彻国际法治思维

依托法治原则实现国际社会秩序的正常运转,是推动全球发展公平正义的重要手段,也是构建人类命运共同体的重要基础与保障。全球治理是采取民主的方式,实现国家、国际组织以及各类机构之间相互尊重、平等相待,共同承担起解决全球性问题的重大责任。尽管国际关系民主化的趋势已经比较明显,但是在当前不合理的全球政治经济秩序下,在世界各国政治经济地位悬殊的情况下,各国的平等关系尚未真正地建立起来,因而国际法治的实际效益也有待进一步增强。

中国长期致力于支持和帮助落后国家的建设和发展,并提升发展中国家在全球治理中的国际地位,增强其在国际事务处理中的重要作用,从而实现全球各地区的均衡发展。而促进各个国家的平等发展就离不开法治的作用。习近平多次强调法治在国际社会中的重要性:"法律的生命在于公平正义,各国和国际司法机构应

---

① 《习近平谈治国理政》第3卷,外文出版社2020年版,第460页。

该确保国际法平等统一适用,不能搞双重标准,不能'合则用、不合则弃',真正做到'无偏无党,王道荡荡'。"①可见,在构建人类命运共同体的进程中,在解决国际事务的过程中,国际法治不可或缺。要想更好地构建人类命运共同体,就必须遵守和维护国际法的重要地位和作用。

虽然国际法和国际关系基本准则在不断完善与发展,但是违反国际法律的现象时有发生。习近平总书记指出:"中国走向世界,以负责任大国参与国际事务,必须善于运用法治。"②构建人类命运共同体,必须依靠国际法治的保障,推进国际法治建设,促进国际法律的有效实施,以法治思维反对国际霸权行为与特权意识,避免不公平、不正义现象的发生。通过制定良法和推行善治,推动构建人类命运共同体,让各国共同执行国际规则与规范,约束各国家主体行为,促进各国合理行使权利、自觉履行义务,有效应对西方国家凭借其霸权地位进行全球统治与压迫。

(三)践行多边主义道路

事实证明,如果发达资本主义国家只把资本增殖作为现代性事业的唯一目的,无视甚至损害他国的利益,那么,由此所引发的地区动荡、难民问题、环境危机最终就会跨越国界,成为全人类的共同威胁。因此,发达资本主义国家必须抛弃"零和博弈"的旧思维,践行"多边主义"的新道路,主动承担起对发展中国家的责任,遵守公平正义、全人类共同利益的国际规则。"我们要坚持多边主义,不搞单边主义;要奉行双赢、多赢、共赢的新理念,扔掉我赢你输、赢者通吃的旧思维。"③面对纷繁复杂的世界性问题,国际社会急需加强各国的团结合作,但部分国家却反其道而行,实行保护主义与单边主义,致使全球性问题进一步激化。当前最重要的是,要打破单边主义与霸权主义,恢复与促进公平正义的应有国际秩序,保护发展中国家的合法权益和发展利益。除理念和思维外,还要积极践行多边主义道路。

"解决问题的出路是维护和践行多边主义,推动构建人类命运共同体。"④中国始终坚持多边主义,维护开放型多边贸易体制,反对单边主义和贸易保护主义。想要推动国际秩序朝着更加公正合理的方向发展,就必须坚持多边主义原则,始终坚持"一花独放不是春,百花齐放春满园"⑤。

---

① 《习近平谈治国理政》第 2 卷,外文出版社 2017 年版,第 540 页。
② 习近平:《加强党对全面依法治国的领导》,《求是》2019 年第 4 期。
③ 《习近平谈治国理政》第 2 卷,外文出版社 2017 年版,第 523 页。
④ 习近平:《让多边主义的火炬照亮人类前行之路——在世界经济论坛"达沃斯议程"对话会上的特别致辞》,人民出版社 2021 年版,第 5 页。
⑤ 《习近平谈治国理政》第 3 卷,外文出版社 2020 年版,第 202 页。

践行多边主义，构建人类命运共同体，重要的一点就是要推动各国共同扩大对外开放，拓展国家间交流合作的空间。中国已充分利用自身的理念、实践、制度经验优势，通过举办国际论坛、建立国际组织，来实现理念上的革新和实践上的发展，从而凝聚各国价值共识，厚植各国共同利益，推动各国共同参与，实现各国共同发展，进一步推动构建相互尊重、公平正义、合作共赢的新型国际关系。

### 三、树立人类命运与共意识，打破人类文明冲突陷阱

当今世界正经历百年未有之大变局，构建人类命运共同体的理念与实践为西方长期持有的"文明冲突论"提供了一个新的、有效的解决途径。在经济全球化的影响下，人类生活的世界俨然成为一个"地球村"，世界各国家、各民族形成了一个"你中有我、我中有你"的命运共同体。每个民族国家要想实现健康持续发展，就必然要融入世界发展的大格局当中，从"对抗冲突"转向"命运与共"，以此超越谋取一己之私、一己之利。通过倡导人类命运共同体意识，强调地球村理念，在同其他民族国家的交流、交往、交融中碰撞出新的火花、新的机遇，增强世界各国对人类命运共同体理念与实践的认同，打破人类文明冲突的陷阱，从而为构建人类命运共同体奠定良好的思想基础。

（一）倡导"人类命运共同体"意识

20 世纪 90 年代，美国学者塞缪尔·亨廷顿提出"文明冲突论"，该理论后来成为西方国际政治界观察后冷战时代世界主要矛盾最具影响力的论断之一。然而，当今世界，和平与发展已成为时代主题。"文明冲突论"也逐渐显露出其局限性。党的十八大以来，习近平丰富和完善了中国国际战略思想，形成了以"合作共赢-和平发展道路-人类命运共同体"为引领的一整套思想和理念，呈现出完全不同于西方"文明冲突论"的中国主张和中国方案。

自从党的十八大提出"倡导人类命运共同体意识"以来，习近平总书记在各个重要会议、外交场合中多次强调树立"人类命运共同体"意识。"要倡导人类命运共同体意识，在追求本国利益时兼顾他国合理关切。"①"应牢固树立命运共同体意识，顺应时代潮流，把握正确方向，坚持同舟共济，推动亚洲和世界发展不断迈上新台

---

① 习近平:《弘扬传统友好 共谱合作新篇——在巴西国会的演讲》，人民出版社 2014 年版，第 8 页。

阶。"①"各国要树立命运共同体意识,真正认清一荣俱荣、一损俱损的连带效应。"②"我们要树立你中有我、我中有你的命运共同体意识,跳出小圈子和零和博弈思维,树立大家庭和合作共赢理念,摒弃意识形态争论,跨越文明冲突陷阱,相互尊重各国自主选择的发展道路和模式,让世界多样性成为人类社会进步的不竭动力、人类文明多姿多彩的天然形态。"③

国际社会日益成为一个你中有我、我中有你的命运共同体,面对世界经济的复杂形势和全球性问题,任何国家都不可能独善其身。经过时间的沉淀和实践的深入发展,人类命运共同体理念得到了极大的丰富与发展——从最初的人类命运共同体意识到人类命运共同体理念,再到人类命运共同体的伟大实践——并且向国际社会传达出一种观念:世界各民族国家无论在历史文化传统、社会制度、价值观念以及意识形态方面具有何种差异,人类都是命运与共的一个群体,都应该着眼于人类共同利益以及未来发展趋势。

倡导人类命运共同体意识,各民族国家共同树立人类命运共同体意识,对于共同推进人类命运共同体的构建意义重大,其强调各国之间建立平等相待、互商互谅的伙伴关系;营造公道正义、共商共建的安全格局;谋求开放创新、包容互惠的发展前景;促进和而不同、兼收并蓄的文明交流。习近平指出:"我们要在国际和区域层面建设全球伙伴关系,走出一条'对话而不对抗,结伴而不结盟'的国与国交往新路。大国之间相处,要不冲突、不对抗、相互尊重、合作共赢。大国与小国相处,要平等相待,践行正确义利观,义利相兼,义重于利。"④

"理念引领行动,方向决定出路"⑤,构建人类命运共同体需要世界各国人民普遍参与,因此,只有在共同确立并坚定人类命运共同体意识的基础上,才能够真正将人类命运共同体理念推向实践,共同应对全球性问题,实现各国的合作共赢。中国将和国际社会一道,风雨同舟、团结协作、众志成城,牢固树立人类命运共同体意识,在政治、安全、经济、文化、生态等领域共同努力,在更高层面上实现合作共赢、共同发展,携手建设更加美好的世界。

(二)强调"地球村"理念

"地球村"指的是世界因现代交通方式与信息技术的迅猛发展,人与人、国与国

---

① 《习近平谈治国理政》,外文出版社 2014 年版,第 330 页。
② 《习近平谈治国理政》,外文出版社 2014 年版,第 336 页。
③ 习近平:《习近平在联合国成立 75 周年系列高级别会议上的讲话》,人民出版社 2020 年版,第 9 页。
④ 《习近平谈治国理政》第 2 卷,外文出版社 2017 年版,第 523 页。
⑤ 习近平:《论坚持推动构建人类命运共同体》,中央文献出版社 2018 年版,第 416 页。

之间的时空距离骤然缩小，国际交往变得愈加迅速与便利，整个地球俨然成为浩瀚宇宙中的一个小村落。正如马克思和恩格斯所说的，"一切国家的生产和消费都成为世界性的了"，"过去那种地方的和民族的自给自足和闭关自守状态，被各民族的各方面的互相往来和各方面的互相依赖所代替了"①。

在经济全球化时代，世界各国经济相互联系、相互依赖的程度空前加深，各国主权独立性面临的严峻考验日益加剧，以及全球范围内贫富差距进一步加大。然而，生活在地球上的人们，无论肤色、种族、国别都是这个村落里的一部分。人们之间相互的影响变得更加直接、迅速，因此每个国家各自做出的决定都会使地球村的"村民"受影响。习近平曾指出："世界经济的大海，你要还是不要，都在那儿，是回避不了的。想人为切断各国经济的资金流、技术流、产品流、产业流、人员流，让世界经济的大海退回到一个一个孤立的小湖泊、小河流，是不可能的，也是不符合历史潮流的。"②2020年，习近平在第七十五届联合国大会一般性辩论上的讲话强调："这场疫情启示我们，经济全球化是客观现实和历史潮流。面对经济全球化大势，像鸵鸟一样把头埋在沙里假装视而不见，或像堂吉诃德一样挥舞长矛加以抵制，都违背了历史规律。世界退不回彼此封闭孤立的状态，更不可能被人为割裂""我们生活在一个互联互通、休戚与共的地球村里。各国紧密相连，人类命运与共"③。

"地球村"理念淋漓尽致地诠释了当今国际社会所存在的状况，是世界经济全球化的真实写照。人类只有一个地球，各国共处一个地球家园，生活在地球村的人们，谁也不能独善其身。世界上的每一个国家都不是孤立的，每一个国家都与其他国家共处在同一个世界之中，都与其他国家保持着紧密的联系，每一个国家都不可能置身事外。各国民族具有自己独特的文化，但是这并不能成为各个民族隔离和对立的原因。以西方为中心的现代化极大地促进了生产力的发展，但也产生了环境污染、生态破坏等诸多重大问题。人类应该反省以西方为代表的现代化过程，实现东西方文化的共有、对话、融合和创新。只有多民族文化的融合、和平共存与善意竞争，才能创造人类美好的未来。各国只有牢固树立"地球村"的理念，才能够更清晰地认识到一荣俱荣、一损俱损的连带效应，促进各国、各民族的文化的交流和交融。

---

①　《马克思恩格斯文集》第2卷，人民出版社2009年版，第35页。

②　《习近平谈治国理政》第2卷，外文出版社2017年版，第478页。

③　习近平：《习近平在联合国成立75周年系列高级别会议上的讲话》，人民出版社2020年版，第9页。

（三）主张"文明交流互鉴"观念

文明交流互鉴是推动人类文明进步和世界和平发展的重要动力。当今世界各种文明百花齐放、交相辉映，特别是在全球化时代，各种文明之间相互交流繁多，彼此是选择互学互鉴、共同进步，抑或是选择妄自尊大、冲突对立，将会对世界的和平与发展产生重大影响，从而决定了人类整体的发展进程。在和平与发展的时代背景下，中国始终在推动构建人类命运共同体，推动中华文化与其他国家文化交流交融、互学互鉴，这也是解决当代人类发展面临的共同难题，让世界与各国人民生活变得更加美好的必由之路。

习近平总书记先后在不少重要场合多次提出要加强文明交流对话和互学互鉴，强调促进文明交流的和而不同、兼收并蓄，指出文明交流互鉴是推动人类文明共同进步、促进世界和平发展的重要动力。这不仅有助于让世界文明变得更加丰富多彩、平等尊重与包容互鉴，还能为构建人类命运共同体添砖加瓦。

这种"多彩、平等、包容"的新型文明观，摒弃了西方所主张的"文明冲突论"。这种观点认为文明应是丰富多彩的，人类文明因多样才有交流互鉴的价值；文明是平等尊重的，人类文明因平等才有交流互鉴的前提；文明是包容互鉴的，人类文明因包容才有交流互鉴的动力。"一花独放不是春，百花齐放春满园。"不论是中华文明，还是世界上存在的其他各种文明，都是人类文明"百花园"里的一分子，不存在没有意义、没有价值的文明，也没有高低、贵贱、优劣之分。

"海纳百川，有容乃大。"正因为中华文明自古秉持平等、谦虚的态度，不断继承发扬中华五千年文化传统并学习借鉴其他文明的优秀成果，才能在实践中不断注入新的内容，与时俱进，不断创新。历史和现实都表明，傲慢与偏见都是文明交流互鉴的障碍，世界上一切文明成果都值得被尊重，一切文明成果都要加以珍惜。只要秉持理解、包容与尊重的精神，就能够克服西方"文明冲突"的谬论，就可以实现各文明间的和睦相处。只有这样，才能够更好地实现各国之间的交流协作，为构建人类命运共同体建立良好的文化氛围。

文明交流互鉴，是增进各国人民友谊的桥梁、推动人类社会进步的动力、维护世界和平的纽带、打造人类命运共同体的重要思想基础。世界上的不同国家、不同地区和不同民族都拥有各自不同的文化，不同文化、宗教、社会制度、意识形态构成了世界上多姿多彩的文明，而不同文明彼此兼收并蓄、互学互鉴，为人类提供了共同的精神支撑和心灵慰藉。文明交流互鉴，让世界各国人民享受丰富多彩的精神生活，推动各国共同凝聚智慧，携手应对共同面临的各种挑战，从而实现各国共同发展、共享繁荣。

## 四、构筑全球战略伙伴关系,应对全球安全风险挑战

全球化使世界各国的安全紧密联系在一起,面对冷战思维、恐怖主义、难民危机等世界性安全问题,没有一个国家能够不受其影响,也没有哪个国家能够独自应对。安全问题容易使全球汇集成一股共同治理的力量,但面对利益问题往往会陷入纷争。世界各国要想维护好和平稳定的发展环境,就必须摒弃冷战思维和强权政治,树立共同安全的理念,同时要坚持共享共赢,实现共同发展。习近平总书记指出:"世上没有绝对安全的世外桃源,一国的安全不能建立在别国的动荡之上,他国的威胁也可能成为本国的挑战,邻居出了问题,不能光想着扎好自家篱笆,而应该去帮一把。各方应该树立共同、综合、合作、可持续的安全观。"①也就是说,只有世界的总体稳定才能保证各国的共同安全,也只有各国的安全稳定才能促进世界各国的共同发展。

(一)深化国际合作谋安全

安全是一个国家生存和发展最基本的前提,更是事关人类前途命运的重大问题。安全问题涉及国家政权、主权、统一和领土完整、人民福祉、经济社会可持续发展和国家其他重大利益。没有安全,空谈发展,就如同建造空中楼阁。构建人类命运共同体,就必须构筑全球战略伙伴,加强各国之间的平等关系,以此着眼于各国共同安全利益,推动各方共同参与治理,以合作谋和平、以合作促安全,营造公道正义、共建共享的安全格局。

"安全无国界",全球化使世界各国紧密联系在一起,一国的经济波动会影响他国,一国的安全问题也会变成全球性的安全问题,当今世界各国人民的命运休戚与共,没有一个国家能够脱离世界的总体安全而独善其身,而实现各国普遍安全的途径只能是合作而不是斗争。安全问题是双向的、联动的。在面对传统和非传统安全威胁时,各国都拥有平等参与国际和地区安全事务以及自主保障自身安全的权利。而面对全球性危机,各国也都有维护国际安全和地区安全的义务和责任。

世界留给我们的美丽家园,不应成为彼此角逐的战场,大国应该发挥好自己的作用,同时要支持和鼓励其他国家特别是广大发展中国家广泛平等参与全球安全

---

① 《习近平谈治国理政》第2卷,外文出版社2017年版,第541—542页。

治理。各国应该树立共同、综合、合作、可持续的全球安全观,树立合作应对安全挑战的意识,以合作谋安全、谋稳定,以安全促和平、促发展,努力为各国人民创造持久的安全稳定环境。

为此,构建人类命运共同体,倡导通过安全对话交流,扩大各国合作的领域,不断创新合作方式和机制,反对以邻为壑,反对向发展中国家转移任何领域内的危机,反对把弱小国家的安全作为大国利益分歧的牺牲品。通过积极有效的国际合作,携手世界各国共同构建和平、开放、合作的安全空间,建立多边、民主、协作的国际安全治理体系。除此之外,要不断提升各国合作安全意识,与世界各国一道追求普遍的、共同的、综合的安全,而不是局部的、个别的、区域性的安全。

(二)推动共同发展促安全

人类历史的发展日新月异,安全问题包罗万象,涉及政治、经济、文化、社会、生态等各个方面。随着科学技术的发展,人类面临安全问题的内涵和外延都在进一步拓展,难度明显增强、类型逐渐多样。例如,受经济危机、国际金融危机严重冲击,各国经济发展遭受重大挫折,甚至部分国家经济停滞或倒退,由此带来饥饿、疾病与贫困等问题,这就要求各国不断实现自身的发展以应对世界安全问题变化。发展与安全有着密不可分的联系,"发展是安全的基础,安全是发展的条件"[1]。要将发展和安全并重,以实现持久安全。对于世界各国来说,发展就意味着生存和未来。全球安全问题在很大程度上是由于发展不足造成的,而人类命运共同体就是希望能够推动世界更好地发展,创造人类更好的未来,共同渡过困扰世界的难关。

经济的繁荣与国力的强盛是维护各国安全的重要保障。要高度重视地区经济发展问题,努力缩小南北发展差距,真正实现各国共同的繁荣发展。为何美国敢向阿富汗、伊拉克、叙利亚发动武装侵略,正是因为在利益面前,它们没办法阻挡其他国家的侵略,没能力捍卫自己国家的合法权益。只有当各国均衡发展,才能够更好地实现平等交流,才有谈判的筹码,才有保家卫国的能力。只有国家实现发展,才有应对突发事件的能力,才能保障民族国家安全;只有各国实现共同发展,才能促进国际社会稳定。只有各发展中国家同舟共济,才能为彼此开辟更大的发展空间和安全空间,才能使自身变得强大起来,从而在国际社会获得更多的话语权,进而打破发达资本主义国家对全球现代性事业的霸权地位。

推动构建人类命运共同体要聚焦发展问题,以地区发展带动安全保障,形成经

---

① 《习近平谈治国理政》第 1 卷,外文出版社 2018 年版,第 356 页。

济合作和安全合作良性互动、齐头并进。世界各国在与其他国家交流对话的过程中，要努力实现平等尊重、共同协商，要采取和平的手段而不是通过武力压迫的方式解决地区的矛盾和冲突；要坚持实现安全与发展并进，在追求共同发展的同时，也要维护好地区的安全和稳定。

（三）诸实际行动求安全

维护全球安全不是任何一个国家的私事，无论大国还是小国，都应该积极投身构建安全稳定的国际社会。在全球化进程中，世界共同安全与各国安全息息相关，安全问题牵一发而动全身，任何一个国家的安全都要依赖其他国家的安全，更要依赖整个世界的安全。因此各国在追求自己国家安全利益的同时，必须尊重其他国家的安全权益，不能损害其他国家的安全利益，并且要主动承担起维护世界和平与安全的重担。但是某些国家却反其道而行之，在安全问题上互相推诿、转移危机。尤其是发达国家，其一方面享受着过去几十年乃至上百年的工业文明成果，另一方面却将现代危机转嫁给发展中国家，并指责发展中国家未能对国际安全问题尽责。

与此相反，中国在推动人类命运共同体构建、推进全球安全治理变革的同时，始终遵守国际规则，履行国际义务，将自身所倡导的国际合作和全球治理理念贯彻落实到对外合作事务的方方面面。如中国在国际反恐怖斗争中，同世界其他各国共同开展打击犯罪国际合作，提出责任共担、社会共治的国际禁毒合作方案，联合各国开展国际追逃追赃、打击电信诈骗等执法行动，全面参与联合国、国际刑警组织、中国-东盟等国际和区域合作框架内的执法安全合作，创建了湄公河流域执法安全合作机制，建立了新亚欧大陆桥安全走廊国际执法合作论坛。

"人类的前途是光明的，但光明的前途不会自动到来，需要人类齐心协力去开创。和平与发展的道路不会一帆风顺，构建人类命运共同体的目标需要各国为之不懈奋斗。中国愿同广大成员国、国际组织和机构密切配合、通力合作，积极参与全球安全治理，为促进人类和平与发展的崇高事业作出新的更大的贡献！"①习近平总书记向全世界发出了全球安全治理的中国声音，并贡献了中国方案，更体现了中国担当。

世界的和平与安全来之不易，需要所有国家共同参与维护，只有各国政府、组织、人民积极投身到人类命运共同体的构建中去，用实际行动为自己的国家、为地

---

① 习近平：《坚持合作创新法治共赢 携手开展全球安全治理——在国际刑警组织第八十六届全体大会开幕式上的主旨演讲》，《人民日报》2017 年 9 月 27 日。

球家园的安全保驾护航,才能共同筑起一道世界安全防线,共同建造安全稳定的人类命运共同体。中国作为世界最大的发展中国家以及联合国安理会五个常任理事国中派出维和人员最多的国家,要坚持身体力行,使共建共治成为地区、国家遵循和秉持的共同理念和行为准则,并始终坚定支持和积极参与维护世界和平和稳定的行动,始终做世界和平安全保障事业的倡导者、践行者与引领者。

## 五、拓展世界交流合作平台,丰富世界各国参与渠道

"人类命运共同体"并不是一个空洞的口号,而是生动的、全面的、科学的理论体系,其实践本质蕴藏在中国对外合作的各个方面。在构建人类命运共同体的历史进程中,经历了"倡导人类命运共同体意识"—"推动构建人类命运共同体"—"推动人类命运共同体走深走实"三个发展历程,从理念到实践,从一国到多国,中国正是通过利用原有交流合作资源,建立新型合作平台,从而推动人类命运共同体宏伟目标的构建。

（一）以国家及区域命运共同体协同打造人类命运共同体的范例

人类命运共同体理念的实现不可能一蹴而就,需要国家间、地区间的磨合与发展,要想实现人类命运共同体在全球范围内落地生根,需要努力推动中国同其他国家（发展中国家与发达国家）及各地区之间的相互尊重、友好合作。可以通过各国、各地区之间的关系来考察人类命运共同体,以此推动人类命运共同体的构建与发展。

首先,构建中国同周边国家的命运共同体。周边国家在经济、政治、文化等各方面都同中国有着十分密切的联系,打造周边命运共同体,是我国应对当下周边区域发展的现状所提出的重大决策,是我国同周边国家与地区的合作共赢之举。习近平强调:"全面发展同周边国家的关系,巩固睦邻友好,深化互利合作,维护和用好我国发展的重要战略机遇期,维护国家主权、安全、发展利益,努力使周边同我国政治关系更加友好、经济纽带更加牢固、安全合作更加深化、人文联系更加紧密"[①],"把中国梦同周边各国人民过上美好生活的愿望、同地区发展前景对接起来,让命运共同体意识在周边国家落地生根"[②]。

---

① 《习近平谈治国理政》第 1 卷,外文出版社 2014 年版,第 297 页。

② 习近平:《习近平在周边外交工作座谈会上发表重要讲话 为我国发展争取良好环境 推动我国发展更多惠及周边国家》,《人民日报》2013 年 10 月 26 日。

长期以来,我国周边外交的基本方针就是坚持与邻为善、以邻为伴,坚持睦邻、安邻、富邻,突出体现亲、诚、惠、容的理念。在实践过程中,我国同周边在交往合作中始终坚持这一理念原则。周边国家地区是中国高速发展成果福泽的首地,中国与周边国家的经济相互依赖程度较大,合作发展意向较高。中国一方面发挥经济贸易优势,加强同周边国家的经济联系,构建与周边国家合作的经济共同体,另一方面进一步发挥人文精神纽带,加强与其他各国的人文交流,增强共同体的身份认同与价值认同。

其次,构建中国同发展中国家的命运共同体。在国际社会中,发展中国家占据了世界国家的多数,而发达国家却占据了世界资源财富的多数。推动人类命运共同体走深走实,就要构建好中国同发展中国家的命运共同体。发展中国家是实现世界和平与发展的重要力量之一,中国作为世界上最大的发展中国家,在与发展中国家的合作交往过程中,始终秉持着正确的义利观,为维护发展中国家的合理权益与发展利益做出巨大努力。发展中国家是构建人类命运共同体进程中的重要基础,因此,必须高举人类命运共同体旗帜,共同为构建人类命运共同体添砖加瓦。

再次,构建中国同世界上其他各地区的命运共同体。目前,中国已提出打造亚洲命运共同体、亚太命运共同体、中国-东盟命运共同体、中国-阿拉伯命运共同体、中国-拉美命运共同体。如构建亚洲命运共同体,中国提出共同、综合、合作、可持续的亚洲安全观,加强区域交流合作、互利共赢,建立安全稳定的亚洲国际环境,促进亚洲经济发展,增进亚洲人民友谊,为全球治理模式创新增添新样板。

构建人类命运共同体是一个长期目标。习近平指出:"构建人类命运共同体是一个美好的目标,也是一个需要一代又一代人接力跑才能实现的目标"[1],"是一个历史过程,不可能一蹴而就,也不可能一帆风顺,需要付出长期艰苦的努力"[2]。虽然构建人类命运共同体道阻且长,但经过中国与各国人民的共同努力,锲而不舍地团结起来追求这一伟大理想,我们所建立的国家间、区域间的命运共同体终将发展为全人类的命运共同体。

(二)以领域命运共同体筑造人类命运共同体合作新高地

自从党的十八大提出"倡导人类命运共同体意识"以来,中国始终坚持倡导世界各国共同树立"你中有我、我中有你"命运共同体意识。此后,习近平又相继提出

---

① 《习近平谈治国理政》第2卷,外文出版社2017年版,第548页。
② 《习近平谈治国理政》第3卷,外文出版社2020年版,第436页。

了周边命运共同体、亚洲命运共同体、亚太命运共同体、中非命运共同体、中拉命运共同体、海洋命运共同体、网络空间命运共同体和核安全命运共同体等倡议,使人类命运共同体的理念内涵和实践要求不断跟上时代脚步,为国际社会不同领域的合作实践探索提供了更加精准的指引。

随着时代进步、历史变迁,新一轮科技革命和产业革命势不可挡,全球性威胁和挑战考验着人类应对问题的能力。新发展产生新问题,新问题造就新理念,中国为构建人类命运共同体,倡导世界各国围绕网络空间、人文、海洋、核安全、卫生健康等其他领域构建起人类的命运共同体。如面对危及人类生命的重大风险灾难,在杀伤力最大的核武器方面,提出理性、协调、并进的核安全观,倡导构建公平、合作、共赢的国际核安全体系,同国际社会一道打造核安全命运共同体。

在全球新冠肺炎疫情蔓延的严峻形势下,进一步彰显出人类命运共同体在公共卫生健康方面"同呼吸、共命运"的实质内涵,彰显出推动人类命运共同体建设从理念到实践的现实路径。面对来势汹汹的新冠疫情,中国始终秉持人类命运共同体理念,发挥人类卫生健康命运共同体的建设性作用,呼吁各国坚持生命至上、团结一致、共克时艰。在此基础上,世界各国加强疫情信息、病毒基因、防控救治经验交流协作,通过国际合作满足全球公共产品需求,共同构建人类卫生健康共同体,从而进一步推动人类命运共同体的发展。

(三)以各类国际组织、机构与机制搭建人类命运共同体合作新平台

国际组织与机构是国际社会生活的重要组成部分,在推进和平发展、开展国际对话、解决世界问题、化解国家争端等方面发挥着重要作用。近年来,"上海合作组织""亚投行""博鳌亚洲论坛""亚太经合组织"与"金砖国家合作机制"等国际合作组织、机构与机制为构建人类命运共同体注入新内涵、增添新动力、作出新贡献,是构建人类命运共同体实践的新型平台。

上海合作组织是加强国家间的相互信任、和睦相处的永久性政府间国际组织,互信、互利、平等、协商、尊重多样文明、谋求共同发展(上合精神)是其始终秉持的宗旨和原则。习近平强调:"'上海精神'是我们共同的财富,上海合作组织是我们共同的家园。"[①]上海合作组织展现了不同政治制度、不同文化国家通过互信互利、平等协商实现彼此之间和谐共处、团结合作。其合作议题由原来的安全、反恐扩展到政治、经济、安全、文化、民间交往等多方面的广泛合作,对维护和加强地区和平、

---

① 《习近平谈治国理政》第 3 卷,外文出版社 2020 年版,第 441 页。

安全与稳定，推动建立民主、公正、合理的国际政治经济新秩序起到了举足轻重的作用。该组织为维护世界和平、稳定与发展，传递新型发展观、安全观、合作观、文明观与全球治理观，促进各方增进彼此了解、深化友谊、加强合作注入了强大动力，未来将会成为推动构建人类命运共同体的重要平台。

亚投行是首个由中国倡议设立的政府间性质的多边开发金融机构，是中国推动区域建设形成互联互通化和经济一体化的奠基石。习近平曾倡议："为促进本地区互联互通建设和经济一体化进程，中方倡议筹建亚洲基础设施投资银行，愿向包括东盟国家在内的本地区发展中国家基础设施建设提供资金支持。新的亚洲基础设施投资银行将同域外现有多边开发银行合作，相互补充，共同促进亚洲经济持续稳定发展。"①亚投行通过投资基础设施及其他国际公共产品生产，促进亚洲地区经济的可持续发展，改善了当地诸多基础设施。从 2014 年最初的 21 个意向创始成员国，发展到 2015 年正式成立时的 57 个意向创始成员国，经过多年努力，截至 2020 年，亚投行成员国达到 103 个。中国推动成立亚投行，展现出中国作为大国的国际责任担当并进一步完善了现有国际经济体系，有利于促进亚洲地区乃至世界各国基础设施建设，促进周边各国互联互通，推进各国团结协作高质量发展，实现互利共赢，为推动构建人类命运共同体增添了新的发展空间。

博鳌亚洲论坛顺应时代潮流，坚持聚焦发展，着力探寻共同发展之路，通过高层对话协商，围绕经济、社会、环境等问题凝聚各国共识，促进共同发展，致力于解决亚洲地区问题、促进亚洲区域一体化。当今世界正面临单边主义、保护主义抬头，逆全球化暗流涌动。2015—2021 年，博鳌亚洲论坛先后以"亚洲新未来：迈向命运共同体""亚洲新未来：新活力与新愿景""直面全球化与自由贸易的未来""开放创新的亚洲，繁荣发展的世界""共同命运、共同行动、共同发展""应对世界变局，携手共创未来""世界大变局：共襄全球治理盛举　合奏一带一路强音"为主题，凸显了论坛由经济合作发展迈向构建命运共同体，由亚洲视域转向世界视角，必将坚持发扬包容创新、合作共赢的博鳌精神，不断为开放合作汇聚共识、维护和践行多边主义、推进经济全球化、推动构建人类命运共同体作出新贡献。

这些重要合作平台的提出与发展，充分体现了中国始终支持多边主义、践行多边主义，将为推动开放合作、加强和完善全球治理进一步贡献中国智慧。各类国际组织互为补充、相辅相成，为推动构建人类命运共同体提供了有力平台，极大丰富

---

① 《习近平谈治国理政》第 1 卷，外文出版社 2014 年版，第 292—295 页。

了人类命运共同体战略的实践路径。

## 第三节 "一带一路":构建人类命运共同体的实践样例

要以构建人类命运共同体推动全球现代性的变革创新,则必然要在实践中贯彻互利共赢、文明共生的价值原则。目前我国对"一带一路"倡议的推进,正是这一原则的显著体现,其是构建人类命运共同体的重要抓手,是推动全球现代性变革的实践样例。2013 年,习近平总书记在出访中亚和东南亚期间,先后提出了建设"丝绸之路经济带"("一带")和"21 世纪海上丝绸之路"("一路")的重大国际合作倡议,即"一带一路"。"一带一路"是中国在世界多极化、经济全球化背景下,创新国内发展、倡导国际合作的新模式。同时,它也是改革全球治理体系、完善和重塑国家和地区秩序的重大举措。中国的前途命运与世界各国的前途命运是紧密相连的。虽然"一带一路"发端于古代中国联结世界的纽带——丝绸之路,但是在新的历史条件下,从某种程度上而言,"一带一路"的提出为构建人类命运共同体的实践释放了更大空间。因此,中国提出的"一带一路"是要继承和发扬丝绸之路精神,把中国发展同"一带一路"沿线各国及世界上其他各国发展结合起来,把中国梦同沿线各国人民和世界上其他各国人民的梦想结合起来,赋予古丝绸之路以全新的时代内涵。

"一带一路"不是虚无缥缈的幻想与空中楼阁式的口号,而是实实在在、坚定不移的发展举措。自 2013 年习近平提出建设"丝绸之路经济带"和"21 世纪海上丝绸之路"重大国际合作倡议之后,我国积极促进"一带一路"国际合作,努力实现政策沟通、设施联通、贸易畅通、资金融通、民心相通。同时,努力构建现代丝绸之路的"新亚欧大桥"、贯穿中南半岛国家的"中国-新加坡经济走廊"以及连通南亚半岛的孟中印缅经济走廊等。各类"互联互通"通道如雨后春笋般应运而生。"一带一路"倡议从理念转化为行动、从愿景转变为现实,已经成为各方合作共赢的全球公共产品和广受欢迎的国际合作新平台。中国依托这一平台,与世界同行,在 2017 年与2019 年成功举办了第一届、第二届"一带一路"国际合作高峰论坛,使"一带一路"倡议得以从顶层设计到现实落地,从规划方案到具体实践,从"大写意"到"工笔画"。中国正以厚积薄发的力量积极推进全球治理体系的变革,为构建人类命运共同体做出更大、更重要的贡献。

## 一、厘清定位：“一带一路”是通向人类命运共同体的桥梁

过去 20 世纪的两次惨绝人寰的世界大战让人类倍感迷惘，但是和平随后到来了。21 世纪，人类同样处在充满不确定的世界中，人们常常会思索：世界怎么了？我们该怎么办？在这样分化、断裂的世界中，中国给出了一剂良方：构建人类命运共同体。在时间的长河中，它已然成为中国外交的创新性指导理念，引领着新时代中国外交在百年未有之大变局中的走向。与此同时，它也获得了国际社会日益广泛的支持和认同，在加速演变的全球局势中起到了稳定器的作用。然而，这样为人类谋幸福的醒世良方，却被西方某些势力抹黑。之所以出现这类言论，很大一部分原因是忽视我国乃至世界人民为推进人类命运共同体的奋勉，忽视我国构建人类命运共同体的样例——“一带一路”建设，忽视“一带一路”带来的成果。“一带一路”自提出以来，其坚持的就是“共商共建共享”原则和追求“开放合作共赢”的精神，它已同构建人类命运共同体达成了高度一致，是构建人类命运共同体的具体实践，是通向构建人类命运共同体的伟大桥梁。正如习近平总书记在中国共产党与世界政党高层对话会发表的主旨讲话所说的：“2013 年，我首次提出构建人类命运共同体的倡议。我高兴地看到，中国同世界各国的友好合作不断拓展，人类命运共同体理念得到越来越多人的支持和赞同，这一倡议正在从理念转化为行动”“我提出‘一带一路’倡议，就是要实践人类命运共同体理念”[①]。

首先，“一带一路”以解决国际社会在一定时期内面临的严峻挑战，造福各国人民为旨归，体现了人类命运共同体的价值理念。在对待发展利益方面，资本主义的逻辑是讲究对立，可以说，其秉持的是竞争的博弈论逻辑。而这一逻辑最终所导致的是财富在资本占有一方积累，而非占有一方则积累的是贫困，随着贫富沟壑的不断扩大，全球治理也因此愈加滞后。作为构建人类命运共同体的重要抓手——“一带一路”就是要打破这一逻辑，以“和合”逻辑，把发展的目的转向造福人民，最终来修正资本主义的发展目标、发展方式、发展布局以及发展的价值。之所以这样，是因为在整个人类社会发展的进程中，人不仅是推动生产力发展的主体，而且是整个社会生活和社会历史的主体。只有维护好、发展好人的根本利益，才能够创造出更

---

① 习近平：《携手建设更加美好的世界——在中国共产党与世界政党高层对话会上的主旨讲话》，《人民日报》2017 年 12 月 2 日。

多发展的可能性与现实性。因此,为了推动"以人为本"的新型全球化理念的实现,"一带一路"要求必须把实现好、维护好以及发展好广大人民群众的利益作为根本的出发点和立足点。同时,要把人民群众的获得感和幸福感作为评判全球化发展效果的至高标准。在这一理念的指引下,就需要建立起一套有效的制度体系来确保大量的资本源源不断地创造出物质财富,以保证这些财富能真正用于"一带一路"沿线各国人民的发展。通过这样的发展安排,"一带一路"不仅能够改变西方国家主导下全球化所造成的贫富差距、地区发展不平衡的局面,而且能够带动周边国家和地区的开发,进而实现周边国家和地区的共同发展、共同繁荣。除此之外,周边国家人民的生活也将愈发便利,幸福感也将愈发增强。

其次,"一带一路"建设以共商共建共享为基本原则,体现人类命运共同体的构建原则。习近平总书记指出:"在'一带一路'建设国际合作框架内,各方秉持共商、共建、共享原则,携手应对世界经济面临的挑战。"①"共商"就是采取集思广益、群策群力的方式,在制定方案的过程中沟通协商。具体而言,就是要考量各国发展水平、经济结构、法律制度、营商环境和文化传统的差异,在这些差异中寻求一致性,并最终取得利益最大化的结果。"共商"所要解决的是"怎么建"的问题。中国在推进"一带一路"建设中一直强调并践行:要在摆脱政治附加条件,充分尊重沿线国家的发展规划、发展战略、长远考虑的前提下,实现对接。"共建"就是"一带一路"沿线的各个国家和地区要结合与发挥自身优势共同参与,深度对接有关国家和区域的发展战略,确立合作项目并持之以恒地共同推进。"共建"所要解决的就是"谁来建"的问题。中国强调"一带一路"沿线各国家要加强政策沟通,要开展更广领域、更宽范围、更高层次的全方位合作,并且要将利益、责任、命运捆在一起、系在一起。"共享"就是指发展成果不是一家独占,而是各国共有,不是造福单个,而是福泽万家。"共享"所要解决的是"为谁建"的问题。"一带一路"一直秉承着共商共建共享的发展合作理念,坚持开放包容的态度,努力追求实现各国的互利共赢,使世界各国联系起来共同发展。可以说,"一带一路"倡议既跳出了单向度的发展模式,又补齐了全球化发展的短板,为新型全球化构建注入了新动力,真正做到了关注全球发展的普遍利益,实现了人类整体发展的伟大飞跃。"一带一路"作为世界上跨度最长、最具潜力的合作带,"不是某一方的私家小路,而是大家携手前进的阳光大道"

---

① 习近平:《开辟合作新起点 谋求发展新动力——习近平在"一带一路"国际合作高峰论坛圆桌峰会上的开幕辞》,《人民日报》2017年5月16日。

"不是中国一家的独奏，而是沿线国家的合唱""不是要谋求势力范围，而是要支持各国共同发展""不是要营造自己的后花园，而是要建设各国共享的百花园"①。

最后，"一带一路"以其强大的开放性与包容性不断开启新的发展篇章，体现人类命运共同体的战略愿景。"一带一路"建设自习近平总书记在 2013 年提出以来，就以一倡百和之势得到了"一带一路"沿线各个国家、各个地区的响应。究其根源在于：在全球现代性发展的时代，各国只有打开大门搞建设，促进生产要素在全球范围更加自由便捷地流动，才能以更高昂的姿态屹立于世界民族之林。因此，开放是国家发展的必然要求，只有开放才能给发展注入源源不断的活力与动力。"一带一路"建设的重要思想，就是党中央以开放包容的心态与眼光看待世界发展走向，把中国与世界有机结合在一起，积极推动"一带一路"沿线各个国家和地区实现共同繁荣和发展。它不是传统意义上的区域合作，而是秉承着整合各国分歧，在利益交汇点上以"共商共建共享"的方式促进各国各地区的发展。因此，它具有高度的开放性、包容性，具体表现在以下几个方面：首先是地域的开放性、包容性。"一带一路"是跨区域合作的大框架，不限制或者排斥任何有意向国家的参与，凡是有意愿参加的沿线国家和地区均可"搭便车"。其次是理念与内容的开放性、包容性。"一带一路"建设以宽领域、立体化的方式构建沿线各国、各地区的合作网络，参与的领域涉及各国、各国际组织、各地区组织的经济、文化、安全、生态等各方面的发展，践行过程共建、成果共享、责任共担。最后是在时间维度显现出的不可比拟的开放性与包容性。"人们自己创造自己的历史，但是他们并不是随心所欲地创造，并不是在他们自己选定的条件下创造，而是在直接碰到的、既定的、从过去承继下来的条件下创造。"②"一带一路"作为人类所创造的历史，既不是脱离和抛弃历史中总结的经验成果，也不是复刻古代丝绸之路，而是在百年未有之大变局的时代背景下开创的人类发展新路径。近年来，随着"一带一路"从落地生长到根深叶茂，从中国倡议到世界行动，其理念与方案已经得到了绝大多数国家的认同。由此可见，"一带一路"必将在中国的推动和多国的努力下，继续延续和平合作、开放包容、互学互鉴、互利共赢的"一带一路"精神，走出一条共同发展的康庄大道，并以气势磅礴的力量创造人类的美好未来。

---

① 《习近平谈治国理政》第 2 卷，人民出版社 2017 年版，第 42 页。
② 《马克思恩格斯文集》第 2 卷，人民出版社 2009 年版，第 470—471 页。

## 二、科学布局：以"五通"全方位构筑全球伙伴关系

编织世界领域内的伙伴关系，是构建人类命运共同体的基础性工作。我国力图在全球、区域、双边等层面推进伙伴关系的搭建，努力构建超越西方的"结盟对抗"的野蛮式老路，构筑出一条"不冲突、不对抗、相互尊重、合作共赢"①的国际交往新路。构建人类命运共同体，就是要各国跳出零和博弈式的关系窠臼，同时代发展潮流同向，走平等相待、互商互谅的道路，搭建出具有高度包容力和建设意义的全球伙伴关系。"一带一路"建设是一项稳步推进的工程，它以"政策沟通、设施联通、贸易畅通、资金融通、民心相通"（简称"五通"）为核心，涉及了政治、经济、文化、社会、生态等多领域、多层次交流合作的实践。通过"五通"举措，推进与夯实世界各国的伙伴关系，推动构建人类命运共同体行稳致远。

第一，加强"政策沟通"以减少隔阂与冲突，促进理解与共同发展，为"一带一路"沿线各国的发展提供根本性保障，夯实构建人类命运共同体的政治基础。国家发展改革委、外交部、商务部于 2015 年发布的《推动共建丝绸之路经济带和 21 世纪海上丝绸之路的愿景与行动》就指明了这一点，"加强政策沟通是'一带一路'建设的重要保障"②。在西方资本主义国家主导的全球化下，国家间、民族间都遵循"非友即敌""非得即失""非合作即对抗"的价值观，而这样的价值观攀升到国家政策层面就演变为政策闭塞与政策对抗，其导致的现实结果就是国际方略的二元对立与零和博弈，使得全球发展陷入洼地。在人类共同发展中，这样的价值观是不行的。全球"短板"型发展并不是人类发展的正向型趋势。人类需要通过更为彻底、更为全面、更加可持续的方略把世界融合为整体，以"和合"的价值遵循指引人类进步。政通才能人和，"一带一路"的政策沟通就是从人类整体发展的向导出发，以各国发展方向、发展方式、发展布局追求求同存异、多元开放、高度灵活和富有弹性的原则，通过沟通与协调，深化利益融合，促进政治互信，达成合作新共识，实现务实合作和互利共赢。它不是"另起炉灶、推倒重来，而是实现战略对接、优势互补"③。它

---

① 《习近平谈治国理政》第 2 卷，外文出版社 2017 年版，第 541 页。

② 国家发展改革委，外交部，商务部：《推动共建丝绸之路经济带和 21 世纪海上丝绸之路的愿景与行动》，《人民日报》2015 年 3 月 29 日。

③ 习近平：《携手推进"一带一路"建设——在"一带一路"国际合作高峰论坛开幕式上的演讲》，《人民日报》2017 年 5 月 15 日。

完全不同于历史上欧洲诸国依赖船坚炮利与意识形态武器来实现国家间的交往,而是促进各国形成政策协调、规划对接的合力;促进相关国家相互学习借鉴,建立政策协调机制,共同制定合作方案,共同采取合作行动;形成规划衔接、发展融合、利益共享、协同联动发展的局面。

　　理念是行动的先导,行动是最有力的语言。中国政府在推进"一带一路"的建设中,积极同他国开展政策沟通。习近平总书记关于"一带一路"倡议曾多次谈到,"一带一路"建设并不是要将过去的一切推翻从头再建,而是在推进"一带一路"建设的过程中,不断汲取各国的实践经验,充分考虑各国的政策导向,实现互相包容、互相借鉴、互相理解、互相合作。2014 年,习近平总书记指出将"丝绸之路经济带"同蒙古国"草原之路"(后升级为"发展之路")实现对接,将"丝绸之路经济带"同俄罗斯的"欧亚经济联盟"实现对接。2016 年,除了同俄罗斯、蒙古国在发展战略与计划交流合作上实现对接外,中国还同白俄罗斯、捷克等国家签订了一系列对接合作文件。2017 年,中国与东盟共同打造了"中国-东盟命运共同体",中国与印尼共同打造了"全球海洋支点",中国同柬埔寨打造了"四角战略",以及中国同越南的"两廊一圈"实现成功对接。2019 年,中国同菲律宾通过基础设施建设合作,实现了"一带一路"倡议与菲律宾"大建特建"计划的对接等。中国"结合各方国情,以更加灵活的方式加强政策对接。如签署政府间合作谅解备忘录后,既可以从顶层设计着手,采取编制合作规划,建立对接平台,实施项目清单的方式,也可以直接从务实合作切入,率先启动一批双方有共识、条件具备的成熟项目,尽早让各方分享到早期收获成果"①。除此之外,中国将继续凝聚政策和规则标准对接共识,不断创新政策对接方式,积极拓展规则对接领域。同时,中国在推进"一带一路"倡议的进程中,同其他国家在共商共建共享的原则下,尊重彼此主权、尊严、领土完整,切实保障各方核心利益和合理关切,做好政策沟通,确保政策制定和理论建构公正合理,最大限度地化解矛盾,求同存异,达成共识,步调一致,以更好地服务于"一带一路"建设和人类命运共同体的伟大事业。

　　第二,如果说"政策沟通"是"一带一路"的软保障,那么"设施联通"就是"一带一路"更基础、更持久的物质性硬保障,是"一带一路"建设的优先领域,是构建人类命运共同体的物质性基础。历史与现实都已证明了基础设施对一个国家发展壮大

---

　　①　推进"一带一路"建设工作领导小组办公室:《共建"一带一路"倡议:进展、贡献与展望》,《光明日报》2019 年 4 月 23 日。

的重要性。基础设施是以一般物质条件来保证国家或地区社会经济活动得以正常进行，进而保证社会的生存与发展的。因此，基础设施联通是一项惠及民生的项目，是沿线各个国家和地区之间基础设施联通的出发点。从自然条件来看，自然环境约束着沿线国家的发展。"没有自然环境，没有感性的外部世界，工人就什么也不能创造。"①人是在自己所处的环境中并且和这个环境一起发展起来的。人是如此，国家发展也是如此。"一带一路"周边国家和地区的地理环境大相径庭，这样提供给各国家发展的自然条件也是云泥之别。地理环境的限制使"一带一路"沿线各国的基础设施优劣迥异。这样发展的愿景同基础设施优劣间的矛盾为实现"设施联通"提供了可能。从社会经济条件来看，"一带一路"沿线各国中只有少部分国家的基础设施良好，资金与技术较为充足。然而，部分不能代替整体，从部分的发展情况不能归纳出整体的发展态势。"一带一路"沿线国家整体上面临着经济发展水平低下，资金、技术短缺，甚至是部分国家严重短缺，制约着基础设施的建设，进而国家经贸往来受制于此，并且反噬于各国家内部的发展，如此循环。如今，要推动沿线各个国家和地区的发展，就必须"以重大项目和重点工程为引领，推进陆上、海上、空中、网上互联互通，建设高质量、可持续、抗风险、价格合理、包容可及的基础设施，不断完善'一带一路'建设的基础设施网络"②。

"要想富，先修路"，基础设施的互联互通将呈不断扩大与发展的趋势，成为各国共同参与的"交响乐"。中国作为基础设施建设大国，实践经验丰富，技术上更是不断突破和创新。这就为在实现"一带一路"建设互联互通过程中，把重点方向放到亚洲国家上，把突破口放到建设交通基础设施上提供了极大的便利。自"一带一路"倡议提出以来，中国也将基础设施建设作为"一带一路"建设中的重点工作来抓。中国同"一带一路"沿线各国不断加强基础设施工程建设的友好合作、互利共赢。中老铁路、中泰铁路、雅万高铁、匈塞铁路等项目扎实推进；瓜达尔港、汉班托塔港、比雷埃夫斯港、哈利法港等项目进展顺利；空中丝绸之路建设加快，已与126个国家和地区签署了双边政府间航空运输协定；中俄原油管道、中国-中亚天然气管道、中俄天然气管道东线等能源项目有序推进。从公路到铁路，从海运到航空，从油气管线到海陆光缆，我国与"一带一路"沿线国家的陆上、海上、天上、网上四位一体的互联互通网络已初具规模，以铁路、港口、管网等重大工程为依托搭建出一

---

① 《马克思恩格斯文集》第 1 卷，人民出版社 2009 年版，第 158 页。

② 中共中央党校：《习近平新时代中国特色社会主义思想基本问题》，人民出版社、中国中共中央党校出版社 2020 年版，第 376 页。

个复合型的基础设施网络。在重视硬件设施建设的同时，中国的规章制度、合作模式等软联通建设也在为全球化"修路架桥"。中国依靠自身优势以基础设施互联互通助推"一带一路"建设，实现沿线各个国家和地区的设施联通。可以说，"一带一路"是沿线国家"搭中国便车"的典型样例，是开创合作共赢的新模式与新路径，是实现睦邻、富邻、安邻的重要体现。

　　第三，贸易畅通是打开各国家和各地区之间市场的"金钥匙"，是"一带一路"建设的重点内容，也是拓展人类命运共同体构建的利益纽带，为人类发展开启了新篇章。在全球化发展的今天，发展中国家的工业化、城镇化已初具基础，正努力实现工业化和现代化梦想。如曾是"被遗忘大陆"的非洲如今面貌已然发生巨变。然而，面对广大发展中国家的崛起，西方发达资本主义国家臆想外部威胁丛生，鼓吹"西方社会面临严重威胁"，立誓要"不惜一切代价包围西方"。为了实现这一目标，西方各国纷纷将"贸易壁垒"这一以邻为壑、狭隘自私的对外方式奉为圭臬，从而成为世界贸易领域冲突与对抗的"孽之花"。然而，这并不是人类发展的应有逻辑。人类发展不是封闭式或者离群索居式的发展，而是在交往中实现进步。古代中国与亚欧人民用以经贸交流的"丝绸之路"恰恰印证了这一点，并显现出对外贸易是一个国家存续的重要图式的道理。虽然"丝绸之路"在历史发展中中断了，但其对外贸易的精神仍然存在于中国的对外发展之中，成为改革开放后推动中国经济发展的主要动力之一。自 2001 年中国加入了世界贸易组织以来，中国经济贸易融入经济全球化的进程不断加快。经过多年来的飞速发展，外贸合作已经成为中国经济发展中活跃度最高、增长速度最快的重要部分。中国在对外贸易领域不断开拓进取，完成了历史性的蜕变。时至今日，外贸合作的重要地位仍然没有改变，中国已跻身世界外贸大国行列。

　　如今中国将构建人类命运共同体这一理念运用于"一带一路"建设。一方面，中国秉承着"各美其美，美人之美，美美与共，天下大同"的思想，通过促贸援助，帮助"一带一路"沿线国家做大经济"蛋糕"，改善贸易条件，提升贸易发展能力，激发与释放沿线各个国家和地区的合作潜能，为实现国家间贸易畅通夯实基础。另一方面，中国还积极同"一带一路"沿线国家和地区开展对话，以现有体系机制构建出中介机构，并推进"信息互换、监管互认、执法互助的海关合作"以及"检验检疫、认证认可、标准计量、统计信息等方面的双多边合作"[①]。如以建设"口岸'单一窗口'，

---

　　①　王浦劬，刘尚希：《"一带一路"知识问答》，人民出版社 2015 年版，第 19 页。

推进跨境监管程序协调,开展'经认证的经营者'(AEO)互认"①,构建跨境电商平台等具体措施,推动中外贸易合作实现持续稳定增长,为沿线国家互利共赢发挥重要作用。在这些方略的指引下,中国同"一带一路"沿线国家架起了多座"金桥"。中国同匈牙利、马其顿以及塞尔维亚为中欧货物从希腊比雷埃夫斯港途经马其顿、塞尔维亚并通过匈塞铁路进入欧盟腹地打造了一条便捷、快速、高效的"绿色通关走廊"。中国海关同欧亚经济联盟把"主动融入丝绸之路经济带建设"与"欧亚经济联盟建设"对接。中哈双方开展监管方面的合作,统筹纳入共建"丝绸之路经济带"合作框架。在未来,中国将继续推进建设覆盖中亚、南也、西亚、欧洲、非洲、拉美国家的自由贸易区群。中国这些推进"贸易畅通"的具体措施,涵盖自贸区、投资、基础设施、经济合作区、中小企业合作、电子商务等诸多领域,不断改善贸易环境与氛围,推动地区实现开放型经济发展模式,使贸易和投资变得更加快捷与便利,为"一带一路"沿线国家带来丰硕成果。除此之外,中国还为"一带一路"沿线国家创造了更多的就业岗位,也为东道国带来了巨额的税收,为国家发展注入了更多活力与底气。

总之,"贸易畅通"是一把发展的"金钥匙",是实现国家经济增长的重要引擎。由于"一带一路"沿线国家大多是发展中国家,"一带一路"建设可以分享中国改革开放的红利和中国发展的经验教训,为沿线各国提供有效的、持续的经济增长来源。在新冠肺炎疫情的背景下,从全球经贸发展的视角可以看出,"一带一路"经济仍然保持着良好的增长态势,"一带一路"合作的沿线国家是全球经济区域发展中最具活力和潜力的地方。同时,在"一带一路"建设下,推进"五通"的发展进程。只有在保持贸易畅通的前提下,才能够更好地实现设施的联通、资金的融通、民心的相通,才能实现沿线国家的共同发展、共同繁荣。未来我们也会锲而不舍、驰而不息地努力建设,不能因现实复杂而放弃梦想,也不能因理想遥远而放弃追求。② 贸易畅通必然纵深前进,"一带一路"也必然日新月异。

第四,资金融通是"一带一路"建设的重要支撑,是服务经济贸易和投资,以及推动"一带一路"沿线各国进一步开发、开放的重要手段与动力。经济决定金融,金融反作用于经济。金融在现代经济发展中发挥着资本聚集、资源配置与风险管控的重要作用。参与"一带一路"的国家众多、交流合作范围较广,是世界上最具发展

---

① 王浦劬,刘尚希:《"一带一路"知识问答》,人民出版社 2015 年版,第 20 页。
② 习近平:《携手建设更加美好的世界》,《光明日报》2017 年 12 月 2 日。

潜力的区域之一。截至 2025 年 3 月,中国已经同 152 个国家和 32 个国际组织签署了两百多份共建"一带一路"合作文件,其国际融资涉及基础设施、贸易、能源、产能合作、民生等多个领域。然而,在"一带一路"建设的过程中,沿线国家大部分是发展中国家,经济发展较为落后,金融市场发展相对较慢,并且在基础设施、经济贸易等方面的融资需求巨大,当地的资金供给能力却无法满足其需求,融资问题一直是较为突出的问题,这就关系到"一带一路"倡议的具体落实。而"一带一路"建设下的"资金融通",则为共建"一带一路"提供了高效优质、透明稳定的长效机制,促进了"一带一路"政策和举措的具体实施。近期,商务部与国家开发银行联合印发的《关于应对新冠肺炎疫情 发挥开发性金融作用支持高质量共建"一带一路"的工作通知》,对受疫情影响的高质量共建"一带一路"项目和企业给予开发性金融支持,体现出中国有信心、有担当、有能力推动"一带一路"建设行稳致远,是人类命运共同体守望相助、共克时艰的真实写照,为沿线各国交流合作项目保驾护航、为经济复苏作出重大贡献。

自"一带一路"倡议提出至今已硕果累累。在资金融通方面,中国同"一带一路"沿线各国在维护金融稳定合作、创新金融合作机制、建立金融合作机构与完善金融服务体系等方面取得了显著的合作成果。"一带一路"沿线各国的投融资主要集中于基础设施建设、经济贸易合作、产能建设合作等重点领域,并且与非洲开发银行、泛美开发银行、欧洲复兴开发银行等多边开发银行开展联合融资合作,充分调动全球资本参与"一带一路"建设。据银保监会的统计,截至 2020 年,共有 11 家中资银行在 29 个"一带一路"沿线国家设立了 80 家一级分支机构。与此同时,共有来自 23 个"一带一路"国家的 48 家银行在中国设立了机构。习近平总书记指出:"要切实推进金融创新,创新国际化的融资模式,深化金融领域合作,打造多层次金融平台,建立服务'一带一路'建设长期、稳定、可持续、风险可控的金融保障体系。"①资金融通要从融资渠道与方式上下功夫,从而进一步降低融资成本。中国在现存的各国商业银行和世界银行等国际融资平台基础上,新建若干新型投资性金融机构助力国际融资合作,比如中国倡导并积极参与的亚投行、金砖国家新开发银行、上海合作组织融资机构和丝路基金等新型融资机构,以扩充"一带一路"建设可用资金来源,促成多方资源共享,打造高质量国际合作;同时,进一步推动人民币国际化,构建人民币清算网络等金融基础设施,扩大人民币在"一带一路"建设的经贸

---

① 《习近平谈治国理政》第 2 卷,外文出版社 2017 年版,第 505 页。

投资等活动中发挥的重要作用,切实帮助沿线各国组织、企业降低贸易往来与投融资成本。以上各方面的举措在一定程度上解决了沿线各国所面临的融资问题,进一步强化了中国同沿线各国开展全方位、多元化的金融合作。在未来的发展中,金融机构将会持续为"一带一路"建设提供好保障平台,为"一带一路"建设创造优良稳定的融资环境。

第五,民心相通是"一带一路"建设的重要内容,同时也是"一带一路"合作的重要保障。在经济全球化与信息技术高速发展的大背景下,世界各国的人民群众仿佛生活在一个"你中有我,我中有你"的"地球村"。但是,每个国家都拥有自己独特的文化背景、国家情况、社会制度与发展阶段,这些客观因素可能会成为推进"一带一路"建设行稳致远的阻碍。而民心相通就是要通过同沿线国家的信息沟通、文化交流、友好互动,超越这些西方所认为的鸿沟,搭建起理解、互信与合作的桥梁,积极推动各方人民之间的交流往来。民心相通与政策沟通、设施联通、贸易畅通、资金融通共同构成"一带一路"建设全方位、立体化的工作格局。古往今来,"得民心者得天下"。这说明做好民心工作,对于推动"一带一路"建设具有潜移默化的积极作用。做好民心相通工作,有助于动员民意、汲取民智、汇集民力,推动项目合作稳步发展并取得务实成果,形成经济效益与社会效益的良性互促,实现共同发展和共享繁荣的合作目标。同时,做好民心相通工作,对于推动构建人类命运共同体,实现在政治方面各国彼此相互尊重、平等协商,摒弃冷战思维和强权政治;在安全方面,以对话解决争端、以协商化解分歧,反对一切形式的恐怖主义;在经济方面,各国同舟共济,推动经济全球化朝着更加开放、包容、普惠、平衡、共赢的方向发展;在文化方面,尊重世界文明多样性,以文明交流超越文明隔阂、以文明互鉴超越文明冲突、以文明共存超越文明优越;在生态方面,坚持环境友好,合作应对气候变化,保护好人类赖以生存的地球家园具有相得益彰的重要作用。

习近平总书记指出:"在新的历史条件下,我们提出'一带一路'倡议,就是要继承和发扬丝绸之路精神,把我国发展同沿线国家发展结合起来,把中国梦同沿线各国人民的梦想结合起来,赋予古代丝绸之路以全新的时代内涵。"[①]"一带一路"建设下的人文交流涉及的内容非常丰富,其延续了中国古代丝绸之路,传承了和平合作、开放包容、互学互鉴、互利共赢的丝绸之路精神。通过推动沿线各国人民之间的交往、交流、交融,在教育、卫生、文化、媒体、旅游、公益等重点领域都达成合作,

---

① 《习近平谈治国理政》第 2 卷,外文出版社 2017 年版,第 501 页。

形成相互尊重、相互理解、相互交流的人文氛围,为"一带一路"建设打下广泛的民众基础。"国之交在于民相亲,民相亲在于心相通。"①近年来,在文教方面,中国向共建"一带一路"国家每年提供 10 000 个政府奖学金名额,鼓励并支持国际文化教育交流,并给予 29 个国家实现公民免签和落地签,同 61 个国家建立 1 023 对友好城市,推动"一带一路"合作的朋友圈越来越广阔。人文交流是"一带一路"建设的民意基础。在文旅方面,中国不断推动构建"一带一路"人文合作项目,如丝绸之路文化年、丝绸之路旅游年、丝绸之路国际艺术节、丝绸之路青年之眼国际摄影大赛。这些艺术节、电影节、电视周、图书展、影视剧能在日常生活中潜移默化地聚民心、凝民意,坚持在与各国经济合作的同时,共同推进彼此间的人文交流。同时,中国发起了以改善"一带一路"沿线国家人民健康幸福为宗旨的"健康丝绸之路",为深化全球卫生健康合作提供各类公共产品。在新冠肺炎疫情防控期间,中国尽己所能向包括"一带一路"沿线各国在内的国家供应了 4.8 亿余剂疫苗。这与美国囤积 26 亿剂疫苗的行为形成了鲜明的对比。民生连着民心,"一带一路"合作为沿线各国增加就业、便利生活、发展文教等做出了重大贡献,以民生建设助力民心相通。以上各类举措实现了"国相交"与"民相亲"之间的良性互动。重视并抓好民心相通工作,对推进"一带一路"建设、促进沿线国家共同发展、推动构建人类命运共同体具有重要而深远的意义。近年来,我国始终坚持在人文领域精耕细作,加强同沿线国家人民的友好往来。与此同时,沿线各国人民也对"一带一路"合作越来越有参与感、获得感与幸福感,为"一带一路"建设打下了广泛的社会基础。

数年来,"一带一路"建设取得了辉煌的成就,且发展前景仍然广阔无比。面向未来,习近平总书记强调:"中国将秉持共商共建共享原则,坚持开放、绿色、廉洁理念,努力实现高标准、惠民生、可持续目标,推动共建'一带一路'高质量发展。"②从基础设施到经贸往来,从金融互通到文化交流,共建"一带一路"倡议及其核心理念已被纳入联合国、二十国集团、亚太经合组织、上合组织等重要国际机构文件,成为推动地区和平与发展的重要途径,是实现联合国 2030 年可持续发展目标的重要平台。中国所倡导的"一带一路"建设从人类社会与世界各国的整体性、独特性出发,寻求合作共赢的最大公约数,为沿线各国带来了实实在在的利益,加强了各国之间的联系。实现沿线国家的合作共赢,就是要充分结合和利用各国优势,弥合各国发

---

① 《习近平谈"一带一路"》,中央文献出版社 2018 年版,第 181 页。
② 《习近平谈治国理政》第 3 卷,外文出版社 2020 年版,第 212—213 页。

展所面临的劣势,形成各国发展间的优势互补,促使各国实现全面、综合、可持续的共同发展。共建"一带一路"是推动构建人类命运共同体的重要平台,契合"在追求本国利益时兼顾他国合理关切""在谋求本国发展中促进各国共同发展"①的理念愿景,关系到中国以及世界发展全局。中方愿同各方一道,建设更加紧密的"一带一路"伙伴关系,坚持走团结合作、互联互通、共同发展之路,共同推动构建人类命运共同体。

### 三、成果导向:共同打造顺应全球发展大势的合作新平台

目前,全球现代性的发展正处于重大转折的十字路口,过去由西方世界主导的全球现代性使世界呈现出"中心-边缘"的格局结构。在资本逻辑的主导下,被直接卷入资本主义生产过程中的一切东西,不论是土地、山川、河流等自然物,还是劳动者本身,都要按照它的规则来组织。一切对资本增殖有利的因素都得到鼓励,而不利于资本增殖的因素都受到抑制,所以,现代性说到底就是现代生产基础上资本运动的产物。同理,全球现代性也是如此,它塑造了当今世界不公正、不合理、不平等的"南北"政治经济差异,造成了东方从属于西方、农村从属于城市、内陆城市从属于沿海城市的发展模式,使全球化成为某些国家掠夺世界资源的工具,使经济制裁、军事武力、殖民压迫、金融垄断成为其扩张资本的手段,从而把本应是开放的、包容的、普惠的和均衡的全球化,变成了单向的、垄断的、利己的、单赢的全球化格局,也在一定程度上制造了治理赤字、信任赤字、和平赤字、发展赤字的全球治理危机,从而阻碍了世界各国和人类社会的持续稳定发展。

自 2013 年习近平总书记在哈萨克斯坦和印度尼西亚提出共建丝绸之路经济带和 21 世纪海上丝绸之路以来,"一带一路"倡议从谋篇布局的"大写意"到精耕细作的"工笔画",共建"一带一路"绘就了一幅共商合作事宜、共享发展机遇的美好图景,得到了世界各国和各国际组织的广泛响应与积极参与。习近平总书记指出:"我们要以共建'一带一路'为重点,同各方一道打造国际合作新平台,为世界共同发展增添新动力。"②截至 2025 年 3 月,中国已经与 152 个国家和 32 个国际组织签署了两百多份共建"一带一路"合作文件,取得了良好的进展和丰硕的成果。"一带

---

① 习近平:《携手构建合作共赢新伙伴 同心打造人类命运共同体:在第十七届联合国大会一般性辩论时的讲话》,《人民日报》2015 年 9 月 29 日。
② 《习近平谈治国理政》第 3 卷,外文出版社 2020 年版,第 187 页。

一路"建设通过推动各国、各组织实现共同发展，高举和平、发展、合作、共赢的旗帜，积极发展同沿线国家的经济合作伙伴关系，共同打造政治互信、经济融合、文化包容的利益共同体、命运共同体和责任共同体，从而推动了新一轮经济全球化朝着更加开放、包容、普惠和均衡的方向发展，赢得了越来越多国家的支持。

习近平总书记指出："世界经济增长需要新动力，发展需要更加普惠平衡，贫富差距鸿沟有待弥合。"①"一带一路"建设实质上是一种全球经济治理模式上的新探索、新实践，为全球应对冲突、解决问题和达成目标而构建的制度安排。在"一带一路"倡议的"共商、共建、共享"的全球治理观以及"团结互信、平等互利、包容互鉴、合作共赢"的丝绸之路精神引领下，我国以开放包容的态度欢迎各国的积极参与，平等地对待每个参与"一带一路"建设的国家，立足于沿线各国的具体实际的发展需求，在互利共赢的核心原则下深化务实合作，指导世界各国共同应对"治理赤字、信任赤字、和平赤字、发展赤字"，以"五通"汇"五路"，将"一带一路"建设成为"和平之路、繁荣之路、开放之路、创新之路、文明之路"。

第一，以"一带一路"建设带动全球和平发展。数千年来，古丝绸之路既见证了富庶、繁华，也历经了动荡、暴力。古代中国在与其他国家进行国际往来时，使用的不是战马和长矛，而是驼队和善意；依靠的不是坚船和利炮，而是宝船和友谊。在全球化的当今，"一带一路"沿线地区是全球面积最大、人口最多、经济活动相当集中的区域。但是，由于疆域闭塞，因此，许多国家长期处于世界经济体系的边缘地带，经济发展长期处于低迷状态，社会分化动荡四起，积聚着全球范围内的极端主义、恐怖主义势力。"一带一路"建设遵循"和时兴，战时衰"的历史逻辑，同沿线国家携手化解地区和国际热点问题，反对恐怖主义和极端主义。中国致力于推动构建新型国际关系和人类命运共同体，在尊重彼此主权、尊严、领土完整，尊重彼此发展道路和社会制度，尊重彼此核心利益和重大关切的基础上，通过"和平之路"的建设，为"一带一路"营造共建共享的安全格局，营造和平、安全、稳定的合作环境，发挥其促进沿线地区和世界和平安定的重要作用；统筹发展和安全两个核心点，构建多方协同参与的合作应对模式，以安全保障发展，以发展带动安全，从根本上消除"和平赤字"。而将"一带一路"建成"和平之路"，也有助于推动落实"统筹发展安全两件大事""总体国家安全观""共同综合合作可持续的亚洲安全观"等重大政策理

---

① 习近平：《携手推进"一带一路"建设——在"一带一路"国际合作高峰论坛开幕式上的演讲》，人民出版社 2017 年版，第 4 页。

念,促进中国外交和国家安全事业的积极转型。

第二,以"一带一路"建设带动全球繁荣发展。习近平总书记强调:"我们要将'一带一路'建成繁荣之路。发展是解决一切问题的总钥匙。推进'一带一路'建设,要聚焦发展这个根本性问题,释放各国发展潜力,实现经济大融合、发展大联动、成果大共享。"①沿线各国的共同繁荣发展是"一带一路"建设的目标。目前,参与"一带一路"倡议的国家大多处于发展中国家水平,沿线国家整体的经济发展水平还相对较低,对于资源、资金、技术的需求也比较强烈。商务部副部长钱克明在庆祝中华人民共和国成立 70 周年活动新闻中心第五场新闻发布会上曾介绍:2017年,中国企业对沿线国家投资达到 500 亿美元以上,而截至 2019 年,中国企业对沿线国家的投资累计已突破 1 000 亿美元,不到 3 年的时间投资累计额却已经翻了一番,并为相关国家创造超过 20 万个就业岗位,这说明,"一带一路"建设不仅发展了各国的经济,更改善了各国的民生,正引领着沿线国家朝着共同富裕、共同繁荣的方向不断发展。作为发展中国家的利益代表,中国一直积极参与国际事务的讨论和国际规则的制定,从全球气候大会到《巴黎协议》的签订,从亚信峰会到二十国集团峰会,中国始终尽可能地为发展中国家争取利益,切实增进国际社会对"一带一路"和人类命运共同体的认同与实践。共建"一带一路"是通向"繁荣之路",各国无论大小强弱,都要跳出民族主义的狭隘视野,寻求全球发展的最大公约数,以全局和长远眼光来实现国家间的互惠互利,将本国发展机遇与世界发展机遇紧密联系起来,最终实现"共享共赢"。

第三,以"一带一路"建设带动全球开放发展。共通是人类社会历史发展到一定阶段的必然结果,开放是迎接这一历史阶段的必然选择。中国历史已经证明,开放会带来进步,而封闭则必然导致落后。"对一个国家而言,开放如同破茧成蝶,虽会经历一时阵痛,但将换来新生。'一带一路'建设要以开放为导向,解决经济增长和平衡问题。"②中国通过援建匈塞铁路、雅万铁路、中老铁路与中泰铁路等交通基础设施将各国与世界联结起来,并且凭借各类人文交流机制促进各民族文化平等地交融借鉴,拉近国与国之间的距离,从而推动各国更全面地参与国际合作,更高水平地融入区域和世界的发展。中国将坚持实施更大范围、更宽领域、更深层次的

---

① 习近平:《携手推进"一带一路"建设——在"一带一路"国际合作高峰论坛开幕式上的演讲》,人民出版社 2017 年版,第 8 页。

② 习近平:《携手推进"一带一路"建设——在"一带一路"国际合作高峰论坛开幕式上的演讲》,人民出版社 2017 年版,第 9 页。

对外开放，以自身综合优势，促进要素有序流动、资源高效配置、市场深度融合，深化国际合作，帮助发展中国家更好地融入全球价值链、产业链、供应链并从中受益。"一带一路"建设推动沿线国家共同打造开放型合作平台，构建开放型世界发展格局，以共通搭建桥梁，以开放迎接挑战，将进一步提升国家的发展活力和综合实力。

第四，以"一带一路"建设带动全球创新发展。"创新是推动发展的重要力量。'一带一路'建设本身就是一个创举，搞好'一带一路'建设也要向创新要动力。"①目前，世界经济正处在深度调整和曲折复苏中，新一轮科技革命和产业变革呼之欲出。近代中国发展的道路证明，落后就要挨打，照搬照抄只能被牵着鼻子走。创新是建设"一带一路"的重要驱动力量。各国都要抓住新一轮科技革命和产业变革的历史机遇，坚持创新驱动发展，推动本国实现从"人力红利"向"人才培养"的转变，以及"农业现代化"与"工业现代化"的协同发展；在数字经济、人工智能、区块链、大数据、云计算、物联网、互联网等方面，要共同探索新技术，制定新标准，创造新产品，进一步解放生产力、发展生产力，从而释放社会经济的活力和创造力，让"一带一路"建设的动力如同泉涌一般滔滔不绝。迈向创新之路，需要我们进一步深化创新开放合作，以中国智慧推动"一带一路"建设创新合作再上新台阶。

第五，以"一带一路"建设带动全球文明发展。人文交流是软实力的体现，软实力强大了，开展政治、外交、经济活动的阻力就会小。人文合作投入小、影响大、管长远，关键是要重视起来，用"随风潜入夜，润物细无声"的方式去做，推进民心相通，发挥文化影响力。当今世界意识形态领域的斗争错综复杂，以美国为首的西方国家称霸全球的意图有增无减，各类"文明冲突论""文明优越论""文明中心论"此起彼伏，不同国家和民族之间是选择冲突还是对话，是采取对抗还是合作，都影响着世界文明的发展以及人类历史的进程。"一带一路"建设通过建立多层次人文合作机制、推动文教合作、共建国际智库、打造特色旅游项目等多种途径来增强各国彼此的尊重、理解和信任。"一带一路"建设是一项具有浓厚历史底蕴的伟大工程。习近平总书记提出的"团结互信、平等互利、包容互鉴、合作共赢"的丝绸之路精神与树立"平等、互鉴、对话、包容"的文明观之间相得益彰、相辅相成。把"一带一路"建设成为文明之路，也是人类命运共同体坚持"尊重世界文明多样性"，建设一个"开放包容"的世界的一条大路。

---

① 习近平：《携手推进"一带一路"建设——在"一带一路"国际合作高峰论坛开幕式上的演讲》，人民出版社 2017 年版，第 10 页。

从构建"绿色丝绸之路"到"空中丝绸之路",再到"数字丝绸之路""冰上丝绸之路""健康丝绸之路""和平丝绸之路"等,"一带一路"倡议的内涵不断深化,外延不断扩展。"一带一路"建设是构建人类命运共同体的重要路径和伟大实践,正所谓"条条大路通罗马",以政策沟通、设施联通、贸易畅通、资金融通、民心相通为和平之路、繁荣之路、开放之路、创新之路、文明之路牵桥搭线。说到底以上皆是殊途同归的结果,都是通往和促成人类命运共同体的道路,为构建人类命运共同体提供了良好的国际合作平台。"一带一路"倡议既秉持着中国促进世界和平与发展的宏伟目标,同样也承载着沿线各国对共同繁荣、共同发展、共同安全的美好愿景。各国共同树立"人类命运共同体"意识,助力"一带一路"建设行稳致远。与此同时,"不积跬步,无以至千里;不积小流,无以成江海"。各国还要共同发挥钉钉子精神,坚持积小胜为大胜,夯基垒台、立柱架梁,一步步推动人类命运共同体建设走深走实。

# 参考文献

一、马克思主义经典著作及党的重要文献

[1]《马克思恩格斯选集》第4卷,人民出版社1995年版。

[2]《马克思恩格斯文集》第1卷,人民出版社2009年版。

[3]《马克思恩格斯文集》第2卷,人民出版社2009年版。

[4]《马克思恩格斯文集》第5卷,人民出版社2009年版。

[5]《马克思恩格斯文集》第7卷,人民出版社2009年版。

[6]《马克思恩格斯文集》第8卷,人民出版社2009年版。

[7]《马克思恩格斯文集》第9卷,人民出版社2009年版。

[8]《马克思恩格斯文集》第10卷,人民出版社2009年版。

[9]《马克思恩格斯全集》第3卷,人民出版社2002年版。

[10]《马克思恩格斯全集》第16卷,人民出版社1964年版。

[11]《马克思恩格斯全集》第23卷,人民出版社1972年版。

[12]《马克思恩格斯全集》第25卷,人民出版社1974年版。

[13]《马克思恩格斯全集》第30卷,人民出版社1995年版。

[14]《马克思恩格斯全集》第31卷,人民出版社1998年版。

[15]《马克思恩格斯全集》第44卷,人民出版社2001年版。

[16]《马克思恩格斯全集》第46卷,人民出版社2003年版。

[17]《马克思恩格斯全集》第46卷(上),人民出版社1979年版。

[18]《马克思恩格斯全集》第46卷(下),人民出版社1980年版。

[10]《马克思恩格斯全集》第47卷,人民出版社1979年版。

[20]《马克思恩格斯全集》第48卷,人民出版社1985年版。

[21]《资本论》第1卷,人民出版社1975年版。

[22]《列宁全集》第2卷,人民出版社1995年版。

[23]《毛泽东外交文选》,中央文献出版社、世界知识出版社1994年版。

［24］习近平:《习近平谈治国理政》第 1 卷,外文出版社 2018 年版。

［25］习近平:《习近平谈治国理政》第 2 卷 ,外文出版社 2017 年版。

［26］习近平:《习近平谈治国理政》第 3 卷,外文出版社 2020 年版。

［27］习近平:《弘扬和平共处五项原则建设合作共赢美好世界——在和平共处五项原则发表 60 周年纪念大会上的讲话》,人民出版社 2014 年版。

［28］习近平:《弘扬传统友好 共谱合作新篇——在巴西国会的演讲》,人民出版社 2014 年版。

［29］习近平:《习近平在联合国成立 70 周年系列峰会上的讲话》,人民出版社 2015 年版。

［30］习近平:《论坚持推动构建人类命运共同体》,中央文献出版社 2018 年版。

［31］习近平:《在省部级主要领导干部学习贯彻党的十八届五中全会精神专题研讨班上的讲话》,人民出版社 2016 年版。

［32］习近平:《决胜全面建成小康社会 夺取新时代中国特色社会主义伟大胜利—在中国共产党第十九次全国代表大会上的报告》,人民出版社 2017 年版。

［33］习近平:《携手推进"一带一路"建设——在"一带一路"国际合作高峰论坛开幕式上的演讲》,人民出版社 2017 年版。

［34］习近平:《在纪念马克思诞辰 200 周年大会上的讲话》,人民出版社 2018 年版。

［35］习近平:《论坚持推动构建人类命运共同体》,中央文献出版社 2018 年版。

［36］习近平:《习近平在联合国成立 75 周年系列高级别会议上的讲话》,人民出版社 2020 年版。

［37］习近平:《让多边主义的火炬照亮人类前行之路——在世界经济论坛"达沃斯议程"对话会上的特别致辞》,人民出版社 2021 年版。

［38］《习近平用典》,人民日报出版社 2018 年版。

［39］《习近平关于总体国家安全观论述摘编》,中央文献出版社 2018 年版。

［40］中共中央文献研究室:《十八大以来重要文献选编(上)》,中央文献出版社 2014 年版。

［41］中华人民共和国国务院新闻办公室:《中国的和平发展》,人民出版社 2011 年版。

［42］中共中央党校:《习近平新时代中国特色社会主义思想基本问题》,人民出版社、中国共中央党校出版社 2020 年版。

**二、国内著作**

[1] 陈嘉明:《现代性与后现代性十五讲》,北京大学出版社 2006 年版。

[2] 罗骞:《论马克思的现代性批判及其当代意义》,上海人民出版社 2007 年版。

[3] 刘海江:《马克思实践共同体思想研究》,中国社会科学出版社 2016 年版。

[4] 胡寅寅:《走向"真正的共同体"——马克思共同体思想的致思逻辑研究》,哈尔滨工程大学出版社 2016 年版。

[5] 张康之、张乾友:《共同体的进化》,中国社会科学出版社 2012 年版。

[6] 王小章:《从"自由或共同体"到"自由的共同体":马克思的现代性批判与重构》,中国人民大学出版社 2014 年版。

[7] 褚松燕:《个体与共同体》,中国社会出版社 2003 年版。

[8] 胡群英:《社会共同体的公共性建构》,知识产权出版社 2013 年版。

[9] 李义天:《共同体与政治团结》,社会科学文献出版社 2011 年版。

[10] 叶汝贤、李惠斌:《马克思主义与现代性》第 7 卷,社会科学文献出版社 2006 年版。

[11] 薛俊强:《走向自由之路:马克思"自由人联合体"思想的当代阐释》,知识产权出版社 2016 年版。

[12] 陈志刚:《现代性批判及其对话——马克思与韦伯、福柯、哈贝马斯等思想的比较》,社会科学文献出版社 2012 年版。

[13] 张曙光:《现代性论域及其中国话语》,武汉大学出版社 2010 年版。

[14] 丰子义、杨学功:《马克思"世界历史"理论与全球化》,人民出版社 2002 年版。

[15] 马俊峰:《马克思社会共同体理论研究》,中国社会科学出版社 2011 年版。

[16] 秦龙:《马克思"共同体"思想研究》,辽海出版社 2007 年版。

[17] 邵发军:《马克思的共同体思想研究》,知识产权出版社 2014 年版。

[18] 王小章:《从"自由或共同体"到"自由的共同体"——马克思的现代性批判与重构》,中国人民大学出版社 2014 年版。

[19] 周志山:《整合与构建——马克思"和谐社会"解读》,上海交通大学出版社 2008 年版。

[20] 张战:《构建人类命运共同体思想研究》,时事出版社 2019 年版。

[21] 张立文:《中国传统文化与人类命运共同体》,中国人民大学出版社 2018 年版。

[22] 王帆、凌胜利:《人类命运共同体——全球治理的中国方案》,人民出版社 2017 年版。

［23］刘建飞、罗建波等:《构建人类命运共同体:理论与战略》,新华出版社2018年版。

［24］房乐宪:《欧洲政治一体化:理论与实践》,中国人民大学出版社2009年版。

［25］胡伟:《"一带一路":打造中国与世界命运共同体》,人民出版社2016年版。

［26］王子昌:《东盟外交共同体:主体及表现》,知识产权出版社2011年版。

［27］陈岩:《东亚共同体通论》,浙江大学出版社2016年版。

［28］房广顺:《马克思主义和谐世界建设论》,人民出版社2011年版。

［29］许利平:《中国与周边命运共同体:构建与路径》,社会科学文献出版社2016年版。

［30］王义桅:《"一带一路":中国崛起的天下担当》,人民出版社2017年版。

［31］郑必坚:《世界热议中国:寻求共同繁荣之路》,中信出版社2013年版。

［32］唐踔:《马克思世界交往理论及其当代价值研究》,中国出版集团2013年版。

［33］姜爱华:《马克思交往理论研究》,知识产权出版社2009年版。

［34］白云真、李开盛:《国际关系理论流派概论》,浙江人民出版社2009年版。

［35］曹泳鑫:《马克思主义国际关系理论研究》,上海人民出版社2009年版。

［36］古尔德:《马克思的社会本体论:马克思社会实在理论中得个性和共同体》,北京师范大学出版社2009年版。

［37］康琼、姚登全:《从民族走向世界——马克思"世界历史"理论中文化全球化思想的当代考察》,光明日报出版社2009年版。

［38］沈湘平:《全球化与现代性》,湖南人民出版社2003年版。

［39］王正毅:《世界体系与中国》,商务印书馆2000年版。

［40］王作印:《马克思世界历史理论论纲》,西南财经大学出版社2007年版。

［41］韦定广:《"世界历史"语境中的人类解放主题》,人民出版社2004年版。

［42］向延仲:《马克思世界历史理论研究》,湖南大学出版社2007年版。

［43］费孝通:《中国文化的重建》,华东师范大学出版社2014年版。

［44］冯友兰:《中国哲学简史》,北京大学出版社2013年版。

［45］戴熙宁:《中国引领世界:文明优势、历史演进与未来方略》(下),中央编译局出版社2017年版。

［46］张锋强、莫佳庆:《全球化何处去》,经济科学出版社2012年版。

［47］郑彭年:《丝绸之路全史》,天津人民出版社2016年版。

［48］李希光、周庆安:《软力量与全球传播》,清华大学出版社2005年版。

[49] 赵汀阳:《天下的当代性:世界秩序的实践与想象》,中信出版社 2016 年版。

[50] 王公龙等:《构建人类命运共同体思想研究》,人民出版社 2019 年版。

[51] 马俊峰、马乔恩:《构建人类命运共同体的历史性研究》,人民出版社 2019 年版。

[52] 朱力:《现阶段我国社会矛盾演变趋势、特征及对策》,中国社会科学出版社 2018 年版。

[53] 王彤:《世界与中国——构建人类命运共同体》,中共中央党校出版社 2019 年版。

[54] 何英:《大国外交:"人类命运共同体"解读》,上海大学出版社 2019 年版。

[55] 李佑新:《走出现代性道德困境》,人民出版社 2006 年版。


三、国外译著

[1] [美]凯尔纳、贝斯特:《后现代理论》,张志斌译,中央编译出版社 2001 年版。

[2] [英]吉登斯、皮尔森:《现代性:吉登斯访谈录》,尹宏毅译,新华出版社 2000 年版。

[3] [英]吉登斯:《现代性与自我认同:晚期现代中的自我与社会》,夏璐译,中国人民大学出版社 2016 年版。

[4] [英]吉登斯:《资本主义与现代社会理论:对马克思、涂尔干和韦伯著作的分析》,郭忠华等译,上海译文出版社 2013 年版。

[5] [英]吉登斯:《现代性的后果》,田禾译,译林出版社 2011 年版。

[6] [英]吉登斯:《超越左与右:激进政治的未来》,李惠斌等译,社会科学文献出版社 2003 年版。

[7] [法]利奥塔:《后现代性与公正游戏:利奥塔访谈、书信录》,谈瀛洲译,上海人民出版社 1997 年版。

[8] [德]哈贝马斯:《现代性的哲学话语》,曹卫东译,译林出版社 2011 年版。

[9] [美]卡琳内斯库:《现代性的五福面孔》,顾爱彬等译,译林出版社 2015 年版。

[10] [英]布雷德伯里、麦克法兰:《现代主义》,胡家峦等译,上海外语教育出版社 1992 年版。

[11] [美]戴维·哈维:《后现代的状况:对文化变迁之缘起的探究》,阎嘉译,商务印书馆 2003 年版。

[12] [日]黑川纪章:《新共生思想》,覃力等译,中国建筑工业出版社 2008 年版。

［13］［美］本尼迪克特·安德森：《想象的共同体》（民族主义的起源与散布增订版），吴叡人译，上海人民出版社 2016 年版。

［14］［美］劳伦斯·E.卡洪：《现代性的困境——哲学、文化和反文化》，王志宏译，商务印书馆 2008 年版。

［15］［美］大卫·库尔泊：《纯粹现代性批判》，藏佩洪译，商务印书馆 2004 年版。

［16］［法］阿兰·图海纳：《我们能否共同生存》，狄玉明等译，商务印书馆 2003 年版。

［17］［美］古尔德：《马克思的社会本体论：马克思社会实在理论中的个性和共同体》，王虎学译，北京师范大学出版社 2009 年版。

［18］［英］戴维·弗里斯比：《现代性的碎片》，卢晖临译，商务印书馆 2003 年版。

［19］［英］史蒂文·康纳：《后现代主义文化》，严忠志译，商务印书馆 2002 年版。

［20］［英］齐格蒙特·鲍曼：《现代性与大屠杀》，杨渝东等译，译林出版社 2011 年版。

［21］［英］齐格蒙特·鲍曼：《流动的现代性》，欧阳景根译，中国人民大学出版社 2018 年版。

［22］［英］齐格蒙特·鲍曼：《现代性与矛盾性》，邵迎生译，商务印书馆 2003 年版。

［23］［日］大塚久雄：《共同体的基础理论》，于嘉雲译，联经出版社 1999 年版。

［24］［德］斐迪南·滕尼斯：《共同体与社会》，林荣远译，北京大学出版社 2010 年版。

［25］［美］福山：《大分裂：人类本性与社会秩序的重建》，刘榜离等译，中国社会科学出版社 2002 年版。

［26］［德］康德：《历史理性批判文集》，何兆武译，商务印书馆 1990 年版。

［27］［美］迈克尔·桑德尔：《自由主义与正义的局限》，万俊人等译，译林出版社 2001 年版。

［28］［英］齐格蒙特·鲍曼：《共同体》，欧阳景根译，江苏人民出版社 2007 年版。

［29］［美］塞缪尔·亨廷顿：《变化社会中的政治秩序》，王冠华等译，三联书店 1989 年版。

［30］［德］卡尔曼海姆：《意识形态与乌托邦》，李步楼等译，商务出版社 2014 年版。

［31］［德］哈拉尔德·米勒：《文明的共存》，郦红等译，新华出版社 2002 年版。

［32］［美］入江昭：《全球共同体——国际组织在当代世界形成中的角色》，刘青等译，社会科学文献出版社 2009 年版。

［33］［俄］根纳季·久加诺夫:《全球化与人类命运》,何宏江等译,新华出版社 2004 年版。

［34］［美］埃利希·弗洛姆:《健全的社会》,孙恺祥等译,上海译文出版社 2007 年版。

［35］［英］霍普:《个人主义时代之共同体重建》,沈毅译,浙江大学出版社 2010 年版。

［36］［美］雅克·布道:《建构世界共同体》,万俊人译,江苏教育出版社 2006 年版。

［37］［美］爱德华·W. 苏贾:《后现代地理学:重申批判社会理论中的空间》,王斌译,商务印书馆 2004 年版。

［38］［英］马丁·阿尔布劳:《中国在人类命运共同体中的角色》,严忠志译,商务印书馆 2020 年版。

［39］［美］曼纽尔·卡斯特:《网络社会的崛起》,夏铸九等译,社会科学文献出版社 2003 年版。

［40］［美］大卫·雷·格里芬:《后现代精神》,王成兵译,中央编译出版社 2000 年版。

［41］［美］亨利·基辛格:《世界秩序》,胡利平等译,中信出版社 2015 年版。

［42］［美］塞缪尔·亨廷顿:《文明的冲突与世界秩序的重建》(修订新版),周琪等译,新华出版社 2018 年版。

［43］［英］罗素:《罗素论中西文化》,杨发庭等译,北京出版社 2000 年版。

［44］［德］贝克、威尔姆斯:《自由与资本主义》,路国林译,浙江人民出版社 2001 年版。

四、学术论文

［1］乔茂林:《构建人类命运共同体的世界历史理论渊源与当代价值》,《经济社会体制比较》2020 年第 5 期。

［2］沈江平、胡秀灵:《现代性批判:一种比较叙事》,《云南社会科学》2020 年第 5 期。

［3］徐国民:《构建人类命运共同体国际认同提升路径探析》,《理论月刊》2020 年第 10 期。

［4］杨达:《绿色"一带一路"推动构建人类命运共同体》,《红旗文稿》2020 年第 19 期。

［5］安启念:《从〈帝国主义论〉到构建人类命运共同体》,《马克思主义与现实》2020年第5期。

［6］李春雨:《人类命运共同体视角下对"人的文学"的再思考》,《北京师范大学学报(社会科学版)》2020年第5期。

［7］张荣军、王健:《马克思世界历史理论视域下文明交流互鉴思想探析》,《贵州社会科学》2020年第9期。

［8］黄炬:《构建人类命运共同体对一元现代性的超越》,《四川大学学报(哲学社会科学版)》2020年第5期。

［9］刘同舫:《人类命运共同体对全球治理体系的历史性重构》,《四川大学学报(哲学社会科学版)》2020年第5期。

［10］迟学芳:《走向生态文明:人类命运共同体和生命共同体的历史和逻辑建构》,《自然辩证法研究》2020年第9期。

［11］方世南:《人类命运共同体视域下的生态-生命一体化安全研究》,《理论与改革》2020年第5期。

［12］张波、谢菲菲:《人类命运共同体理念下多元政治价值思维的认知、属性及意义》,《吉林大学社会科学学报》2020年第5期。

［13］李丽丽:《马克思理想社会共同体思想的三个向度》,《广东社会科学》2020年第5期。

［14］李宝刚、张新南:《论改革开放的内在逻辑——基于马克思世界历史理论》,《邓小平研究》2020年第5期。

［15］沈湘平、王怀秀:《试论人类命运共同体的底线价值》,《理论探索》2020年第5期。

［16］严文波:《中国传统"和合"理念与构建人类命运共同体》,《红旗文稿》2020年第16期。

［17］耿进昂:《人类命运共同体理念与实践的广谱分析》,《自然辩证法通讯》2020年第8期。

［18］邓海丽:《中国时政话语的翻译策略——以"人类命运共同体"的英译及其传播为例》,《理论月刊》2020年第8期。

［19］万秀丽、陈学琴:《从马克思真正共同体思想到人类命运共同体思想:指向、承继与发展》,《理论导刊》2020年第8期。

［20］乔玉强:《互动与形塑:人类命运共同体与全球化的互构式发展》,《社会主义

研究》2020 年第 4 期。

[21] 孙福胜：《马克思主义共同体理论话语体系构建述论》，《理论导刊》2020 年第 7 期。

[22] 徐丽葵：《人类命运共同体：历史、现实与未来——基于马克思主义当代解释力的视角》，《大连理工大学学报（社会科学版）》，2020 年第 4 期。

[23] 文大稷、胡江华：《论马克思主义世界历史理论对构建人类命运共同体的内在规定性》，《社会主义研究》2020 年第 3 期。

[24] 钟科代、郑永扣：《应然、实然、必然：论马克思"真正的共同体"》，《河南大学学报（社会科学版）》2020 年第 3 期。

[25] 单军伟、张瑞才：《马克思资本逻辑批判与人类命运共同体建构论析》，《云南社会科学》2020 年第 2 期。

[26] 钟明华、缪燚晶：《21 世纪马克思主义初探：基于人类命运共同体的思考》，《探索》2020 年第 2 期。

[27] 姜耀东、田鹏颖：《人类命运共同体的社会工程向度》，《理论导刊》2020 年第 2 期。

[28] 沈斐：《人类命运共同体：世界福利社会的一个建设方案——基于资本逻辑的辩证考察》，《毛泽东邓小平理论》2020 年第 1 期。

[29] 王少光、张永红：《对马克思世界历史理论和人类命运共同体理念的再思考》，《理论导刊》2020 年第 1 期。

[30] 孙来斌：《论"人类命运共同体"与马克思共同体思想的关系》，《马克思主义研究》2019 年第 12 期。

[31] 吴海、武智鹏：《基于马克思世界历史理论对资本主导的全球化的检视与超越》，《思想理论教育》2019 年第 8 期。

[32] 曹绿：《新中国 70 年中国道路的新时代意蕴——基于马克思世界历史理论的研究》，《贵州社会科学》2019 年第 4 期。

[33] 宋朝龙：《人类命运共同体构建的价值观基础——第二届世界马克思主义大会哲学专题评述》，《山东社会科学》2019 年第 2 期。

[34] 韩海涛、李珍珍：《马克思世界历史理论的三重意蕴》，《科学社会主义》2018 年第 4 期。

[35] 张明：《西方现代性困境与中国道路的理论前景》，《毛泽东邓小平理论研究》2016 年第 2 期。

［36］卢德友：《"人类命运共同体"：马克思主义时代性观照下理想社会的现实探索》，《求实》2014 年第 8 期。

［37］温权：《日常生活的困境：哲学的乌托邦与脆弱的现代性——阿格妮丝·赫勒日常生活理论刍议》，《苏州大学学报（哲学社会科学版）》2014 年第 3 期。

［38］张天勇、戚甜甜：《从马克思世界历史理论看中国道路》，《江苏社会科学》2014 年第 6 期。

［39］郗戈：《从黑格尔到〈资本论〉：现代性矛盾的调和与超越》，《学术月刊》2014 年第 4 期。

［40］马新颖：《西方马克思主义对现代性批判的逻辑演进及当代意义》，《科学社会主义》2013 年第 6 期。

［41］蒋红群：《现代性困境下马克思主义大众化的限度及超越》，《理论导刊》2013 年第 11 期。

［42］胡大平：《马克思对现代性想象的超越及其思想史效应》，《哲学研究》2013 年第 10 期。

［43］沈江平：《现代性与重建历史唯物主义》，《哲学研究》2013 年第 7 期。

［44］陈学明：《西方马克思主义对当今中国所提供的理论启示》，《毛泽东邓小平理论研究》2012 年第 12 期。

［45］胡大平：《测绘现代性权力的基础——福柯空间分析视角及其对激进社会理论的贡献》，《学海》2012 年第 5 期。

［46］郗戈：《资本、权力与现代性：马克思与福柯的思想对话》，《哲学动态》2010 年第 12 期。

［47］杨乐强：《西方马克思主义语境中工具理性与现代性的关系探析》，《国外社会科学》2010 年第 5 期。

［48］邵发军：《马克思的资本"抽象共同体"思想对现代性的整体性批判》，《西南大学学报（社会科学版）》2010 年第 2 期。

［49］张闯：《卢卡奇的现代性批判——基于物化理论》，《武汉大学学报（人文科学版）》2009 年第 6 期。

［50］邹诗鹏：《马克思对现代性社会的发现、批判与重构》，《中国社会科学》2009 年第 4 期。

［51］邹诗鹏：《现代性的物化逻辑与虚无主义课题——马克思学说与西方现当代有关话语的界分》，《天津社会科学》2009 年第 3 期。

[52] 罗骞：《马克思批判理论的几个基本特征——从与现代性和后现代性理论比较的视角来看》，《教学与研究》2009 年第 5 期。

[53] 邓先珍、郭奕鹏：《"虚无主义、现代性与现代中国"会议综述》，《现代哲学》2009 年第 1 期。

[54] 陈学明：《对"西方马克思主义"的新认识》，《教学与研究》2008 年第 9 期。

[55] 钱厚诚：《"现代性与社会理论"研讨会综述》，《哲学动态》2008 年第 8 期。

[56] 董欣洁：《世界历史进程中的马克思世界历史理论》，《史学理论研究》2008 年第 3 期。

[57] 赵甲明、杨兴业：《邓小平理论对马克思世界历史理论的继承、丰富和发展》，《清华大学学报（哲学社会科学版）》2008 年第 S1 期。

[58] 孙代尧：《〈共产党宣言〉的现代性维度及启示》，《理论前沿》2008 年第 7 期。

[59] 郑飞：《现代性辩证法视野中的现代性批判——青年卢卡奇哲学思想评析》，《社会科学辑刊》2008 年第 2 期。

[60] 刘会强：《试论马克思世界历史理论发展的制高点——〈1857—1858 年经济学手稿〉新解读》，《河南师范大学学报（哲学社会科学版）》2008 年第 2 期。

[61] 刘敬东：《历史向世界历史转化的哲学回应——马克思世界历史理论的中国个案》，《现代哲学》2007 年第 6 期。

[62] 刘敬东：《启蒙与救亡：在自由与富强之间——马克思世界历史理论的严复个案》，《哲学研究》2007 年第 9 期。

[63] 胡绪明、陈学明：《启蒙的逻辑与现代性的秘密——霍克海默、阿多诺〈启蒙辩证法〉文本学解读》，《学海》2007 年第 5 期。

[64] 仰海峰：《在现代性语境中深化社会主义价值观研究——读吴向东〈重构现代性——当代社会主义价值观研究〉》，《哲学研究》2007 年第 8 期。

[65] 谭姝红：《浅谈马克思的世界历史理论》，《商业经济》2007 年第 7 期。

[66] 向延仲：《马克思世界历史理论与各民族发展道路研究》，《理论月刊》2007 年第 5 期。

[67] 胡绪明、韩秋红：《评卢卡奇的现代性批判之维》，《南京社会科学》2007 年第 2 期。

[68] 李长成：《法兰克福学派现代性批判的理论路径》，《安徽师范大学学报（人文社会科学版）》2007 年第 1 期。

[69] 胡绪明、陈学明：《卢卡奇对现代性批判的基本路向及价值》，《理论探索》2007

年第 1 期。

　　[70] 汪行福:《从黑格尔到哈贝马斯——现代性哲学话语内在轨迹的叙事重构》,《学习与探索》2006 年第 4 期。

　　[71] 邵春永:《马克思世界历史理论视野中的风险社会》,《唯实》2006 年第 4 期。

　　[72] 胡大平:《马克思主义理论的时间敏感性》,《河北学刊》2006 年第 2 期。

　　[73] 吴晓明:《论马克思对现代性的双重批判》,《学术月刊》2006 年第 2 期。

　　[74] 欧阳康:《马克思现代性理论的价值取向及其当代意义》,《江海学刊》2006 年第 1 期。

　　[75] 程真:《马克思世界历史理论的当代解读》,《理论学刊》2005 年第 12 期。

　　[76] 刘怀玉:《"面向生活"的现代性哲学问题构成与反思——对马克思哲学当代意义的一种理解》,《哲学动态》2005 年第 10 期。

　　[77] 隋秀英:《马克思世界历史理论与中国现代化道路的选择》,《中北大学学报(社会科学版)》2005 年第 4 期。

　　[78] 闫宏斌:《马克思世界历史理论对我们把握全球化的启示》,《河南社会科学》2005 年第 4 期。

　　[79] 陈学明:《必须反对在现代性问题上的两种错误观点(主持人话语)》,《马克思主义与现实》2005 年第 4 期。

　　[80] 张双利:《对资本主义危机的末世论洞见——论卢卡奇有关现代性的思想》,《马克思主义与现实》2005 年第 4 期。

　　[81] 汪行福:《"新启蒙辩证法"——哈贝马斯的现代性理论》,《马克思主义与现实》2005 年第 4 期。

　　[82] 罗骞:《辩证历史的辩证批判——论马克思的现代性批判范式及其辩证立场》,《马克思主义与现实》2005 年第 4 期。

　　[83] 罗骞:《"现代性"批判的两种不同定向——论马克思资本批判与现代性哲学话语的基本差异》,《教学与研究》2005 年第 7 期。

　　[84] 陈学明:《构建和谐社会与总体性思维方式》,《学术月刊》2005 年第 7 期。

　　[85] 胡大平:《全球化、表述危机和马克思主义哲学的本土创新》,《马克思主义研究》2005 年第 1 期。

　　[86] 汪行福:《马克思与现代性问题》,《现代哲学》2004 年第 4 期。

　　[87] 陈学明:《辩证地对待现代性——"西方马克思主义"给予我们的启示》,《求是学刊》2004 年第 4 期。

［88］王德峰：《论法兰克福学派的现代性批判的马克思主义方向》，《求是学刊》2004 年第 4 期。

［89］罗浩波：《马克思世界历史理论与现代文明发展新道路》，《西北民族大学学报（哲学社会科学版）》2004 年第 3 期。

［90］袁祖社：《新思维方式的实践——生活维度及其"现代性"祈向——马克思人学理论变革的实质》，《理论学刊》2004 年第 6 期。

［91］陈学明、罗骞：《充分认识研究西方马克思主义对当代中国的意义——陈学明教授访谈》，《学术月刊》2004 年第 5 期。

［92］杨世宏、朱颖洁：《马克思世界历史理论建构方法的特点》，《齐鲁学刊》2004 年第 3 期。

［93］张登文、王清信：《浅论马克思世界历史理论的现代价值》，《学术探索》2004 年第 1 期。

［94］黄相怀、陈胜震：《意识形态的现代性转化》，《社会科学家》2003 年第 5 期。

［95］洪波：《马克思世界历史理论与当代全球化的差异性》，《求索》2003 年第 4 期。

［96］陈学明：《论"西方马克思主义"的当代意义——从与后现代主义对立的视角看》，《复旦学报（社会科学版）》2003 年第 4 期。

［97］陈学明：《评生态学的马克思主义与后现代主义的对立》，《天津社会科学》2002 年第 5 期。

［98］张立：《从马克思世界历史理论看当今全球化的现实定位》，《理论月刊》2001 年第 11 期。

［99］叶险明：《关于马克思世界历史理论发展的历史和逻辑研究中的几个问题》，《社会科学研究》2000 年第 5 期。

［100］彭富春：《中国现代性问题》，《厦门大学学报（哲学社会科学版）》2000 年第 2 期。

［101］叶险明：《关于马克思世界历史理论研究中的两个问题——兼论马克思对"西方中心论"的批判》，《社会科学研究》1998 年第 1 期。

［102］叶险明：《马克思对世界历史理论的建构》，《史学理论研究》1995 年第 3 期。

［103］杨耕：《马克思世界历史理论的当代意义》，《北京社会科学》1994 年第 4 期。

**五、外文文献**

［1］Robert J. Antonio. *Marx and Modernity*，Malden：Blackwell，2003.

［2］Nancy S.．*Love*，*Marx*，*Nietzsche*，*and Modernity*，New York：Columbia University Press，1986.

［3］John F. Rundell. *Origins of Modernity — The Origins of Modern Social Theory From Kant to Hegel to Marx*，Madison：The University of Wisconsin Press，1987.

［4］Suke Wolton. *Marxism*，*Mysticism and Modern Theory*，London：Macmillan Pree Ltd，1996.

［5］John Leonard. *Modernity*，Published by John Leonard，1996.

［6］Norman Geras. *The Enlightenment and Modernity*，London：Macmillan Pree Ltd，2000.

［7］Henri Lefebver. *Introduction to Modernity*，London：Verso，1995.

［8］Douglas Kellner. *Critical Theory*，*Marxism and Modernity*，Cambridge：Polity Press，1994.

［9］C. Kluckhohn. *Mirror For Man*，New York：McGraw-Hill，1949.

［10］Arif Dirlik. *Global Modernity*：*Modernity in the Age of Global Capitalism*，Boulder：Paradigm，2007.

# 后　记

　　全球现代性的浪潮汹涌澎湃，深刻地改变着人类社会的面貌。在这一历史进程中，资本主义现代性虽然带来了前所未有的发展与进步，却也衍生出诸多难以调和的矛盾与危机，如地缘政治冲突不断、经济危机频繁肆虐、文化殖民主义横行、生态环境持续恶化，这些问题事关人类前途命运，严重威胁着世界和平与发展。在这样的语境中，寻求更好的全球现代性方案，以解决资本主义现代性所带来的"全球混沌"问题，便成为我们时代的重要议题。习近平总书记洞察时代趋势与人类前途，在深刻把握中国与世界关系的历史性变化的基础上，提出"人类命运共同体"这一前瞻性、创新性的理念。近年来，世界局势风云变幻，诡谲莫测，"人类命运共同体"理念也在不断得到认可与升华，早已超出原初的国际关系与外交战略层面，成为一种新的全球现代性发展理念。这种新的全球现代性在目标蓝图、思维方式、实践策略上创造性地转化发展了马克思关于"自由人联合体"的理论构想，为解决资本主义全球化带来的全球现代性问题提供了基本思路。本书正是在全球现代性问题的时代背景下，以马克思现代性思想为理论参照，探讨人类命运共同体的理论构建与实践探索，为全球现代性问题的解决提供中国智慧与方案，力图做到"以现实问题激活经典理论"与"以经典理论关照现实问题"的方法结合，使研究的理论价值与实际应用价值得到有机融合。我们坚信，只要世界各国携手努力推动构建人类命运共同体，就一定能够建设一个持久和平、普遍安全、共同繁荣、开放包容、清洁美丽的世界，共同创造人类更加美好的未来。

　　本书部分内容发表于《马克思主义研究》《世界社会主义研究》《厦门大学学报（哲学社会科学版）》等刊物，对相关责任编辑表示由衷感谢！感谢我的研究生黄栋梁、曹以达、王恩祥、张虹、赵成龙、葛通、厉杰、刘夏琳在资料收集、引文核对等工作上辛苦的付出。本书能顺利出版得益于上海财经大学学术著作培育项目的资助。特别感谢本书责任编辑吴晓群老师,吴老师为人儒雅谦和,她对作者的理解和关心、对本书的尽心和尽责,让我充满敬意。可以说,没有她的努力,本书不可能如此顺利地出版。

2025 年 6 月 10 日于
上海文化名园